全新大纲

操作系统：中文版 **Windows 7**

应用软件：**Microsoft Office 2010**

2019年3月

无纸化考试专用

全国计算机等级考试

全真考场

二级MS Office高级应用

全国计算机等级考试研究中心 编著

NCRE

人民邮电出版社

北京

图书在版编目（CIP）数据

全国计算机等级考试. 全真考场. 二级MS Office高级应用 / 全国计算机等级考试研究中心编著. -- 北京 : 人民邮电出版社, 2018.11
ISBN 978-7-115-49397-2

Ⅰ. ①全… Ⅱ. ①全… Ⅲ. ①电子计算机－水平考试－习题集②办公自动化－应用软件－水平考试－习题集 Ⅳ. ①TP3-44

中国版本图书馆CIP数据核字(2018)第214529号

内容提要

本书以《全国计算机等级考试二级 MS Office 高级应用考试大纲（2018 年版）》为依据，在研究该考试命题特点及解题方法的基础上编写而成。

本书共分为 4 部分，第 1 部分在深入研究考试大纲和无纸化考试形式的基础上，提供了新版考试大纲分析及无纸化考试应试指南；第 2 部分提供了选择题强化训练；第 3 部分提供了 5 套无纸化全真模拟题套卷，这些试题都是从历年考试的真题中精选而来的，另外在配套的模拟考试软件中还提供多套无纸化全真模拟题套卷供练习；第 4 部分提供了 2 套无纸化新增真题套卷，这是从最近一年考试的真题中精选而来的。

本书可供报考“全国计算机等级考试二级 MS Office 高级应用”科目的考生选用。

◆ 编　　著　全国计算机等级考试研究中心
责任编辑　刘海溧
责任印制　焦志炜

◆ 人民邮电出版社出版发行　　北京市丰台区成寿寺路 11 号
邮编　100164　　电子邮件　315@ptpress.com.cn
网址　http://www.ptpress.com.cn

◆ 开本：787×1092　1/16
印张：8.25　　2018 年 11 月第 1 版
字数：259 千字　　2018 年 11 月河北第 1 次印刷

定价：22.00 元

读者服务热线：(010)81055256　印装质量热线：(010)81055316
反盗版热线：(010)81055315
广告经营许可证：京东工商广登字 20170147 号

前　言

编写初衷

全国计算机等级考试（NCRE）以考查应用能力为主，依据考查难度划分等级，分别进行考核，为人员的择业、人才流动提供其计算机应用知识与能力水平的证明。通过考试后，参与考试的人员便可获得全国计算机等级考试合格证书。全国计算机等级考试的考试科目、考试大纲均由教育部统一制定，具体考试由各省（市）组织和安排。

本书是为从未参加过全国计算机等级考试，对考试内容和命题方式缺乏了解，同时对考试形式及考试环境完全陌生，需要在短时间内提升学习效果的考生量身定制的。书中不但对“二级 MS Office 高级应用”科目考试大纲要求掌握的考点内容进行了强化训练，还从近几年的真考题库中精心选编了 5 套典型试题和 2 套无纸化新增试题，供考生实战演练。

备考建议

二级等考 MS Office 的备考通常要经历 3 个阶段：考点复习、强化练习、模拟考试。针对不同阶段的复习，我们编写了对应的图书，并配有二级等考 MS Office 的在线课程，希望能够帮助考生轻松地通过考试。

第 1 阶段为考点复习阶段，我们编写了《全国计算机等级考试二级教程 MS Office 高级应用》和《全国计算机等级考试 考点详解与上机考试题库 二级 MS Office 高级应用》，并开发了“7 小时 MS Office 二级等考高频考点精讲”在线课程。图书可供考生系统地学习和随身查阅，在线课程可帮助考生快速梳理高频考点。

第 2 阶段为强化练习阶段，我们为此编写了本书，并开发了“MS Office 二级等考必考真题解析”在线课程。考生可使用图书提供的套卷进行模拟考试，并通过学习在线课程牢固地掌握操作题涉及的知识点。

第 3 阶段为模拟考试阶段，考生可以使用模拟考试软件提前适应考场，并通过软件的专项训练、错题练习等丰富的功能，提高应试水平。凡购买本书和《全国计算机等级考试 考点详解与上机考试题库 二级 MS Office 高级应用》的考生，均可获得模拟考试软件。考生安装软件后，输入本书封底刮刮卡中的激活码，即可使用该软件的所有功能。

考生可登录人邮考试与培训学院（www.rykaoshi.com）通过优惠码（DKTSYHM）购买相关在线课程。

本书特点

（1）本书提供考试大纲分析与应试指南，帮助考生熟悉考试流程。书中第 1 部分对考试大纲及考试重点内容进行了归纳和总结，并对无纸化考试过程和相关的答题环境进行了介绍，可以帮助考生提前熟悉考试内容与考试流程，做到心中有数。

（2）选择题强化训练，揭示选择题命题规律。书中第 2 部分按考试内容对选择题进行了专项训练，包括公共基础知识、计算机基础知识、MS Office 三大组件的应用 3 个方面的知识，这些选择题均是在研究近几年真题的基础上改编而成的，具有典型性，书中同步给出答案和解析，考生通过练习，可以熟悉选择题的命题特点与解题思路，从而提高选择题的解题能力。

（3）精选 7 套试卷，检验应试水平。书中第 3、4 部分共提供了 7 套试题。这 7 套试题是在模拟考试软件提供的 30 套完整试题的基础上，进一步精心选编的。每套试题涉及的题型、题量均与真实考试保持一致，题型包括选择题、字处理题、电子表格题和演示文稿题，且试题来源于真考题库，并配有详细的解题步骤，考生通过练习，可以检测自己的学习效果。

（4）操作题提供详细步骤和视频解析。操作题在“二级 MS Office 高级应用”科目中占 80 分的分值，非常重要，题目要求也有一定难度，需要综合运用 Word、Excel 或 PowerPoint，因此本书在解析中针对操作题进行了分步讲解，同时配有关键过程图，每道操作题同步提供视频解析，考生扫描书中的二维码便可观看视频。

（5）配套模拟考试软件，帮助考生熟悉无纸化考试环境。本书配套的模拟考试软件提供了“专项训练”“章节练习”“考试题库”“错题练习”“交互练习”“模拟考场”等版块内容。软件共提供了 30 套全真模拟题套卷，考生进入“模拟考场”的答题过程、考试界面和流程完全模拟计算机等级考试的实际考试场景。除此之外，考生在完成操作题答题后还可以查看评分、文字解析和视频解析。

考生可登录人邮教育社区（www.ryjiaoyu.com）搜索本书书名，下载模拟考试软件，还可下载素材与效果文件，按照本书提供的对应路径及名称进行练习。

作　者

2018 年 7 月

目　录

第 1 部分　应试指南

新版考试大纲分析 ······························ 1

无纸化考试应试指南 ···························· 3

第 2 部分　选择题强化训练

第 1 章　公共基础知识 ·························· 6

第 2 章　计算机基础知识 ························ 12

第 3 章　MS Office 三大组件的应用 ·············· 15

选择题强化训练参考答案及解析 ·················· 21

第 3 部分　无纸化全真模拟题套卷

无纸化全真模拟题套卷（1）······················ 30

无纸化全真模拟题套卷（2）······················ 34

无纸化全真模拟题套卷（3）······················ 38

无纸化全真模拟题套卷（4）······················ 42

无纸化全真模拟题套卷（5）······················ 46

无纸化全真模拟题套卷（1）参考答案及解析 ········ 50

无纸化全真模拟题套卷（2）参考答案及解析 ········ 59

无纸化全真模拟题套卷（3）参考答案及解析 ········ 68

无纸化全真模拟题套卷（4）参考答案及解析 ········ 77

无纸化全真模拟题套卷（5）参考答案及解析 ········ 85

其他 23 套无纸化全真模拟题套卷 ················ 见模拟考试软件

第 4 部分　无纸化新增真题套卷

无纸化新增真题套卷（1）························ 95

无纸化新增真题套卷（2）························ 100

无纸化新增真题套卷（1）参考答案及解析 ·········· 104

无纸化新增真题套卷（2）参考答案及解析 ·········· 115

视频演示速查目录

无纸化全真模拟题套卷（1）参考答案及解析
字处理题…………51

无纸化全真模拟题套卷（1）参考答案及解析
电子表格题…………54

无纸化全真模拟题套卷（1）参考答案及解析
演示文稿题…………56

无纸化全真模拟题套卷（2）参考答案及解析
字处理题…………60

无纸化全真模拟题套卷（2）参考答案及解析
电子表格题…………63

无纸化全真模拟题套卷（2）参考答案及解析
演示文稿题…………66

无纸化全真模拟题套卷（3）参考答案及解析
字处理题…………70

无纸化全真模拟题套卷（3）参考答案及解析
电子表格题…………73

无纸化全真模拟题套卷（3）参考答案及解析
演示文稿题…………75

无纸化全真模拟题套卷（4）参考答案及解析
字处理题…………78

无纸化全真模拟题套卷（4）参考答案及解析
电子表格题…………81

无纸化全真模拟题套卷（4）参考答案及解析
演示文稿题…………83

无纸化全真模拟题套卷（5）参考答案及解析
字处理题…………87

无纸化全真模拟题套卷（5）参考答案及解析
电子表格题…………88

无纸化全真模拟题套卷（5）参考答案及解析
演示文稿题…………91

无纸化新增真题套卷（1）参考答案及解析
字处理题…………105

无纸化新增真题套卷（1）参考答案及解析
电子表格题…………109

无纸化新增真题套卷（1）参考答案及解析
演示文稿题…………112

无纸化新增真题套卷（2）参考答案及解析
字处理题…………117

无纸化新增真题套卷（2）参考答案及解析
电子表格题…………120

无纸化新增真题套卷（2）参考答案及解析
演示文稿题…………123

第 1 部分　应试指南

新版考试大纲分析

全国计算机等级考试（National Computer Rank Examination，NCRE）从 2018 年 3 月开始实施 2018 版考试大纲，并按新体系开考各个考试级别。其中，“二级 MS Office 高级应用”科目新版考试大纲规定的基本要求如下。

（1）掌握计算机基础知识及计算机系统组成。

（2）了解信息安全的基本知识，掌握计算机病毒及防治的基本概念。

（3）掌握多媒体技术的基本概念和基本应用。

（4）了解计算机网络的基本概念和基本原理，掌握 Internet 网络服务和应用。

（5）正确采集信息并能熟练应用文字处理软件 Word、电子表格制作软件 Excel、演示文稿制作软件 PowerPoint 来处理信息。

（6）掌握 Word 的操作技能，并熟练用于编制文档。

（7）掌握 Excel 的操作技能，并熟练用于计算及分析数据。

（8）掌握 PowerPoint 的操作技能，并熟练用于制作演示文稿。

考试内容

考试大纲要求考查的内容共 4 个部分，各部分的大纲要求、考核要点、题型及分值、重视程度如表 1-1 所示，共 90 分。需要注意的是，考试满分 100 分，另外 10 分为“二级公共基础知识”科目的内容，该科目不单独考试，其内容以选择题形式出现在“二级 MS Office 高级应用”科目中。

表 1-1　“二级 MS Office 高级应用”考核要点及分值

部分	大纲要求	考核要点	题型及分值	重视程度
计算机基础知识	1. 计算机的发展、类型及应用领域 2. 计算机软硬件系统的组成及主要技术指标 3. 计算机中数据的表示与存储 4. 多媒体技术的概念与应用 5. 计算机病毒的特征、分类与防治 6. 计算机网络的概念、组成和分类；计算机与网络信息安全的概念和防控 7. 因特网网络服务的概念、原理和应用	本部分在考试中以单项选择题考查，所占分值为 4 分。主要考查计算机基础知识，考点包括计算机的发展、计算机系统的组成、计算机病毒及防治、计算机数据、计算机网络的基本概念和原理等。本部分概念性的知识较多，出题范围也较广	单项选择题（4 分）	★★
Word 文字处理	1. Microsoft Office 应用界面使用和功能设置 2. Word 的基本功能，文档的创建、编辑、保存、打印和保护等基本操作 3. 设置字体和段落格式、应用文档样式和主题、调整页面布局等排版操作 4. 文档中表格的制作与编辑 5. 文档中图形、图像（片）对象的编辑和处理，文本框和文档部件的使用，符号与数学公式的输入与编辑 6. 文档的分栏、分页和分节操作，文档页眉、页脚的设置，文档内容引用操作 7. 文档审阅和修订	本部分在考试中所占分值为 32 分，包括一道操作题（字处理题）和两道单项选择题，属于重点考查章节，且难度较大。主要考点包括 Word 的基本操作，字体格式、表格格式、段落格式的设置，查找与替换文本，图片、图形、文本框、SmartArt 图形、图表、符号和公式的使用，文档的分栏、分页、分节，页眉和页脚的设置，文档的审阅和修订，邮件合并、批量处理文档，索引信息的使用等，这些知识点在考题中出现的概率为 90% 以上，考生要重点掌握	字处理题（30 分） 单项选择题（2 分）	★★★

续表

部分	大纲要求	考核要点	题型及分值	重视程度
	8. 利用邮件合并功能批量制作和处理文档 9. 多窗口和多文档的编辑，文档视图的使用 10. 分析图文素材，并根据需求提取相关信息引用到 Word 文档中			
Excel 电子表格	1. Excel 的基本功能，工作簿和工作表的基本操作，工作视图的控制 2. 工作表数据的输入、编辑和修改 3. 单元格格式化操作、数据格式的设置 4. 工作簿和工作表的保护、共享及修订 5. 单元格的引用、公式和函数的使用 6. 多个工作表的联动操作 7. 迷你图和图表的创建、编辑与修饰 8. 数据的排序、筛选、分类汇总、分组显示和合并计算 9. 数据透视表和数据透视图的使用 10. 数据模拟分析和运算 11. 宏功能的简单使用 12. 获取外部数据并分析处理 13. 分析数据素材，并根据需求提取相关信息引用到 Excel 文档中	本部分在考试中所占分值为 32 分，包括一道操作题（电子表格题）和两道单项选择题，属于重点考查章节，且难度较大。主要考点包括 Excel 的基本操作，单元格和表格的基本设置，数值和函数的计算，图表、数据透视表和透视图的创建，数据的排序与筛选等，考生要重点掌握	电子表格题（30 分） 单项选择题（2 分）	★★★
Power Point 演示文稿	1. PowerPoint 的基本功能和基本操作，演示文稿的视图模式和使用 2. 演示文稿中幻灯片的主题设置、背景设置、母版制作和使用 3. 幻灯片中文本、图形、SmartArt、图像（片）、图表、音频、视频、艺术字等对象的编辑和应用 4. 幻灯片中对象动画、幻灯片切换效果、链接操作等交互设置 5. 幻灯片放映设置，演示文稿的打包和输出 6. 分析图文素材，并根据需求提取相关信息引用到 PowerPoint 演示文稿中	本部分内容在考题中所占分值为 22 分，包括一道操作题（演示文稿题）和两道单项选择题，相对于 Word 和 Excel，本部分的题目难度不大，主要考点包括幻灯片的基本操作、幻灯片主题应用、切换效果的设置、插入与编辑图片或表格、添加动画、设置幻灯片版式和母版、插入艺术字、设置幻灯片背景和样式、幻灯片放映与输出等，考生可有针对性地进行学习	演示文稿题（20 分） 单项选择题（2 分）	★★★

难点分析

“二级 MS Office高级应用”的操作题在考试中占有非常重的分值，而且涉及很多知识的难点，对于很多考生来说，这些知识点很容易在学习中遗漏或者难以掌握，这里进行了总结归纳，如表1-2所示，旨在帮助考生在备考过程中有目的地进行学习。

表 1-2　操作题考查难点

题型	考查难点
字处理题	样式集的设置、批量修改和删除文字内容、批量设置样式、通配符的使用、不同的章节显示不同的页眉、插入文档属性和域、对称页边距、分隔符、脚注和尾注的相互转化、题注（包括修改题注样式、交叉引用、插入表目录）、批量删除索引、邮件合并
电子表格题	数据的选择性粘贴、混合引用、利用公式确定的条件格式、获取外部数据、分列、函数、数据透视表中的分组和报表筛选页功能的使用
演示文稿题	母版视图的设置、一次性删除所有备注

无纸化考试应试指南

全国计算机等级考试采用无纸化考试的形式，所有科目的考试答题全部通过计算机实现。

考试环境

考试系统所需要的硬件和软件环境如表 1-3 所示。

表 1-3 考试所需的软硬件环境

硬件	配置	软件	配置
CPU	主频 3GHz 或以上	操作系统	中文版 Windows 7
内存	2GB 或以上	应用软件	中文版 Microsoft Office 2010
显卡	SVGA 彩显	输入法系统	微软输入法、智能 ABC、五笔字型等
硬盘空间	10GB 以上可供考试使用的空间		

考试流程

考生考试过程分为登录、答题和交卷等阶段。

（一）登录

在开始答题之前，需要考生先登录考试系统。其目的有 2 个：一是作为考生姓名的记录凭据，系统要验证考生的“合法”身份；二是考试系统将为每一位考生随机抽题，以生成一份“二级 MS Office 高级应用”考试试题。登录的过程及步骤如下。

（1）启动考试系统。双击考试计算机桌面上的“NCRE 考试系统”快捷图标或从“开始”菜单中的“所有程序”菜单中选择“第 ××（×× 为考次号）次 NCRE”命令，启动“NCRE 考试系统”。

（2）输入准考证号。在图 1-1 所示的登录界面中输入准考证号，然后单击“下一步”按钮。

图 1-1 登录考试系统

（3）验证身份并确认。考生在“登录界面”中输入准考证号后，将进入身份验证界面，此时可能会出现以下 2 种情况。

①如果输入的准考证号存在，将打开“考生信息确认”对话框，要求考生确认自己的准考证号、姓名和身份证号码。如果准考证号输入错误，单击“重输准考证号”按钮重新输入。准考证号确认后，单击“下一步”按钮继续下面的操作。

②如果输入的准考证号不存在，系统会显示相应的提示信息并要求考生重新输入新的准考证号，直到输入正确。

（4）登录成功。当考试系统抽取试题结束后，屏幕上会显示“考生须知”窗口，考生可以查看当前科目的考试题型和分值等，完成后单击选中“已阅读”复选框，再单击“开始考试并计时”按钮，进行考试并开始计时，如图 1-2 所示。

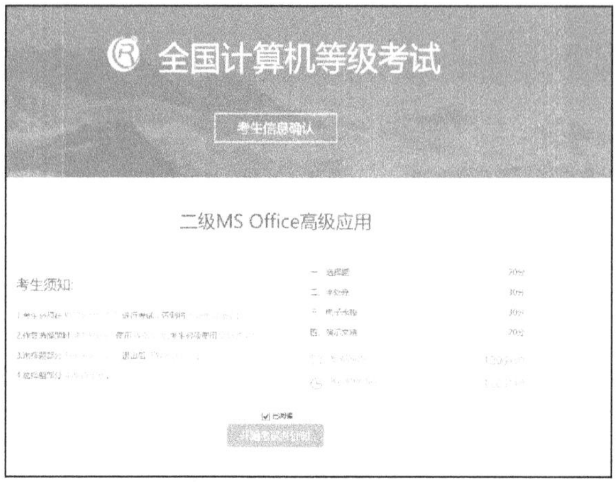

图 1-2　抽取试题并登录成功

（二）答题

考生的答题过程主要包括以下 4 个方面的内容。

1. 查阅试题内容

登录考试系统后，将在屏幕的中间显示试题内容查阅窗口，如图 1-3 所示。单击其中的题型按钮，即分别单击“选择题”“字处理”“电子表格”“演示文稿”按钮，便可分别查看各题型的题目要求及内容。

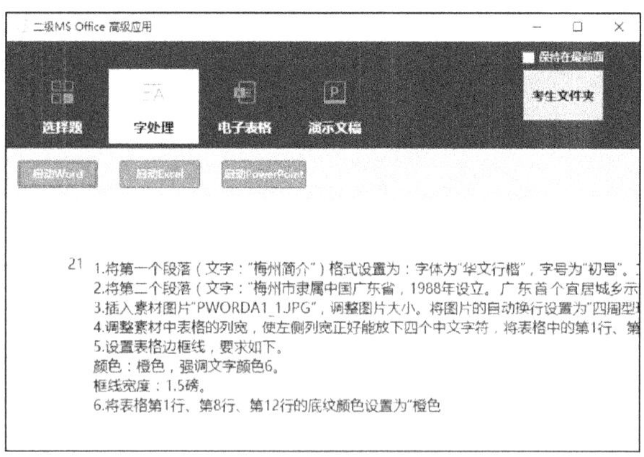

图 1-3　查阅试题内容

如果试题内容较多，则会在试题内容查阅窗口中显示出上、下、左、右滚动条，此时，考生可利用鼠标拖动滚动条来显示余下的试题内容。

2. 使用考试状态信息条

在考试答题界面屏幕的最上方会显示一个考试状态信息条，如图 1-4 所示。其中显示的内容包括以下 5 项。

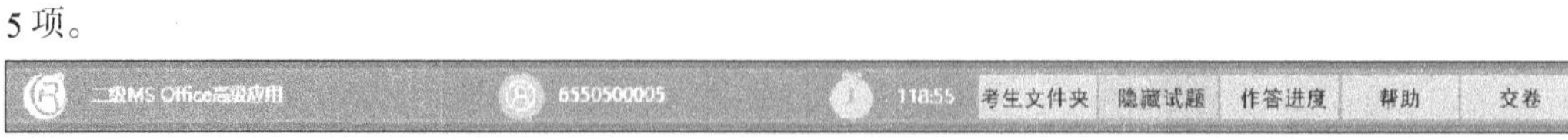

图 1-4　考试状态信息条

（1）考生的准考证号、考试剩余时间、“考生文件夹”按钮。

考生文件夹是存放考试题目相关素材及考生答题结果的唯一位置。打开的方法是在考试答题界面中单击考试状态信息条中或试题内容查阅窗口中的“考生文件夹”按钮。

注意，考生在考试过程中所操作的文件绝对不能脱离考生文件夹，必须按题目的要求在考生文件夹中打开指定名称的文件进行操作，保存时也只能按要求存放到考生文件夹，否则考试将不得分；同时，也不要随意删除考生文件夹中的文件和文件夹，以免影响最终的考试成绩。

（2）“隐藏试题”或“显示试题”按钮:单击“隐藏试题”按钮，可以暂时隐藏中间的试题内容查阅窗口，此时按钮将变成“显示试题”按钮，单击则可恢复试题内容查阅窗口。除了隐藏试题内容窗口外，考生也可以根据需要对该窗口进行缩放和移动等操作，以便查看题目要求。

（3）“作答进度”按钮：单击该按钮，可以在打开的窗口中查看自己当前已作答完成的题目编号，已作答的题目编号将呈高亮突出显示。

（4）“帮助”按钮：单击该按钮，可以获取考试系统的使用帮助信息。

（5）“交卷”按钮：作答结束后单击该按钮，可以提交答案并退出考试系统。

3. 启动选择题答题程序

在试题内容查阅窗口中单击“选择题”按钮下面的“开始作答”按钮，将进入选择题的作答界面。需要注意的是，选择题作答界面只能进入一次，退出后将不能再次进入，因此应确保所有题目均作答完毕后再退出。

4. 启动操作软件环境

在试题内容查阅窗口中，单击操作题相应题型后，单击如“启动 Word”等按钮，即可启动相应的考试软件，进入上机考试环境，考生可以在此环境下操作答题；此外，也可以通过“开始”菜单或双击考生文件夹中的文件等方式来启动软件环境。

（三）交卷

在考试过程中，系统会为考生计算剩余考试时间，并显示在考试状态信息条中。当距离考试结束只剩 5 分钟时，系统会打开一个提示框，提醒考生注意存盘并准备交卷，此时考生应抓紧时间保存文件并准备交卷，一般建议提前 2 分钟左右交卷。如果考试时间用完，系统会锁住计算机并提示输入“延时密码”，而此时考试系统并没有结束运行，它需要输入延时密码才能解锁计算机并恢复至考试界面。延时后考试系统会自行再运行 5 分钟。

如果考生要提前结束考试并交卷，则在考试状态信息条中单击“交卷”按钮，系统将打开提示信息窗口，并显示所有题目是否已作答；若还有未作答的题目可以单击“取消”按钮返回考试界面，确认已作答完成可直接单击“确定”按钮交卷，提交考试数据后退出考试系统，完成考试。

第 2 部分　选择题强化训练

第1章　公共基础知识

一、数据结构与算法

1. 下面对算法有穷性的说法，正确的是（　　）。

A. 算法程序的运行时间是有限的　　B. 算法程序所处理的数据量是有限的

C. 算法程序的长度是有限的　　D. 算法只能被有限的用户使用

2. 下列叙述中错误的是（　　）。

A. 算法的时间复杂度与问题规模无关

B. 算法的时间复杂度与计算机系统无关

C. 算法的时间复杂度与空间复杂度没有必然的联系

D. 算法的空间复杂度与算法运行输出结果的数据量无关

3. 算法的空间复杂度是指（　　）。

A. 算法在执行过程中所需要的计算机存储空间　　B. 算法所处理的数据量

C. 算法程序中的语句或指令条数　　D. 算法在执行过程中所需要的临时工作单元数

4. 下列链表中，逻辑结构属于非线性结构的是（　　）。

A. 二叉链表　　B. 循环链表　　C. 双向链表　　D. 带链的栈

5. 下列叙述中正确的是（　　）。

A. 顺序存储结构的存储一定是连续的，链式存储结构的存储空间不一定连续

B. 顺序存储结构只针对线性结构，链式存储结构只针对非线性结构

C. 顺序存储结构能存储有序表，链式存储结构不能存储有序表

D. 链式存储结构比顺序存储结构节省存储空间

6. 设数据元素的集合 D={ 1,2,3,4,5 }，则满足下列关系 R 的数据结构中为线性结构的是（　　）。

A. R={ (1,2), (3,4), (5,1) }　　B. R={ (1,3), (4,1), (3,2), (5,4) }

C. R={ (1,2), (2,3), (4,5) }　　D. R={ (1,3), (2,4), (3,5) }

7. 设栈的顺序存储空间为 S(0:49)，栈底指针 bottom=49，栈顶指针 top=30（指向栈顶元素），则栈中的元素个数为（　　）。

A. 30　　B. 29　　C. 20　　D. 19

8. 下列关于栈的叙述，正确的是（　　）。

A. 栈按“先进先出”组织数据　　B. 栈按“先进后出”组织数据

C. 栈只能在栈底插入数据　　D. 栈不能删除数据

9. 一个栈的初始状态为空。现将元素 A、B、C、D、E 依次入栈，然后依次退栈 3 次，并将退栈的 3 个元素依次入队（原队列为空），最后将队列中的元素全部退出。则元素退队的顺序为（　　）。

A. ABC　　B. CBA　　C. EDC　　D. CDE

10. 设循环队列的存储空间为 Q(1:35)，初始状态为 front=rear=35。现经过一系列入队与退队运算后，front=15，rear=15，则循环队列中的元素个数为（　　）。

A. 15　　B. 16　　C. 20　　D. 0 或 35

11. 下列叙述中正确的是（　　）。

A. 循环队列是线性结构　　B. 循环队列是线性逻辑结构

C. 循环队列是链式存储结构　　D. 循环队列是非线性存储结构

12. 下列对循环队列的叙述，正确的是（　　）。

A. 队头指针是固定不变的

B. 队头指针一定大于队尾指针

C. 队头指针一定小于队尾指针

D. 队头指针可以大于队尾指针，也可以小于队尾指针

13. 下列叙述中正确的是（　　）。

A. 循环队列属于队列的链式存储结构　　B. 双向链表是二叉树的链式存储结构

C. 非线性结构只能采用链式存储结构　　D. 有的非线性结构也可以采用顺序存储结构

14. 下列叙述中错误的是（　　）。

A. 循环队列为空的条件是队头指针与队尾指针相同

B. 若二叉树没有叶子结点，则为空二叉树

C. 带链栈的栈底指针是随栈的操作而动态变化的

D. 若带链队列中只有一个元素，则队头指针与队尾指针必定相同

15. 下列结构中属于线性结构链式存储的是（　　）。

A. 双向链表　　B. 循环队列　　C. 二叉链表　　D. 二维数组

16. 下列叙述中正确的是（　　）。

A. 存储空间连续的数据结构一定是线性结构　　B. 存储空间不连续的数据结构一定是非线性结构

C. 没有根结点的非空数据结构一定是线性结构　　D. 具有两个根结点的数据结构一定是非线性结构

17. 下列叙述中正确的是（　　）。

A. 带链队列的存储空间可以不连续，但队头指针必须大于队尾指针

B. 带链队列的存储空间可以不连续，但队头指针必须小于队尾指针

C. 带链队列的存储空间可以不连续，且队头指针可以大于也可以小于队尾指针

D. 带链队列的存储空间一定是不连续的

18. 下列叙述中错误的是（　　）。

A. 向量是线性结构

B. 非空线性结构中只有一个结点没有前件

C. 非空线性结构中只有一个结点没有后件

D. 只有一个根结点和一个叶子结点的结构必定是线性结构

19. 下列叙述中错误的是（　　）。

A. 循环链表中有一个表头结点

B. 循环链表的存储空间是连续的

C. 循环链表的表头指针与循环链表中最后一个结点的指针均指向表头结点

D. 循环链表实现了空表与非空表运算的统一

20. 设一棵树的度为 3，共有 27 个结点，其中度为 3、2、0 的结点数分别为 4、1、10。该树中度为 1 的结点数为（　　）。

A. 11　　B. 12　　C. 13　　D. 不可能有这样的树

21. 设二叉树的前序序列为 ABDEGHCFIJ，中序序列为 DBGEHACIFJ。则按层次输出（从上到下，同一层从左到右）的序列为（　　）。

A. ABCDEFGHIJ　　B. DGHEBIJFCA　　C. JIHGFEDCBA　　D. GHIJDEFBCA

22. 深度为 7 的完全二叉树中共有 125 个结点，则该完全二叉树中的叶子结点数为（　　）。

A. 62　　B. 63　　C. 64　　D. 65

23. 在长度为 n 的有序线性表中进行二分查找，最坏情况下需要比较的次数为（　　）。

A. $O(n)$　　B. $O(n^2)$　　C. $O(\log_2 n)$　　D. $O(n\log_2 n)$

24. 设顺序表的长度为 40，对该表进行冒泡排序。在最坏情况下需要的比较次数为（　　）。

A. 820　　B. 780　　C. 40　　D. 41

25. 在希尔排序法中，每经过一次数据交换后（　　）。

A. 只能消除一个逆序　　B. 能消除多个逆序

C. 不会产生新的逆序　　D. 消除的逆序个数一定比新产生的逆序个数多

二、程序设计基础

1. 结构化程序设计原则强调的是（　　）。

A. 自顶向下　　B. 可封装性　　C. 可复用性　　D. 可恢复性

2. 结构化程序的三种基本控制结构是（　　）。

A. 顺序、选择和重复（循环）　　B. 过程、子程序和分程序

C. 顺序、选择和调用　　D. 调用、返回和转移

3. 面向对象方法中，继承是指（　　）。

A. 一组对象所具有的相似性质　　B. 一个对象具有另一个对象的性质

C. 各对象之间的共同性质　　D. 类之间共享属性和操作的机制

4. 在面向对象方法中，不属于“对象”基本特点的是（　　）。

A. 一致性　　B. 分类性　　C. 多态性　　D. 标识唯一性

三、软件工程基础

1. 软件按功能可以分为应用软件、系统软件和支撑软件(或工具软件)。下面属于应用软件的是(　　)。

A. 编译程序　　B. 操作系统　　C. 教务管理系统　　D. 汇编程序

2. 下列描述中，不属于软件危机表现的是（　　）。

A. 软件过程不规范　　B. 软件开发生产率低

C. 软件质量难以控制　　D. 软件成本不断提高

3. 软件生命周期是指（　　）。

A. 软件产品从提出、实现、使用维护到停止使用退役的过程

B. 软件从需求分析、设计、实现到测试完成的过程

C. 软件的开发过程

D. 软件的运行维护过程

4. 在软件开发中，需求分析阶段产生的主要文档是（　　）。

A. 可行性分析报告　　B. 软件需求规格说明书

C. 概要设计说明书　　D. 集成测试计划

5. 在软件开发中，需求分析阶段可以使用的工具是（　　）。

A. N-S 图　　B. DFD 图　　C. PAD 图　　D. 程序流程图

6. 数据字典（DD）所定义的对象都包含于（　　）。

A. 数据流图（DFD）　　B. 程序流程图　　C. 软件结构图　　D. 方框图

7. 软件需求规格说明书的作用不包括（　　）。

A. 软件验收的依据　　B. 用户与开发人员对软件要做什么的共同理解

C. 软件设计的依据　　D. 软件可行性研究的依据

8. 下面不属于软件设计阶段任务的是（　　）。

A. 软件总体设计　　B. 算法设计

C. 制订软件确认测试计划　　D. 数据库设计

9. 下列叙述中错误的是（　　）。

A. 模块的独立性与模块的信息隐蔽和局部化无关

B. 内聚性和耦合性是模块独立程度的定性度量标准

C. 一个模块的内聚性越高则该模块的独立性越强

D. 一个模块的耦合性越高则该模块的独立性越弱

10. 耦合性和内聚性是对模块独立性度量的两个标准。下列叙述中正确的是（ ）。
A. 提高耦合性降低内聚性有利于提高模块的独立性
B. 降低耦合性提高内聚性有利于提高模块的独立性
C. 耦合性是指一个模块内部各个元素间彼此结合的紧密程度
D. 内聚性是指模块间互相连接的紧密程度
11. 下面可以作为软件设计工具的是（ ）。
A. 系统结构图 B. 数据字典（DD） C. 数据流图（DFD） D. 甘特图
12. 下面不能作为软件需求分析工具的是（ ）。
A. PAD 图 B. 数据字典（DD） C. 数据流图（DFD） D. 判定树
13. 下列叙述中错误的是（ ）。
A. 软件测试的目的是发现错误并改正错误
B. 对被调试的程序进行"错误定位"是程序调试的必要步骤
C. 程序调试通常也称为 Debug
D. 软件测试应严格执行测试计划，排除测试的随意性
14. 下面对软件测试和软件调试有关概念叙述错误的是（ ）。
A. 严格执行测试计划，排除测试的随意性 B. 程序调试通常也称为 Debug
C. 软件测试的目的是发现错误和改正错误 D. 设计正确的测试用例
15. 下面属于黑盒测试方法的是（ ）。
A. 语句覆盖 B. 逻辑覆盖 C. 边界值分析 D. 路径覆盖
16. 使用白盒测试方法时，设计测试用例应根据（ ）。
A. 程序的内部逻辑 B. 程序的复杂结构 C. 程序的功能 D. 使用说明书
17. 通常软件测试实施的步骤是（ ）。
A. 集成测试、单元测试、确认测试、系统测试 B. 单元测试、集成测试、确认测试、系统测试
C. 确认测试、集成测试、单元测试、系统测试 D. 单元测试、确认测试、集成测试、系统测试
18. 程序调试的任务是（ ）。
A. 设计测试用例 B. 验证程序的正确性
C. 发现程序中的错误 D. 诊断和改正程序中的错误

四、数据库设计基础

1. 数据库应用系统中的核心问题是（ ）。
A. 数据库设计 B. 数据库系统设计 C. 数据库维护 D. 数据库管理员培训
2. 数据库管理系统（DBMS）是一种（ ）。
A. 系统软件 B. 应用软件 C. 计算机辅助设计 D. 办公软件
3. 在数据管理技术发展的 3 个阶段中，数据共享最好的是（ ）。
A. 人工管理阶段 B. 文件系统阶段 C. 数据库系统阶段 D. 3 个阶段相同
4. 下面描述中不属于数据库系统特点的是（ ）。
A. 数据共享 B. 数据完整性 C. 数据冗余度高 D. 数据独立性高
5. 数据库设计中反映用户对数据要求的模式是（ ）。
A. 内模式 B. 概念模式 C. 外模式 D. 设计模式
6. 将 E-R 图转换为关系模式时，E-R 图中的实体和联系都可以表示为（ ）。
A. 属性 B. 键 C. 关系 D. 域
7. 在数据库设计中，描述数据间内在语义联系得到 E-R 图的过程属于（ ）。
A. 逻辑设计阶段 B. 需求分析阶段 C. 概念设计阶段 D. 物理设计阶段
8. 有 3 个关系 R、S 和 T 如下：

R

B	C	D
a	0	K1

S

B	C	D
f	3	K2
n	2	X1

T

B	C	D
a	0	K1
f	3	K2
n	2	X1

由关系 R 和 S 得到关系 T，则所使用的操作为（　　）。

A. 并　　B. 自然连接　　C. 差　　D. 交

9. 有 3 个关系 R、S 和 T 如下：

R

B	C	D
a	0	K1
b	1	m

S

B	C	D
f	3	H2
a	0	K1
M2	2	x

T

B	C	D
a	0	K1

由关系 R 和 S 通过运算得到关系 T，则所使用的运算为（　　）。

A. 并　　B. 自然连接　　C. 笛卡儿积　　D. 交

10. 有两个关系 R、S 如下：

R

A	B	C
a	3	2
b	0	1
c	2	1

S

A	B
a	3
b	0
c	2

由关系 R 通过运算得到关系 S，则所使用的运算为（　　）。

A. 选择　　B. 投影　　C. 插入　　D. 连接

11. 层次型、网状型和关系型数据库的划分原则是（　　）。

A. 记录长度　　B. 文件的大小　　C. 联系的复杂程度　　D. 数据之间的联系方式

12. 有 3 个关系 R、S 和 T 如下：

R

A	B	C
a	1	2
b	2	1
c	3	1
e	4	2

S

A	B	C
d	3	2
c	3	1

T

A	B	C
a	1	2
b	2	1
c	3	1
d	3	2
e	4	2

则由关系 R 和 S 得到关系 T 的操作是（　　）。

A. 并　　B. 投影　　C. 交　　D. 选择

13. 在关系数据库中，用来表示实体间联系的是（　　）。

A. 属性　　B. 二维表　　C. 网状结构　　D. 树状结构

14. 关系 R 经过运算 6 A=B^C>4^D>3(R) 的结果为（　　）。

R

A	B	C	D
a	a	2	4
b	e	1	2
c	c	11	4
e	e	6	1

A. (c,c,11,4)　　B. (b,b,11,4)　　C. (a,a,2,4)　　D. (a,a,2,4) 和 (e,e,6,1)

15. 有 3 个关系 R、S 和 T 如下，其中 3 个关系对应的关键字分别为 A、B 和复合关键字（A,B）。

R

A	A1
a	1
b	n

S

B	B1	B3
f	g	H
1	x	y
n	p	x

T

A	B	C
a	f	3
b	q	4

表 T 的记录项（b,q,4）违反了（　　）。

A. 实体完整性约束　　B. 参照完整性约束

C. 用户定义的完整性约束　　D. 关系完整性约束

16. 公司中有多个部门和多名职员，每个职员只能属于一个部门，一个部门可以有多名职员。则实体部门和职员间的联系是（　　）。

A. 1:1 联系　　B. m:1 联系　　C. 1:m 联系　　D. m:n 联系

17. 学生关系模式中有 D（D#,Dn,Dl,DAddr）（其属性分别为系编号、系名称、系主任和系地址）和 S（S#,Sn,SG,Date,Maj,D#）（其属性分别为学号、姓名、性别、入学日期、专业和系编号）两个关系，关系 S 的主关键字是 S#，关系 S 的外部关键字是（　　）。

A. D#　　B. Maj　　C. Dl　　D. Dn

18. 数据库设计过程不包括（　　）。

A. 概念设计　　B. 逻辑设计　　C. 物理设计　　D. 算法设计

第2章 计算机基础知识

1. 世界上公认的第一台电子计算机诞生的年代是（　　）。

A. 20 世纪 30 年代　B. 20 世纪 40 年代　C. 20 世纪 80 年代　D. 20 世纪 90 年代

2. 作为现代计算机基本结构的冯•诺依曼体系包括（　　）。

A. 输入、存储、运算、控制和输出 5 个部分　B. 输入、数据存储、数据转换和输出 4 个部分

C. 输入、过程控制和输出 3 个部分　D. 输入、数据计算、数据传递和输出 4 个部分

3. 一般情况下，划分计算机 4 个发展阶段的主要依据是（　　）。

A. 计算机所跨越的年限长短　B. 计算机所采用的基本元器件

C. 计算机的处理速度　D. 计算机用途的变化

4. 利用计算机进行图书资料检索，所属的计算机应用领域是（　　）。

A. 科学计算　B. 数据 / 信息处理　C. 过程控制　D. 虚拟现实

5. 工业上的数控机床所属的计算机应用领域是（　　）。

A. 多媒体应用　B. 计算机辅助设计　C. 过程控制　D. 科学计算

6. 下列翻译错误的是（　　）。

A. CMI——计算机管理教学　B. CAI——计算机辅助制造

C. CBE——计算机辅助教育　D. CAD——计算机辅助设计

7. 下列不能用作存储容量单位的是（　　）。

A. TB　B. byte　C. KB　D. MIPS

8. 计算机中，关于字节和位的关系是（　　）。

A. 字节和位是一个概念，一个字节就等于一位

B. 字节和位是不同的概念，字节用十进制表示一个数，位用二进制表示一个数

C. 字节是计算机数据的最小单位，而位是计算机存储容量的基本单位

D. 在计算机中，一个字节由 8 位二进制数字组成

9. 能够直接反映一台计算机的计算能力和精度的指标参数是（　　）。

A. 字长　B. 字节　C. 字符编码　D. 位

10. 字长是计算机的一个重要指标，在工作频率不变和 CPU 体系结构相似的前提下，字长与计算机性能的关系是（　　）。

A. 字长越长，计算机的数据处理速度越快

B. 字长越短，计算机的数据处理速度越快

C. 字长表示计算机的存储容量大小，字长越长，计算机的读取速度越快

D. 字长越短，表示计算机的并行能力越强

11. 一台计算机的硬盘容量标为 800GB，其存储容量是（　　）。

A. 800×2^{10}B　B. 800×2^{20}B　C. 800×2^{30}B　D. 800×2^{40}B

12. 全高清视频的分辨率为 1920 像素 ×1080 像素，如果一张真彩色 BMP 数字格式图像的像素为 1920 像素 ×1080 像素，其所需存储空间是（　　）。

A. 1.98 MB　B. 2.96 MB　C. 5.93 MB　D. 7.91 MB

13. 下列关于 ASCII 编码的叙述中，正确的是（　　）。

A. 一个字符的标准 ASCII 码占一个字节，其最高二进制位总为 1

B. 所有大写英文字母的 ASCII 码值都小于小写英文字母 a 的 ASCII 码值

C. 所有大写英文字母的 ASCII 码值都大于小写英文字母 a 的 ASCII 码值

D. 标准 ASCII 码表有 256 个不同的字符编码

14. 在标准 ASCII 码表中，已知英文字母 A 的 ASCII 码是 01000001，则英文字母 D 的 ASCII 码是（　　）。

A. 01000011　B. 01000100　C. 01000101　D. 01000010

15. 汉字的国标码与其内码存在的关系：汉字的内码 = 汉字的国标码 +（　　）。

A. 1010H　　B. 8081H　　C. 8080H　　D. 8180H

16. 计算机中的字符包括西文字符和中文字符，关于字符编码，下列说法错误的是（　　）。

A. 在计算机中，西文字符和中文字符采用相同的二进制字符编码进行处理

B. 最常用的西文字符编码是 ASCII，被国际标准化组织指定为国际标准

C. 在计算机中，对于西文与中文字符，由于形式的不同，使用不同的编码

D. 国标码是一种汉字的编码，一个国标码用两个字节来表示一个汉字

17. 通常，现代计算机内部用来表示信息的方法是（　　）。

A. 计算机内部均采用二进制表示各种信息

B. 计算机内部混合采用二进制、十进制和十六进制表示各种信息

C. 计算机内部采用十进制数据、文字显示以及图形描述等表示各种信息

D. 计算机内部均采用十进制表示各种信息

18. 度量计算机运算速度常用的单位是（　　）。

A. MIPS　　B. MHz　　C. MB/s　　D. Mbit/s

19. 计算机中的 CPU 是指（　　）。

A. 中央处理器　　B. 控制器　　C. 存储器　　D. 运算器

20. 下列设备组中，完全属于计算机输出设备的一组是（　　）。

A. 喷墨打印机、显示器、键盘　　B. 激光打印机、键盘、鼠标

C. 键盘、鼠标、扫描仪　　D. 打印机、绘图仪、显示器

21. 运算器的功能是进行（　　）。

A. 逻辑运算　　B. 算术运算和逻辑运算

C. 算术运算　　D. 逻辑运算和微积分运算

22. 在计算机中，中央处理器（CPU）由运算器和（　　）两部分组成。

A. 控制器　　B. 存储器　　C. Cache　　D. 总线

23. CPU 主要技术性能指标有（　　）。

A. 字长、主频和运算速度　　B. 可靠性和精度

C. 耗电量和效率　　D. 冷却效率

24. 当电源关闭后，下列关于存储器的说法不正确的是（　　）。

A. 存储在硬盘中的数据不会丢失　　B. 存储在 U 盘中的数据不会丢失

C. 存储在 RAM 中的数据会丢失　　D. 存储在 ROM 中的数据会丢失

25. 小向使用了一部标配为 2GB RAM 的手机，因存储空间不够，他将一张 64GB 的 mircoSD 卡插到了手机上。此时，这部手机上的 2GB 和 64GB 参数分别代表的指标是（　　）。

A. 内存、内存　　B. 内存、外存　　C. 外存、内存　　D. 外存、外存

26. 下面（　　）设备不属于计算机的输入设备。

A. 键盘　　B. 打印机　　C. 摄像头　　D. 扫描仪

27. 在下列选项中，（　　）不属于计算机的系统总线。

A. 控制总线　　B. 数据总线　　C. 地址总线　　D. 连接总线

28. Java 属于（　　）。

A. 操作系统　　B. 办公软件　　C. 数据库系统　　D. 计算机语言

29. 下列关于高级程序设计语言的说法，正确的是（　　）。

A. 计算机能够直接执行　　B. 具有良好的可读性和可移植性

C. 执行效率高　　D. 依赖于具体的机器

30. 计算机系统软件中，最基本、最核心的软件是（　　）。

A. 操作系统　　B. 数据库管理系统　　C. 程序语言处理系统　　D. 系统维护工具

31. 下列不属于系统软件的是（　　）。

A. Windows 10　　B. Office 2016　　C. 数据库管理程序　　D. DOS

32. 下列叙述中，正确的是（　　）。

A. 计算机病毒只在可执行文件中传染，不执行的文件不会传染

B. 计算机病毒主要通过读 / 写移动存储器或 Internet 网络进行传播

C. 只要删除所有感染了病毒的文件就可以彻底消除病毒

D. 计算机杀毒软件可以查出和清除任意已知的和未知的计算机病毒

33. 下列关于计算机病毒的说法中，正确的是（　　）。

A. 计算机病毒是一种有损计算机操作人员身体健康的生物病毒

B. 计算机病毒发作后，将会造成计算机硬件永久性的物理损坏

C. 计算机病毒是一种通过自我复制进行传染，破坏计算机程序和数据的小程序

D. 计算机病毒是一种有逻辑错误的程序

34. 为了保证公司网络的安全运行，预防计算机病毒的破坏，可以在计算机上（　　）。

A. 扫描磁盘　　B. 开启杀毒软件

C. 安装浏览器加载项　　D. 修改注册表

35. 下列关于计算机病毒的叙述中，正确的是（　　）。

A. 杀毒软件可以查杀任何种类的病毒

B. 扫描系统漏洞和安装系统补丁对于预防计算机病毒作用不大

C. 杀毒软件必须随着新病毒的出现而升级，提高查杀病毒的功能

D. 感染过计算机病毒的计算机具有对该病毒的免疫性

36. 下列（　　）不属于预防计算机病毒的措施。

A. 禁用远程功能，关闭不需要的服务　　B. 下载文件、浏览网页时选择正规的网站

C. 安装杀毒软件，并升级杀毒软件的病毒库　　D. 一旦计算机感染病毒，就关闭计算机电源

37. 计算机网络中传输介质传输速率的单位是 bit/s，其含义是（　　）。

A. 字节 / 秒　　B. 字 / 秒　　C. 字段 / 秒　　D. 二进制位 / 秒

38. 在一个办公室构建适用于 20 多人的小型办公网络环境，这样的网络环境属于（　　）。

A. 城域网　　B. 局域网　　C. 广域网　　D. 互联网

39. 某企业为了构建网络办公环境，每位员工使用的计算机上应当具备（　　）设备。

A. 网卡　　B. 摄像头　　C. 无线鼠标　　D. 双显示器

40. 下列（　　）是计算机网络最突出的优点。

A. 存储数据和高精度定位　　B. 高精度计算和收发邮件

C. 资源共享和数据传输　　D. 高速运算和快速反应

41. 下列（　　）不属于计算机网络的拓扑结构。

A. 星形　　B. 环形　　C. 总线型　　D. 圆形

42. 某企业为了建设一个可供客户在互联网上浏览的网站，需要申请一个（　　）。

A. 域名　　B. 门牌号　　C. IP 地址　　D. 邮编

43. 正确的 IP 地址是（　　）。

A. 192.169.1.12　　B. 201.1.14　　C. 201.1.1.1.14　　D. 258.1.1.12

44. 下列（　　）不属于我国的次级域名。

A. EDU　　B. BJ　　C. CN　　D. COM

45. 在 Internet 中实现信息浏览查询服务的是（　　）。

A. DNS　　B. FTP　　C. WWW　　D. ADSL

第3章　MS Office三大组件的应用

一、Word 文字处理

1. 在进行 Word 文档编辑时，如果需要返回最近编辑过的位置，最快捷的操作方法是（　　）。

A. 拖动滚动条找到最近编辑过的位置并单击　　B. 按【Shift+F5】组合键

C. 按【Ctrl+F5】组合键　　D. 按【Alt+F5】组合键

2. 在 Word 中选择文本时，纵向选择一块文本区域最快捷的操作方法是（　　）。

A. 按住【Shift】键不放，拖动鼠标选择所需的文本

B. 按住【Ctrl】键不放，拖动鼠标选择所需的文本

C. 按住【Tab】键不放，拖动鼠标分别选择所需的文本

D. 按住【Alt】键不放，拖动鼠标选择所需的文本

3. 在 Word 窗口中，调整段落缩进、页面的边距及表格的列宽和行高，最快捷的操作方法是（　　）。

A. 常用工具栏　　B. 表格工具栏　　C. 标尺　　D. 格式工具栏

4. 张编辑休假前正在审阅一部 Word 书稿，他希望回来上班时能够快速找到上次编辑的位置，在 Word 2010 中最优的操作方法是（　　）。

A. 下次打开书稿时，直接通过滚动条找到该位置

B. 记住一个关键词，下次打开书稿时，通过“查找”功能找到该关键词

C. 记住当前页码，下次打开书稿时，通过“查找”功能定位页码

D. 在当前位置插入一个书签，通过“查找”功能定位书签

5. 某 Word 文档中有一个 5 行 × 4 列的表格，如果要将另外一个文本文件中的 5 行文字复制到该表格中，并且使其正好成为该表格一列的内容，最优的操作方法是（　　）。

A. 在文本文件中选择这 5 行文字，复制到剪贴板，然后回到 Word 文档中，将光标置于指定列的第一个单元格，将剪贴板内容粘贴过来

B. 将文本文件中的 5 行文字，一行一行地复制、粘贴到 Word 文档表格对应列的 5 个单元格中

C. 在文本文件中选中这 5 行文字，复制到剪贴板，然后回到 Word 文档中，选择对应列的 5 个单元格，将剪贴板内容粘贴过来

D. 在文本文件中选择这 5 行文字，复制到剪贴板，然后回到 Word 文档中，选择该表格，将剪贴板内容粘贴过来

6. 小王在一篇 Word 文档中创建了一个漂亮的页脚，他希望在其他文档中还可以直接使用该页脚格式，最优的操作方法是（　　）。

A. 下次创建新文档时，直接从该文档中将页脚复制到新文档中

B. 将该文档保存为模板，下次可以在该模板的基础上创建新文档

C. 将该页脚保存在页脚库中，以备下次调用

D. 将该文档另存为新文档，并在此基础上修改即可

7. 小姚利用 Word 编辑一份公文，领导要求目录和正文的页码分别采用不同的格式，且均从第 1 页开始，最优的操作方法是（　　）。

A. 将目录和正文分别存在两个文档中，分别设置页码

B. 在目录与正文之间插入分节符，在不同的节中设置不同的页码

C. 在目录与正文之间插入分页符，在分页符前后设置不同的页码

D. 在 Word 中不设置页码，将其转换为 PDF 格式时再增加页码

8. 小王的毕业论文需要在正文前添加论文目录以便检索和阅读，最优的操作方法是（　　）。

A. 利用 Word 提供的“手动目录”功能创建目录

B. 直接输入作为目录的标题文字和相对应的页码创建目录

C. 将文档的各级标题设置为内置标题样式，然后基于内置标题样式自动插入目录

D. 不使用内置标题样式，而是直接基于自定义样式创建目录

9. 某企业办公室在 Word 中草拟一份会议通知，希望该通知结尾处的日期能够随系统日期的变化而自动更新，最快捷的操作方法是（　　）。

A. 通过插入日期和时间功能，插入特定格式的日期并设置为自动更新

B. 通过插入对象功能，插入一个可以链接到原文件的日期

C. 直接手动输入日期，然后将其格式设置为可以自动更新

D. 通过插入域的方式插入日期和时间

10. 某企业计划邀请 60 家客户参加年终答谢会，并为客户发送邀请函。快速制作 60 份邀请函的最优操作方法是（　　）。

A. 发动同事帮忙制作邀请函，每个人写几份

B. 利用 Word 的邮件合并功能自动生成

C. 先制作好一份邀请函，然后复印 30 份，在每份上添加客户名称

D. 先在 Word 中制作一份邀请函，通过复制、粘贴功能生成 60 份，然后分别添加客户名称

11. 小刘的毕业论文设置为两栏页面布局，现需在分栏之上插入横跨两栏内容的论文标题，最优的操作方法是（　　）。

A. 在两栏内容之前空出几行，打印出来后手动写上标题

B. 在两栏内容之上插入一个分节符，然后设置论文标题位置

C. 在两栏内容之上插入一个文本框，输入标题，并设置文本框的环绕方式

D. 在两栏内容之上插入一个艺术字标题

12. 在 Word 功能区中，拥有的选项卡分别是（　　）。

A. 开始、插入、页面布局、引用、邮件、审阅等

B. 开始、插入、编辑、页面布局、引用、邮件等

C. 开始、插入、编辑、页面布局、选项、邮件等

D. 开始、插入、编辑、页面布局、选项、帮助等

13. Word 文档的结构层次为“章—节—小节”，如章“1”为一级标题、节“1.1”为二级标题、小节“1.1.1”为三级标题，采用多级列表的方式已经完成了对第一章中章、节、小节的设置，如需完成剩余几章内容的多级列表设置，最优的操作方法是（　　）。

A. 复制第一章中的“章、节、小节”段落，分别粘贴到其他章节对应位置，然后替换标题内容

B. 将第一章中的“章、节、小节”格式保存为标题样式，并将其应用到其他章节对应段落

C. 利用格式刷功能，分别复制第一章中的“章、节、小节”格式，并应用到其他章节对应段落

D. 逐个对其他章节对应的“章、节、小节”标题应用“多级列表”格式，并调整段落结构层次

14. 小刘使用 Word 编写与互联网相关的文章时，文中频繁出现“@”符号，他希望能够在输入“(a)”后自动变为“@”，最优的操作方法是（　　）。

A. 将“(a)”定义为自动更正选项

B. 先全部输入为“(a)”，最后再一次性替换为“@”

C. 将“(a)”定义为自动图文集

D. 将“(a)”定义为文档部件

二、Excel 电子表格

1. 在 Excel 工作表中输入了大量数据后，若要在该工作表中选择一个连续且较大范围的特定数据区域，最快捷的方法是（　　）。

A. 选择该数据区域的某一个单元格，然后按【Ctrl+A】组合键

B. 单击该数据区域的第一个单元格，按住【Shift】键不放再单击该区域的最后一个单元格

C. 单击该数据区域的第一个单元格，按【Ctrl+Shift+End】组合键

D. 用鼠标直接在数据区域中拖动完成选择

2. 小王希望为 Excel 工作表的 D、E、F 这 3 列设置相同的格式，同时选中这 3 列的最快捷操作方法是（　　）。

A. 用鼠标直接在 D、E、F 这 3 列的列标上拖动完成选择

B. 在名称框中输入地址“D:F”，按【Ctrl】键完成选择

C. 在名称框中输入地址“D,E,F”，按【Ctrl】键完成选择

D. 按住【Ctrl】键不放，依次单击 D、E、F 这 3 列的列标

3. 小蔡要将一份通过 Excel 整理的“年终销量数据统计表”送交销售总监审阅，这份统计表包含“统计结果”和“初步统计数据”两个工作表。他希望销售总监无法看到其存放初步统计数据的工作表，最优的操作方法是（　　）。

A. 将存放初步统计数据的工作表删除

B. 将存放初步统计数据的工作表移动到其他工作簿保存

C. 将存放初步统计数据的工作表隐藏，然后设置保护工作表隐藏

D. 将存放初步统计数据的工作表隐藏，然后设置保护工作簿结构

4. 小蔡从网站上查到了最近一次“双十一”网络销售的数据表格，他准备将这份表格中的数据引用到 Excel 中以便进一步分析，最优的操作方法是（　　）。

A. 对照网页上的表格，直接将数据输入 Excel 工作表中

B. 通过复制、粘贴功能，将网页上的表格复制到 Excel 工作表中

C. 通过 Excel 中的“自网站获取外部数据”功能，直接将网页上的表格导入 Excel 工作表中

D. 先将包含表格的网页保存为 .htm 或 .mht 格式文件，然后在 Excel 中直接打开该文件

5. 以下错误的 Excel 公式形式是（　　）。

A. =SUM(B3:E3)*$F$3　　　　B. =A3+B3+C3+D3

C. =(A4-B4)*$B$4　　　　D. =A4*$F$3-3E

6. Excel 工作表 D 列保存了 18 位身份证号码信息，为了保护个人隐私，需将身份证信息的第 9～12 位用“*”表示，以 D2 单元格为例，最优的操作方法是（　　）。

A. =MID(D2,1,8)+"****"+MID(D2,13,6)

B. =CONCATENATE(MID(D2,1,8),"****",MID(D2,13,6))

C. =REPLACE(D2,9,4,"****")

D. =MID(D2,9,4,"****")

7. 如果 Excel 单元格值大于 0，则在本单元格中显示“已完成”；单元格值小于 0，则在本单元格中显示“还未开始”；单元格值等于 0，则在本单元格中显示“正在进行中”，最优的操作方法是（　　）。

A. 使用 IF 函数

B. 通过自定义单元格格式，设置数据的显示方式

C. 使用条件格式命令

D. 使用自定义函数

8. 在 Excel 工作表 A1 单元格里存放了 18 位二代身份证号码，在 A2 单元格中利用公式计算该人的年龄，最优的操作方法是（　　）。

A. =YEAR(TODAY())-MID(A1,6,8)　　　　B. =YEAR(TODAY())-MID(A1,6,4)

C. =YEAR(TODAY())-MID(A1,7,8)　　　　D. =YEAR(TODAY())-MID(A1,7,4)

9. 在 Excel 某列单元格中，快速填充 2016-2018 年每月最后一天日期的最优操作方法是（　　）。

A. 在第一个单元格中输入“2016-1-31”，然后使用 MONTH 函数填充其余 35 个单元格

B. 在第一个单元格中输入“2016-1-31”，拖动填充柄，然后使用智能标记自动填充其余 35 个单元格

C. 在第一个单元格中输入“2016-1-31”，然后使用格式刷直接填充其余 35 个单元格

D. 在第一个单元格中输入“2016-1-31”，然后执行【开始】→【编辑】组中的“填充”命令

10. 小张用 Excel 2010 制作了一份员工档案表，但经理的计算机中只安装了 Office 2003，能让经理正常打开员工档案表的最优操作方法是（　　）。

A. 将文档另存为 Excel 97-2003 文档格式

B. 将文档另存为 PDF 格式

C. 建议经理安装 Office 2010

D. 小张自行安装 Office 2003，并重新制作一份员工档案表

11. 初二年级各班的成绩单分别保存在独立的 Excel 工作簿文件中，周老师需要将这些成绩单合并到一个工作簿文件中进行管理，最优的操作方法是（ ）。

A. 将各班成绩单中的数据分别通过复制、粘贴的命令整合到一个工作簿中

B. 通过移动或复制工作表功能，将各班成绩单整合到一个工作簿中

C. 打开一个班的成绩单，将其他班级的数据录入同一个工作簿的不同工作表中

D. 通过插入对象功能，将各班成绩单整合到一个工作簿中

12. 某公司需要统计各类商品的全年销量冠军。在 Excel 中，最优的操作方法是（ ）。

A. 在销量表中直接找到每类商品的销量冠军，并用特殊的颜色标记

B. 分别对每类商品的销量进行排序，将销量冠军用特殊的颜色标记

C. 通过自动筛选功能，分别找出每类商品的销量冠军，并用特殊的颜色标记

D. 通过设置条件格式，分别标出每类商品的销量冠军

13. Excel 工作表 B 列保存了 11 位手机号码信息，为了保护个人隐私，需将手机号码的后 4 位均用“*”表示，以 B2 单元格为例，最优的操作方法是（ ）。

A. =REPLACE(B2,7,4,"****") B. =REPLACE(B2,8,4,"****")

C. =MID(B2,7,4,"****") D. =MID(B2,8,4,"****")

14. 在 Excel 工作表中存放了某企业第一分厂和第二分厂所有班组总计 300 个工人的工作业绩，A 列到 D 列分别对应“分厂”“班组”“工号”“业绩”，利用公式计算第一分厂 3 班组的平均业绩，最优的操作方法是（ ）。

A. =SUMIFS(D2:D301,A2:A301," 第 一 分 厂 ",B2:B301,"3 班 组 ")/COUNTIFS(A2:A301," 第 一 分 厂 ",B2:B301,"3 班组 ")

B. =SUMIFS(D2:D301,B2:B301,"3 班组 ")/COUNTIFS(B2:B301,"3 班组 ")

C. =AVERAGEIFS(D2:D301,A2:A301," 第一分厂 ",B2:B301,"3 班组 ")

D. =AVERAGEIF(D2:D301,A2:A301," 第一分厂 ",B2:B301,"3 班组 ")

15. 王老师使用 Excel 2010 制作了一份“期末考试成绩分析表”，并且已经为该表创建了一张柱形分析图，制作完成后发现该表格缺少一个班级的成绩数据，现在需要将缺少的数据添加到分析图中，以下最优的操作方法是（ ）。

A. 向工作表中添加成绩记录，选择柱状分析图，单击【图标工具 设计】→【类型】组中的“更改图表类型”按钮

B. 直接向工作表中添加成绩记录，因为图表和数据产生了关联，在图表中会自动产生一个新的数据系列

C. 向工作表中添加成绩记录，选择柱状分析图，按【Delete】键将其删除，然后重新插入一个柱状分析图

D. 向工作表中添加成绩记录，选择柱状分析图，单击【图标工具 设计】→【数据】组中的“选择数据”按钮，重新选择数据区域

16. 现有一个学生成绩工作表，工作表中有 4 列数据，分别为学号、姓名、班级、成绩，其中班级列中有 3 种取值，分别为一班、二班和三班，如果需要在工作表中筛选出“三班”学生的信息，以下最优的操作方法是（ ）。

A. 鼠标单击数据表外的任一单元格，执行【数据】→【排序和筛选】组中的“筛选”命令，单击“班级”列的向下箭头，从弹出的下拉列表中选择筛选选项

B. 单击数据表中的任一单元格，执行【数据】→【排序和筛选】组中的“筛选”命令，单击“班级”列的向下箭头，从弹出的下拉列表中选择筛选选项

C. 选择【开始】→【编辑】组中的“查找和选择”选项，在“查找和替换”对话框的“查找内容”文本框输入“三班”，单击“关闭”按钮

D. 选择【开始】→【编辑】组中的“查找和选择”选项，在“查找和替换”对话框的“查找内容”文本框输入“三班”，单击“查找下一个”按钮

17. 以下对 Excel 高级筛选功能的描述，说法正确的是（　　）。

A. 高级筛选通常需要在工作表中设置条件区域

B. 利用【数据】→【排序和筛选】组内的“筛选”命令可进行高级筛选

C. 高级筛选之前必须对数据进行排序

D. 高级筛选就是自定义筛选

18. 小李正在 Excel 中编辑一个包含上千人的工资表，他希望在编辑过程中总能看到表明每列数据性质的标题行，最优的操作方法是（　　）。

A. 通过 Excel 的拆分窗口功能，使得上方窗口显示标题行，同时在下方窗口中编辑内容

B. 通过 Excel 的冻结窗格功能将标题行固定

C. 通过 Excel 的新建窗口功能，创建一个新窗口，并将两个窗口水平并排显示，其中上方窗口显示标题行

D. 通过 Excel 的打印标题功能设置标题行重复出现

三、PowerPoint 演示文稿

1. 在 PowerPoint 中可以通过多种方法创建一张新幻灯片，下列操作方法错误的是（　　）。

A. 在普通视图的幻灯片缩略图窗格中定位光标，按【Enter】键

B. 在普通视图的幻灯片缩略图窗格中单击右键，在弹出的快捷菜单中选择“新建幻灯片”命令

C. 在普通视图的幻灯片缩略图窗格中定位光标，在“开始”选项卡中单击“新建幻灯片”按钮

D. 在普通视图的幻灯片缩略图窗格中定位光标，在“插入”选择卡中单击“幻灯片”按钮

2. 在 PowerPoint 演示文稿中通过分节组织幻灯片，如果要选中某一节内的所有幻灯片，最优的操作方法是（　　）。

A. 按【Ctrl+A】组合键

B. 选中该节的一张幻灯片，然后按住【Ctrl】键，逐个选中该节的其他幻灯片

C. 选中该节的第一张幻灯片，然后按住【Shift】键，单击该节的最后一张幻灯片

D. 单击节标题

3. 小褚正在制作有关员工培训的新演示文稿，他想借鉴自己以前制作的某个培训文稿中的部分幻灯片，最优的操作方法是（　　）。

A. 将原演示文稿中有用的幻灯片一一复制到新文稿中

B. 放弃正在编辑的新文稿，直接在原演示文稿中进行增删修改，并另行保存

C. 通过“重用幻灯片”功能将原文稿中有用的幻灯片引用到新文稿中

D. 在【插入】→【文本】组中单击“对象”按钮

4. 小陈发现公司产品介绍的演示文稿中幻灯片数量较多，不易于对各产品线演示内容进行管理。快速分类和管理幻灯片的最优操作方法是（　　）。

A. 将演示文稿拆分成多个文档，按每个产品线生成一份独立的演示文稿

B. 为不同的产品线幻灯片设置不同的设计主题，以便浏览

C. 利用自定义幻灯片放映功能，将每个产品线定义为独立的放映单元

D. 利用节功能，将不同的产品线幻灯片分别定义为独立节

5. 小郑利用 PowerPoint 制作一份公司简介的演示文稿，他希望将公司外景图片铺满每张幻灯片，最优的操作方法是（　　）。

A. 在幻灯片母版中插入该图片，并调整大小及排列方式

B. 将该图片文件作为对象插入全部幻灯片中

C. 将该图片作为背景插入并应用到全部幻灯片中

D. 在一张幻灯片中插入该图片，调整大小及排列方式，然后复制到其他幻灯片中

6. 如果需要在一个演示文稿的每页幻灯片左下角相同位置插入公司的Logo，最优的操作方法是(　　)。

A. 打开幻灯片母版视图，将 Logo 图片插入母版中

B. 打开幻灯片普通视图，将 Logo 图片插入幻灯片中

C. 打开幻灯片放映视图，将 Logo 图片插入幻灯片中

D. 打开幻灯片浏览视图，将 Logo 图片插入幻灯片中

7. 在PowerPoint中制作演示文稿时，希望将所有幻灯片中标题的中文字体和英文字体分别统一为宋体、Times New Roman，正文的中文字体和英文字体分别统一为微软雅黑、Times New Roman，最优的操作方法是(　　)。

A. 在幻灯片母版中通过“字体”对话框分别设置占位符中的标题和正文字体

B. 在一张幻灯片中设置标题、正文字体，然后通过格式刷应用到其他幻灯片的相应部分

C. 通过“替换字体”功能快速设置字体

D. 通过自定义主题字体进行设置

8. 如需将 PowerPoint 演示文稿中的 SmartArt 图形列表内容通过动画效果一次性展现出来，最优的操作方法是(　　)。

A. 将 SmartArt 动画效果设置为“整批发送”　　B. 将 SmartArt 动画效果设置为“一次按级别”

C. 将 SmartArt 动画效果设置为“逐个按分支”　D. 将 SmartArt 动画效果设置为“逐个按级别”

9. 冯老师制作完成了一个带有动画效果的 PowerPoint 教案，她希望在课堂上可以按照自己讲课的节奏自动播放，最优的操作方法是(　　)。

A. 为每张幻灯片设置特定的切换持续时间，并将演示文稿设置为自动播放

B. 在练习过程中，利用“排练计时”功能记录适合的幻灯片切换时间，然后播放即可

C. 根据讲课节奏，设置幻灯片中每一个对象的动画时间，以及每张幻灯片的自动换片时间

D. 将 PowerPoint 教案另存为视频文件

10. 假设一个演示文稿有 60 张幻灯片，现在根据实际情况第 41 ～ 44 张幻灯片不需要播放，以下最优的操作方法是(　　)。

A. 选择第 41 ～ 44 张幻灯片，单击鼠标右键，在弹出的快捷菜单中执行“隐藏幻灯片”命令

B. 选择第 41 ～ 44 张幻灯片，按【Delete】键删除幻灯片

C. 选择【幻灯片放映】→【设置】组，单击“设置幻灯片放映”按钮，在打开的对话框中设置放映第 1 ～ 40 张幻灯片，放映完成后，再设置放映第 45 ～ 60 张幻灯片

D. 选择【幻灯片放映】→【开始放映幻灯片】组，单击“自定义幻灯片放映”按钮，打开“自定义幻灯片放映”对话框，单击“新建”按钮，依次添加第 1 ～ 40 张幻灯片和 45 ～ 60 张幻灯片，播放时使用自定义方案进行播放

11. 某公司制作了一份新产品的推广宣传演示文稿，但宣传场地的计算机并未安装 PowerPoint 软件，为确保不影响推介会的顺利开展，以下最优的操作方法是(　　)。

A. 在另外一台计算机上安装好 PowerPoint 软件才能播放文件

B. 需要把演示文稿和 PowerPoint 软件都复制到另一台计算机上去

C. 使用 PowerPoint 的“打包”工具并包含全部 PowerPoint 程序

D. 使用 PowerPoint 的“打包”功能将演示文稿打包为文件夹或 CD 光盘

选择题强化训练参考答案及解析

第1章　公共基础知识

一、数据结构与算法

1. A【解析】本题考查算法的基本特征。算法有穷性是指算法程序的运行时间是有限的，A 选项正确；算法有穷性与算法程序所处理的数据量无关，B 选项错误；算法有穷性与算法程序的长度无关，C 选项错误；算法的有穷性与算法只能被有限的用户使用无关，D 选项错误。

2. A【解析】本题考查算法的时间复杂度。算法的时间复杂度是指执行算法所需要的计算机工作量，算法的计算机工作量是用算法所执行的基本运算次数来度量的，算法所执行的基本运算次数和问题的规模有关，具体来说，算法执行时所需要的计算机资源越多，算法复杂度就越高，因此算法的复杂度和问题规模成正比，A 选项的说法是错误的。

3. A【解析】本题考查算法的空间复杂度。算法的空间复杂度是指算法在执行过程中所需要的内存空间，A 选项正确；算法的空间复杂度与算法所处理的数据量无关，B 选项错误；算法的空间复杂度与算法程序中的语句或指令条数无关，C 选项错误；算法的空间复杂度与算法在执行过程中所需要的临时工作单元数无关，D 选项错误。

4. A【解析】本题考查链表与线性结构的综合知识。二叉链表是二叉树的物理实现，是一种存储结构，不属于线性结构，A 选项符合题意；循环链表具有单链表的特征，属于线性链表，B 选项不符合题意；双向链表在单链表中的结点中增加一个指针域指向它的直接前件，属于线性链表，C 选项不符合题意；带链的栈可以用来收集计算机存储空间中所有空闲的存储结点，属于线性链表，D 选项不符合题意。

5. A【解析】本题考查线性表及其顺序存储结构。顺序存储结构的存储一定是连续的，链式存储结构的存储空间不一定连续，A 选项叙述正确；链式存储结构既可以针对线性结构也可以针对非线性结构，B、C 选项叙述错误；链式存储结构中每个结点都由数据域与指针域两部分组成，增加了存储空间，D 选项叙述错误。

6. B【解析】本题考查线性结构的满足条件。若一个非空的数据结构有且只有一个根结点，或每一个结点最多有一个前件，也最多有一个后件，则称为线性结构。若不同时满足以上两个条件的数据结构则称为非线性结构。A 选项有两个根结点，分别为 3 和 5，A 选项不符合题意；B 选项根结点为 5，排列顺序为 54132，B 选项符合题意；C 选项有两个根结点 1 和 4，C 选项不符合题意；D 选项有两个根结点 1 和 2，D 选项不符合题意。

7. C【解析】本题考查栈及其基本运算。栈是一种特殊的线性表，它的插入与删除运算都限定在线性表的一端进行，而另一端是封闭的。入栈运算即在栈顶位置插入一个新元素，退栈运算则是取出栈顶元素赋予指定变量，元素依次存储在单元 30:49 中，个数为 20。C 选项正确。

8. B【解析】本题考查栈及其基本概念。栈按“先进后出”的原则组织数据，可以对数据进行插入和删除操作，且都在栈顶进行操作。B 选项正确。

9. C【解析】本题考查栈及其基本运算。栈所有的插入与删除都限定在表的同一端进行。入栈运算即在栈顶位置插入一个新元素，退栈运算即是取出栈顶元素赋予指定变量。队列是允许在一端进行插入，而在另一端进行删除的线性表。习惯上称往队列的队尾插入一个元素为入队运算，称从队列的队头删除一个元素为退队运算。元素入栈后为 ABCDE，退栈并入队后，队中的元素为 EDC。退队时从队头开始，则顺序为 EDC。C 选项正确。

10. D【解析】本题考查队列及其基本运算。在循环队列中，用队尾指针 rear 指向队列中的队尾元素，用排头指针 front 指向排头元素的前一个位置。在循环队列中进行出队、入队操作时，头尾指针仍要加 1，朝前移动。但当头尾指针指向向量上界时，其加 1 操作的结果是指向向量的下界 0。由于入队时尾指针向前追赶头指针，出队时头指针向前追赶尾指针，故队空和队满时，头尾指针均相等，则循环队列中的元素个数为 0 或 35。D 选项正确。

11. A【解析】本题考查队列及其基本概念。循环队列是一种线性存储结构，有队头和队尾两个指针，A 选项叙述正确，B、D 选项叙述错误；循环队列是队列的顺序存储结构形式，C 选项叙述错误。

12. D【解析】本题考查循环队列中队头指针

的概念。循环队列的队头指针与队尾指针都不是固定的，会随着入队与出队操作而变化，A 选项叙述错误；队头指针有时可能大于队尾指针，有时也可能小于队尾指针，B、C 选项叙述错误，D 选项叙述正确。

13. D【解析】本题考查循环队列、链表、线性结构的综合知识。循环队列是队列的一种顺序存储结构，A 选项叙述错误；双向链表为顺序存储结构，二叉树通常采用链式存储结构，B 选项叙述错误；完全二叉树属于非线性结构，但其最佳存储方式是顺序存储方式，C 选项叙述错误，D 选项叙述正确。

14. A【解析】本题考查循环队列、二叉树、栈的综合知识。在循环队列中，当 front=rear 时，不能确定是队列满还是队列空。在实际使用循环队列时，为了能区分是队列满还是队列空，通常还需要增加一个标志 s。当 $s=0$ 时表示队列空，当 $s=1$ 且 front=rear 时表示队列满。A 选项所述的循环队列空的条件错误。

15. A【解析】本题考查线性链表的基本概念。双向链表为线性表，采用链式存储结构，A 选项符合题意；循环队列、二维数组采用顺序存储结构，二叉链表为非线性结构，B、C、D 选项不符合题意。

16. D【解析】本题考查线性结构的基本概念。二叉树可以用一片连续的空间来存储，但其为非线性结构，A 选项叙述错误；线性表的链式存储结构可以用不连续的空间来存储，但其为线性结构，B 选项叙述错误；没有根结点的非空数据结构一定不是线性结构，C 选项叙述错误；具有两个根结点的结构一定是非线性结构，D 选项叙述正确。

17. C【解析】本题考查带链队列的基本概念。循环队列中，由于指针超过队列地址最大值时会移动到队列地址最小处，因此队头指针可以大于也可以小于队尾指针，A、B 选项叙述错误，C 选项正确。带链的队列就是用一个单链表来表示队列，队列中的每一个元素都对应链表中的一个结点，其存储结构既可以采用顺序存储也可以是链接存储，其中顺序存储的空间连续而链式存储的空间不连续，D 选项叙述错误。

18. D【解析】本题考查线性结构的基本概念。向量也是一种线性结构，A 选项叙述正确；非空线性结构中只有根结点无前件，只有终端结点无后件，其他所有结点都只有一个前件也只有一个后件，B、C 选项叙述正确；二叉树可以只有一个根结点和一个叶子结点，但二叉树是非线性结构，D 选项叙述错误。

19. B【解析】本题考查循环链表的基本概念。循环链表中有一个表头结点，A 选项叙述正确；在链式存储结构中，存储数据结构的存储空间可以不连续，B 选项叙述错误；循环链表的表头指针与循环链表中最后一个结点的指针均指向表头结点，C 选项叙述正确，循环链表实现了空表与非空表运算的统一，D 选项叙述正确。

20. B【解析】本题考查树与二叉树的结点数运算。在树结构中，一个结点所拥有的后件个数称为该结点的度，所有结点中最大的度称为树的度。根据题意，度为 3 的树第 1 层 1 个根结点，第 2 层 3 个子结点，每个子结点下各 3 个子结点，所以第 3 层共 9 个子结点，前 3 层共 13 个结点。第 3 层有一个结点度为 2，即有 2 个子结点，本层其他结点各 1 个子结点，即第 4 层共 10 个结点，前 4 层共 23 个结点。第 4 层中的 2 个结点下各有 1 个子结点，即第 5 层有 2 个结点，此 2 个结点下各有 1 个子结点。第 3 层有 8 个度为 1 的结点，第 4 层有 2 个度为 1 的结点，第 5 层有 2 个度为 1 的结点，8+2+2=12。故本题答案为 B 选项。

21. A【解析】本题考查树与二叉树的遍历运算。二叉树遍历可以分为 3 种：前序遍历、中序遍历、后序遍历。二叉树的前序遍历序列为 ABDEGHCFIJ，可知该树 A 为根结点，中序遍历序列为 DBGEHACIFJ，右子树结点为 CFIJ，左子树结点为 BDEGH。从顶向下从左向右依次为 ABCDEFGHIJ。A 选项正确。

22. B【解析】本题考查树与二叉树的结点数运算。在树结构中，定义一棵树的根结点所在的层次为 1，其他结点所在的层次等于它的父结点所在的层次加 1，树的最大层次称为树的深度。完全二叉树指除最后一层外，每一层上的结点数均达到最大值，在最后一层上只缺少右边的若干结点。深度为 6 的满二叉树，结点个数为 $2^6-1=63$，则第 7 层共有 125−63=62 个叶子结点，分别挂在第 6 层的左边 62 个结点上，加上第 6 层的最后 1 个叶子结点，该完全二叉树共有 63 个叶子结点。B 选项正确。

23. C【解析】本题考查二分查找的比较次数。只有当有序线性表为顺序存储时才能用二分法查找。对于长度为 n 的有序线性表，在最坏情况下，二分法查找只需要比较 $\log_2 n$ 次，而顺序查找需要比较 n 次。C 选项正确。

24. B【解析】本题考查冒泡排序的比较次数。冒泡排序在最坏情况下，对长度为 n 的线性表排序，

需要经过 $n/2$ 遍的从前往后的扫描和 $n/2$ 遍的从后往前的扫描，需要比较的次数为 $n(n-1)/2$。本题中为 40×（40-1）÷2=780。B 选项正确。

25. B【解析】本题考查希尔排序的基本概念。在希尔排序过程中，虽然对于每一个子表采用的仍是插入排序，但是，在子表中每进行一次比较就有可能移去整个线性表中的多个逆序，从而改善整个排序过程的性能，B 选项叙述正确，A、C、D 选项叙述错误。

二、程序设计基础

1. A【解析】本题考查结构化程序的设计原则。结构化程序设计的原则强调自顶向下、逐步求精、模块化、限制使用 goto 语句，A 选项符合题意，B、C、D 选项不符合题意。

2. A【解析】本题考查结构化程序的基本结构与特点。结构化程序的 3 种基本控制结构是顺序、选择和重复，A 选项符合题意。

3. D【解析】本题考查面向对象方法的相关知识。广义上的继承是指能够直接获得已有的性质和特征，而不必重复定义它们，因此，继承是指类之间共享属性和操作的机制，故 D 选项符合题意。

4. A【解析】本题考查面向对象方法的基本概念。对象有标识唯一性、分类性、多态性、封装性、模块独立性好等基本特点，A 选项符合题意，B、C、D 选项不符合题意。

三、软件工程基础

1. C【解析】本题考查软件定义与软件特点。编译软件、操作系统、汇编程序都属于系统软件，教务管理系统属于应用软件，C 选项符合题意。

2. A【解析】本题考查软件危机与软件工程。软件危机主要表现在：软件需求的增长得不到满足；软件开发成本和进度无法控制；软件质量难以保证；软件不可维护或维护程度非常低；软件的成本不断提高；软件开发生产率的提高赶不上硬件的发展和应用需求的增长。综上所述，A 选项，软件过程不规范不属于软件危机表现。

3. A【解析】本题考查软件过程与软件生命周期。软件产品从考虑其概念开始，到该软件产品不能使用为止的整个时期都属于软件生命周期，A 选项符合题意，B、C、D 选项不符合题意。

4. B【解析】本题考查需求分析与需求分析方法。可行性分析阶段产生可行性分析报告，A 选项不符合题意；需求规格说明书是需求分析阶段产生的主要文档，该阶段还会产生设计、编码等需要的重要参考文档，B 选项符合题意；概要设计说明书是总体设计阶段产生的文档，C 选项不符合题意；集成测试计划是在概要设计阶段编写的文档，D 选项不符合题意。

5. B【解析】本题考查需求分析阶段。在需求分析阶段可以使用的工具有数据流图（DFD）、数据字典（DD）、判定树与判定表，B 选项符合题意。

6. A【解析】本题考查数据流图。在数据流图中，对所有元素都进行了命名，所有名字的定义集中起来就构成了数据字典，A 选项符合题意。

7. D【解析】本题考查软件需求规格说明书。软件需求规格说明书是需求分析阶段的最后成果，是软件开发的重要文档之一。软件需求规格说明书能作为确认测试和验收的依据，A 选项不符合题意；软件需求规格说明书便于用户、开发人员进行理解和交流，B 选项不符合题意；软件需求规格说明书反映出用户问题的结构，可以作为软件开发工作的基础和依据，C 选项不符合题意；软件需求规格说明书不是软件可行性研究的依据，D 选项符合题意。

8. C【解析】本题考查软件设计的基本概念。软件设计包括软件结构设计、数据设计、接口设计、过程设计，A、B、D 选项不符合题意；制订软件确认测试计划为软件测试阶段的任务，C 选项符合题意。

9. A【解析】本题考查模块的内聚性与耦合性。模块的独立性是指软件模块的编写和修改应使其具有独立功能，且与其他模块的关联尽可能少，A 选项叙述错误；内聚性和耦合性是模块独立程度的定性度量标准，B 选项叙述正确；一个模块的内聚性越高则该模块的独立性越强，C 选项叙述正确；一个模块的耦合性越高则该模块的独立性越弱，D 选项叙述正确。

10. B【解析】本题考查模块的内聚性与耦合性。一个模块的内聚性越高则该模块的独立性越强，耦合性越高则该模块的独立性越弱。减弱模块之间的耦合性和提高模块内的内聚性，有利于提高模块的独立性，A 选项叙述错误，B 选项叙述正确；耦合性是模块间互相连接的紧密程度的度量，而内聚性是指一个模块内部各个元素间彼此结合的紧密程度，C、D 选项叙述错误。

11. A【解析】本题考查软件设计工具。程序设计分为结构化程序设计、面向对象的程序设计。结构化设计方法使用的描述方式是系统结构图，A 选项符合题意。

12. A【解析】本题考查软件需求分析工具。PAD图是过程设计工具，A选项符合题意；数据流图（DFD）、数据字典（DD）和判定树均能作为软件需求分析工具，B、C、D选项不符合题意。

13. A【解析】本题考查软件测试的目的和定义。软件测试的目的是发现错误而执行程序的过程，并不涉及改正错误，A选项叙述错误；程序调试的基本步骤包括错误定位、修改设计和代码、进行回归测试，B选项叙述正确；程序调试通常称为Debug，即排错，C选项叙述正确；软件测试应严格执行测试计划，排除测试的随意性，D选项叙述正确。

14. C【解析】本题考查软件测试和软件调试。软件测试应在测试之前制定测试计划，并严格执行，排除测试随意性，并且需要设计正确的测试用例，A、D选项叙述正确；Debug是作为成功测试的后果出现的步骤，调试是在测试发现错误之后排除错误的过程，B选项叙述正确；软件测试就是在软件投入运行之前，尽可能多地发现软件中的错误，但改正错误在调试完成，C选项叙述错误。

15. C【解析】本题考查黑盒测试的方法。黑盒测试不关心程序内部的逻辑，只是根据程序的功能说明来设计测试用例。黑盒测试法主要有等价类划分法、边界值分析法和错误推测法，C选项符合题意；语句覆盖、逻辑覆盖、路径覆盖均属于白盒测试方法，A、B、D选项不符合题意。

16. A【解析】本题考查白盒测试的方法。白盒测试又称为结构测试或逻辑驱动测试，它允许测试人员利用程序内部的逻辑结构及有关信息来设计或选择测试用例，对程序所有的逻辑路径进行测试。白盒测试方法主要有逻辑覆盖测试（语句覆盖、路径覆盖、判定覆盖、条件覆盖）、基本路径测试等，A选项符合题意。

17. B【解析】本题考查软件测试的策略。软件测试的实施过程主要有4个步骤：单元测试、集成测试、确认测试（验收测试）和系统测试，B选项符合题意。

18. D【解析】本题考查程序调试的基本概念。程序调试的任务是诊断和改正程序中的错误，D选项符合题意。

四、数据库设计基础

1. A【解析】本题考查数据库应用系统。数据库应用系统中的核心问题是数据库的设计，A选项符合题意。

2. A【解析】本题考查数据库管理系统。数据库管理系统是数据库的机构，它是一种系统软件，负责数据库中数据组织、数据操纵、数据维护、控制及保护和数据服务等，是一种在操作系统之上的系统软件，A选项符合题意。

3. C【解析】本题考查数据库发展阶段。数据管理发展至今已经历了3个阶段，即人工管理阶段、文件系统阶段和数据库系统阶段。其中数据库系统阶段结构简单、使用方便、逻辑性强、物理性少、数据共享性能优越，在各方面的表现都最好，一直占据数据库领域的主导地位。

4. C【解析】本题考查数据库系统的基本特点。数据库系统的特点为高共享、低冗余、独立性高、具有完整性等，C选项不属于数据库系统的特点。

5. C【解析】本题考查数据库系统的内部结构体系。内模式又称物理模式，它给出了数据库物理存储结构与物理存取方法，A选项不符合题意；概念模式是数据库系统中全局数据逻辑结构的描述，是全体用户的公共数据视图，B选项不符合题意；外模式也称子模式或用户模式，它是用户的数据视图，给出了每个用户的局部数据描述，C选项符合题意；设计模式不反映用户对数据的要求，D选项不符合题意。

6. C【解析】本题考查E-R系统的基本概念。采用E-R方法得到的全局概念模型是对信息世界的描述，并不适用于计算机处理，为了适合关系数据库系统的处理，必须将E-R图转换成关系模式。E-R图由实体、属性和联系组成，而关系模式中只有一种元素——关系，C选项符合题意。

7. C【解析】本题考查概念设计阶段的基础知识。数据库设计的4个阶段为需求分析阶段、概念设计阶段、逻辑设计阶段、物理设计阶段。概念设计最常用的方法是E-R方法，它采用E-R模型，将现实世界的信息结构统一由实体、属性及实体之间的联系来描述，C选项符合题意。

8. A【解析】本题考查关系模型的基本概念。R并S是将S中的记录追加到R后面，A选项符合题意；自然连接是指去掉重复属性的等值连接，B选项不符合题意；R-S的结果是属于R但不属于S的记录组成的集合，C选项不符合题意；R交S的结果是既属于R又属于S的记录组成的集合，D选项不符合题意。

9. D【解析】本题考查关系模型的基本概念。R并S是将S中的记录追加到R后面，A选项不符合题意；自然连接是指去掉重复属性的等值连接，B 选项不符合题意；笛卡儿积是指用 R 集合中的元素为第一元素，S 集合中的元素为第二元素构成的有序对，C 选项不符合题意；R 交 S 的结果是既属于 R 又属于 S 的记录组成的集合，D 选项符合题意。

10. B【解析】本题考查关系模型的基本概念。用于查询的 3 个操作无法用传统的集合运算表示，引入的运算为投影运算、选择运算、笛卡儿积。投影运算是指对于关系内的域指定可引入新的运算。本题中 S 是在原有关系 R 的内部进行的，是由 R 中原有的那些域的列所组成的关系，B 选项符合题意。

11. D【解析】本题考查关系模型的基本概念。层次模型的基本结构是树形结构，网状模型是一个不加任何条件限制的无向图，关系模型采用二维表来表示，因此层次模型、关系模型和网状模型的数据库划分原则是数据之间的联系方式，D 选项符合题意。

12. A【解析】本题考查关系模型的基本概念。R 并 S 是将 S 中的记录追加到 R 后面，A 选项符合题意；投影是指从关系模式中指定若干个属性组成新的关系，T 相较于 R 没有缺少属性，B 选项不符合题意；R 交 S 的结果是既属于 R 又属于 S 的记录组成的集合，C 选项不符合题意；选择是指从关系中找出满足给定条件的元组的操作，T 相较于 R 增加了元组，D 选项不符合题意。

13. B【解析】本题考查关系模型的基本概念。属性刻画了实体，A 选项不符合题意；二维表表示实体间的联系，B 选项符合题意；网状结构为网状模型实体间的联系，C 选项不符合题意；树状结构为层次模型实体间的联系，D 选项不符合题意。

14. A【解析】本题考查关系模型的基本概念。从关系中找出满足给定条件的元组的操作称为选择，用 б 表示。^ 为交运算，它由属于前者且属于后者的元组组成。题目为选出属于属性 B，同时属性 C 大于 4，并且属性 D 大于 3 的元组，结果为 (c,c,11,4)，A 选项正确。

15. B【解析】本题考查关系模型的基本概念。关系模型中可以有 3 类完整性约束：实体完整性约束、参照完整性约束和用户定义的完整性约束，排除 D 选项。实体完整性约束是指，若属性M是关系的主键，则属性M中的属性值不能为空值，T 中主键不为空，A 选项不符合题意；参照完整性约束是指，若属性（或属性组）A 是关系 M 的外键，它与关系 M 的主码相对应，则对于关系 M 中的每个元组在 A 上的值“要么取空值，要么等于关系 M 中某个元组的主码值”。属性 B 为关系 S 的外键，它与关系 S 的主键相对应，则 T 中元组在 B 上应该为空或者与 S 中主键值相等，题目中不相等，违反参照完整性约束，B 选项符合题意，C 选项不符合题意。

16. C【解析】本题考查实体间的联系。两个实体集间的联系实际上是实体集间的函数关系，主要有一对一联系（1:1）、一对多联系（$1{:}m$）、多对一联系（$m{:}1$）、多对多联系（$m{:}n$）。每一个实体部门都有多名职员，则其对应的联系为一对多联系（$1{:}m$）联系。C 选项正确。

17. A【解析】本题考查实体间的联系。关系 S 的外部关键字能够唯一表示关系 D，因此，关系 S 的某个属性必定存在于关系 D 中。符合此条件的只有 A 选项。即 D# 是关系 D 的主关键字，同时也是关系 S 的外部关键字。

18. D【解析】本题考查数据库设计过程。数据库设计过程主要包括需求分析、概念结构设计、逻辑结构分析、数据库物理设计、数据库实施、数据库运行和维护阶段，A、B、C 选项不符合题意；算法设计不属于数据库设计过程，D 选项符合题意。

第2章　计算机基础知识

1. B【解析】1943 年美国宾夕法尼亚大学的教授莫克利和他的研究生埃克特开始研制电子数字积分计算机（ENIAC），1946 年研制成功，故选 B。

2. A【解析】冯 • 诺依曼模型将计算机分为输入、存储、运算、控制和输出 5 个部分。

3. B【解析】根据计算机所采用的电子元件，将计算机的发展分为 4 个阶段。

4. B【解析】数据 / 信息处理也称为非数值计算。随着计算机科学技术的发展，计算机的“数据”不仅包括“数”，而且包括更多的其他数据形式，如文字、图像、声音等。图书资料检索属于数据 / 信息处理领域，故答案为 B。

5. C【解析】过程控制是指利用计算机对生产过程、制造过程或运行过程进行检测与控制，即通过实时监控目标物的状态，及时调整被控对象，使被控对象能够正确地完成目标物体的生成、制造或运行。过程控制广泛应用于各种工业环境中。故答案为 C。

6. B【解析】计算机的辅助功能中，CAI 表示计算机辅助教学，CAM 才是计算机辅助制造。

7. D【解析】常见的数据存储单位包括 byte、KB、MB、GB、TB，故选 D。

8. D【解析】计算机中数据的最小单位是位，存储容量的基本单位是字节，8 个二进制位称为一个字节。

9. A【解析】字长是计算机的一个重要指标，直接反映一台计算机的计算能力和精度。

10. A【解析】字长是计算机的一个重要指标，直接反映一台计算机的计算能力和精度。字长越长，计算机的数据处理速度越快。故答案为 A。

11. C【解析】1GB=1 024MB=2^{30}B，800GB=800 × 1GB=800 × 2^{30}B。

12. C【解析】不压缩的情况下一个像素需要占用 24 bit（位）存储，因为一个 byte（字节）为 8bit，故每像素占用 3B。1B=8bit，1KB=1 024B，1MB=1 024KB，那么 1 920 × 1 080 个像素就会占用 1 920 × 1 080 × (24 ÷ 8)B=6 220 800B=6 075KB ≈ 5.93MB。故正确答案为 C。

13. B【解析】国际通用的 ASCII 码为 7 位，且最高位不总为 1；所有大写字母的 ASCII 码都小于小写字母 a 的 ASCII 码；标准 ASCII 码表有 128 个不同的字符编码，故选 B。

14. B【解析】字母 A 比字母 D 小 3，所以英文字母 D 的 ASCII 码为（01000001+00000001）+ 00000001+00000001=01000010+00000001+00000001 =（01000010+00000001）+00000001=01000011+ 00000001=01000100。

15. C【解析】对应于国标码，一个汉字的内码用 2 个字节存储，并把每个字节的最高二进制位置“1”作为汉字内码的标识，以免与单字节的 ASCII 码产生歧义。如果用十六进制来表述，就是把汉字国标码的每个字节上加一个 80H（即二进制 10000000）。所以，汉字的国标码与其内码存在下列关系：汉字的内码 = 汉字的国标码 +8080H。

16. A【解析】用以表示字符的二进制编码称为字符编码。西文字符与中文字符由于形式不同，使用不同的编码。

17. A【解析】计算机内部均用二进制数来表示各种信息，但计算机与外部交往仍采用人们熟悉和便于阅读的方式，如十进制、文字显示及图形描述等。故答案为 A。

18. A【解析】运算速度指的是计算机每秒所能执行的指令条数，单位用 MIPS（百万条指令 / 秒），故选 A。

19. A【解析】控制器和运算器是计算机的核心部件，这两部分合称中央处理器，简称 CPU，故选 A。

20. D【解析】本题可采用排除法，A、B、C 选项中都有键盘，而键盘是计算机输入设备，故可排除 A、B、C，选 D。

21. B【解析】运算器的基本功能是完成对各种数据的加工处理，即对二进制数码进行算术和逻辑运算。

22. A【解析】控制器和运算器是计算机的核心部件，这两部分合称为中央处理器，简称 CPU。

23. A【解析】CPU 的主要技术性能有字长、时钟主频、运算速度、存储容量、存取周期等。

24. D【解析】当电源关闭后，存储在 ROM 中的数据不会丢失。

25. B【解析】内存用来存储当前正在执行的数据和程序，其存取速度快但容量小；外存用来保存长期信息，它的容量大，存取速度慢。故正确答案为 B。

26. B【解析】打印机属于计算机的输出设备。

27. D【解析】计算机的系统总线包括 3 种不同功能的总线，即数据总线、地址总线和控制总线。

28. D【解析】程序设计语言是软件的基础和组成，也称为计算机语言，分为机器语言、汇编语言和高级语言，常用的高级语言有 C、C++、Java、VB 等，故选 D。

29. B【解析】使用高级语言编写的源程序在计算机中是不能直接执行的，必须翻译成机器语言程序，所以执行效率低，选项 A 和选项 C 错误；高级语言是最接近人类自然语言和数学公式的程序设计语言，基本上脱离了硬件系统，选项 D 错误。

30. A【解析】系统软件的核心是操作系统，因为计算机软件都是要以操作系统为平台的。软件系统 (Software Systems) 是指由系统软件、支撑软件和应用软件组成的计算机软件系统，它是计算机系统中由软件组成的部分。它包括操作系统、语言处理系统、数据库系统、分布式软件系统和人机交互系统等。操作系统用于管理计算机的资源和控制程序的运行。语言处理系统是用于处理软件语言等的软件，如编译程序等。数据库系统是用于支持数据管理和存取的软件，它包括数据库、数据库管理系统等。数据库是常驻在计算机系统内的一组数据，它们之间的关系用数据模式来定义，并用数据定义语言来描述；数据库管理系统是使用户可以把数据作为轴象项进行存取、使用和修改的软件。

31. B【解析】系统软件主要有操作系统、语言处理系统、数据库管理系统和系统辅助处理程序，选项 A 和选项 D 是操作系统，选项 B 属于应用软件。

32. B【解析】计算机病毒主要通过移动存储介质（如 U 盘、移动硬盘）和计算机网络两大途径进行传播，故选 B。

33. C【解析】计算机病毒是指编制或者在计算机程序中插入的破坏计算机功能或者破坏数据，影响计算机使用并能自我复制的一组计算机指令或者程序代码。

34. B【解析】使用杀毒软件查杀病毒是计算机病毒的预防方式之一，故选 B。

35. C【解析】杀毒软件并不能查杀全部病毒，选项 A 错误；扫描系统漏洞和安装系统补丁是预防计算机病毒的重要内容之一，选项 B 错误；计算机本身对计算机病毒没有免疫性，选项 D 错误。

36. D【解析】选项 A、B、C 都属于预防措施。

37. D【解析】在数字信道中，用数据传输速率（比特率）表示信道的传输能力，即每秒传输的二进制位数（bit/s，比特 / 秒），故选 D。

38. B【解析】局域网就是在有限区域内使用的网络，其传输距离一般在几千米之内，适用于一个单位或部门组建，通常办公、企业、校园、机关或工厂的有限范围网络都属于局域网，故选 B。

39. A【解析】在所有选项中，属于计算机网络硬件的只有网卡，故选 A。

40. C【解析】计算机网络是实现资源共享和数据传输的系统。

41. D【解析】网络拓扑结构包括星形、环形、树形、网形和总线型。

42. A【解析】域名实质就是用一组由字符组成的名字代替 IP 地址，用来表示 Internet 上某一台计算机或计算机组的名称，故选 A。

43. A【解析】IP 地址由 4 个字节组成，选项 B 和选项 C 错误，十进制数范围是 0 ～ 255，选项 D 错误。

44. C【解析】CN 是我国的一级域名。

45. C【解析】WWW 是一种建立在 Internet 上的全球性的、交互的、动态的、多平台的、分布式的超文本、超媒体信息查询系统，也是建立在 Internet 上的一种网络服务。故正确答案为 C。

第3章　MS Office三大组件的应用

一、Word 文字处理

1. B【解析】在定位插入点的快捷键中，【Shift+F5】组合键的功能是将插入点移至上次编辑过的位置。

2. D【解析】在文本选择内容的开始处单击，然后按住【Alt】键不放，同时在文本上拖动鼠标即可选择纵向的文本区域。

3. C【解析】水平标尺可以调整段落缩进、页面边距和表格的列宽，垂直标尺可以调整表格的行高，所以选项 C 为正确答案。

4. D【解析】在 Word 中，书签是用于定位的。例如，在编辑或阅读一篇较长的文档时，想在某一处或几处留下标记，以便以后查找、修改，便可在该处插入书签（书签仅会显示在屏幕上，但不会打印出来，就像 Word 的水印背景一样）。故答案为 D。

5. C【解析】执行选项 A 操作后，5 行文字都复制到了指定列的第一个单元格中；选项 B，一行一行复制操作比较繁琐；执行选项 D 操作，表格中的 5 列均出现该 5 行文字，故选 C。

6. C【解析】在 Word 2010 中，可以通过保存到页眉库或页脚库的操作将设置的页眉或页脚应用到其他文档。

7. B【解析】在文档中插入分节符，不仅可以将文档内容划分为不同的页面，而且可以分别针对不同的节进行页面设置操作。插入的分节符不仅将光标位置后面的内容分为新的一节，还会使该节从新的一页开始，实现了既分节又分页的目的。

8. C【解析】在为文档设置目录时，首先需将文档的各级标题设置为样式，Word 提供了多种内置样式，方便用户使用。设置样式后，在【引用】→【目录】组中单击“目录”按钮，在弹出的下拉列表中选择“插入目录”选项，在打开的“目录”对话框中设置目录格式，单击“确定”按钮即可插入目录，故选 C。

9. A【解析】在 Word 2010 中，在【插入】→【文本】组中单击“日期和时间”按钮，打开“日期和时间”对话框，在“可用格式”列表框中选择要插入的日期或时间格式，单击选中“自动更新”复选框，这样插入的日期能够随系统日期的变化而自动更新。

10. B【解析】Word 提供了强大的邮件合并功能，该功能具有极佳的实用性和便捷性。如果用户希望批量创建一组文档（如信函、电子邮件、传真、信封、标签等），就可以使用邮件合并功能来实现，故选 B。

11. C【解析】在分栏之上插入横跨两栏内容的标题时，利用插入文本框的方法比较方便，而且文本框可以调整文字方向，故选 C。

12. A【解析】在 Word 功能区中，拥有的选项卡分别是开始、插入、页面布局、引用、邮件、审阅、视图等，不包括编辑、选项、帮助选项卡，故选 A。

13. B【解析】在 Word 中，用户可以将一种样式应用于某个选择的段落或字段，以使所选择的段落或字段具有该样式所定义的格式。在编辑文档时，使用样式可以省去一些格式设置上的重复操作，故选 B。

14. A【解析】自动更正是 Word 等文字处理软件的一项功能，可用“自动更正”功能自动检测并更正键入错误、误拼的单词、语法错误和错误的大小写。例如，如果键入“the”及空格，则“自动更正”会将键入内容替换为“the”。还可以使用“自动更正”快速插入文字、图形或符号。例如，可通过键入“(c)”来插入“©”，或通过键入“ac”来插入“Acme Corporation”。故答案为 A。

二、Excel 电子表格

1. B【解析】若要在工作表中选择一个连续且较大范围的特定数据区域，最快捷的方法是单击该数据区域的第一个单元格，按住【Shift】键不放再单击该区域的最后一个单元格，故选 B。

2. A【解析】由于 D、E、F 这 3 列是连续的，因此用鼠标直接在 D、E、F 这 3 列的列标上拖动即可完成选择，故选 A。

3. D【解析】若要隐藏某个工作表，可在该工作表标签上单击鼠标右键，在弹出的快捷菜单中选择“隐藏”命令。设置隐藏后，如果不希望他人对工作簿的结构或窗口进行改变，可以设置工作簿保护，方法是在【审阅】→【更改】组中单击“保护工作簿”按钮，在打开的“保护结构和窗口”对话框中单击选中“结构”复选框。

4. C【解析】各类网站上有大量已编辑好的表格数据，可以将其导入 Excel 工作表中用于统计分析。可以通过【数据】→【获取外部数据】组的“自网站”按钮来实现。

5. D【解析】公式引用地址表示为“列标行号”，不能表示为“行号列标”，选项 D 错误。

6. C【解析】选项 A 中，“+”无法实现文本连接；选项 D 中函数格式不对，MID 函数只有 3 个参数；选项 B 和选项 C 两项均能实现题目要求的操作结果，但相对于选项 B，选项 C 要简单得多，故选 C。

7. A【解析】逻辑判断函数 IF 的功能是如果指定的计算结果为 TRUE，IF 函数将返回某个值；如果该条件的计算结果为 FALSE，则返回另一个值。

8. D【解析】截取字符串函数 MID 的功能是从文本串中指定位置开始返回特定个数的字符。身份证号码从第 7 位到第 10 位的 4 位数是出生年份。

9. A【解析】选项 B 实现的结果是 35 个单元格中均增加一天，选项 C 只能实现格式的统一，不能进行填充，选项 D 实现的结果是 35 个单元格中的内容均为“2016-1-31”，故选 A。

10. A【解析】将使用 Excel 2010 制作的工作簿另存为 Excel 97-2003 文档格式，可供 Office 2003 使用，故选 A。

11. B【解析】可以通过移动操作在同一工作簿中改变工作表的位置或将工作表移动到另一个工作簿中；或通过复制操作在同一工作薄或不同的工作薄中快速生成工作表的副本，故选 B。

12. D【解析】Excel 提供的条件格式功能可以迅速为满足某些条件的单元格或单元格区域设定某项格式。条件格式将会基于设定的条件来自动更改单元格区域的外观，可以突出显示所关注的单元格或单元格区域，强调异常值，使用数据条、颜色刻度和图标集来直观地显示数据，故选 D。

13. B【解析】REPLACE 函数是用新字符串替换旧字符串，而且替换的位置和数量都是指定的。其格式为 REPLACE(old_text,start_num,num_chars,new_text)。old_text 是要替换的字符串，start_num 是开始位置，num_chars 是替换个数，new_text 是新的文本，故选 B。

14. C【解析】多条件求平均值可使用 AVERAGEIFS 函数。AVERAGEIFS 函数用于对指定区域中满足多个条件的所有单元格中的数值求算术平均值，其格式为 AVERAGEIFS(average_range,criteria_ range1, criteria1,[criteria_ range2, criteria2]...)。average_range 为要计算平均值的实际单元格区域；criteria_ range1、criteria_ range2 为在其中计算关联条件的区域；criteria1、criteria2 为求平均值的条件；每个 criteria_ range 的大小和形状必须与 average_range 相同。

15. D【解析】本题考查向一个已经创建好的柱状分析图中添加项目，首先需要在数据区域输入数据，然后选择柱状分析图，在【图标工具 设计】→【数据】组中单击“选择数据”按钮，重新选择数据区域即可向分析图中添加一个新项目。

16. B【解析】本题考查在工作表中筛选数据，单击数据区域的任一单元格，再单击【开始】→【编辑】功能组中的"排序和筛选"按钮，在弹出的下拉列表中选择"筛选"选项，单击"班级"列的向下箭头，在弹出的下拉列表中选择筛选选项，故选 B。

17. A【解析】通过构造复杂条件可以实现高级筛选。所构建的复杂条件需要放置在单独的区域中，可以为该条件区域命名以便引用。

18. B【解析】当一个工作表超长超宽，操作滚动条查看超出窗口大小的数据时，由于已看不到行列标题，可能无法分清楚某行或某列数据的含义。这时可以通过冻结窗格来锁定行列标题不随滚动条滚动。在工作表的某个单元格中单击鼠标，该单元格上方的行和左侧的列将锁定在范围之内；然后在【视图】→【窗口】组中单击"冻结窗格"按钮，在弹出的下拉列表中选择"冻结拆分窗格"选项。当前单元格上方的行和左侧的列始终保持可见，不会随着操作滚动条而消失，故选 B。

三、PowerPoint 演示文稿

1. D【解析】选项 A、B、C 的操作都可新建一张幻灯片；而选项 D 的"插入"选项卡中无"幻灯片"按钮，该方法无法创建幻灯片。

2. D【解析】在对幻灯片进行分节的演示文稿中，单击节标题，即可选择该节下的所有幻灯片。

3. C【解析】在 PowerPoint 中，通过"重用幻灯片"功能可将原文稿中有用的幻灯片引用到新文稿中，故选 C。

4. D【解析】有时，演示文稿会有大量的幻灯片，不便于管理，这时可以使用分节的功能来进行快速分类，故选 D。

5. C【解析】在 PowerPoint 中，可以将图片作为背景插入并应用到全部幻灯片中。具体方法如下：选择需要自定义背景的幻灯片，在【设计】→【背景】组中单击"背景样式"按钮，在弹出的下拉列表框中选择"设置背景格式"选项，打开"设置背景格式"对话框，单击"填充"选项卡，单击选中"图片或纹理填充"单选项，单击"文件"按钮，在打开的"插入图片"对话框中选择插入需要的图片，然后返回"设置背景格式"对话框，单击"全部应用"按钮。

6. A【解析】幻灯片母版处于幻灯片层次结构中的顶级，其中存储了有关演示文稿的主题和幻灯片版式的所有信息，包括背景、颜色、字体、效果、占位符大小和位置。使用幻灯片母版可以使整个幻灯片具有统一的风格和样式，用户可以直接在相应的位置输入需要的内容，从而减少了重复性工作，提高了工作效率，故选 A。

7. A【解析】幻灯片母版中包含了幻灯片中共同出现的内容及构成要素，如标题、文本、日期、背景等，幻灯片母版中的设置内容将应用于相同版式的幻灯片中。选择标题占位符可以修改主标题的字体，选择副标题占位符可以修改副标题的字体。

8. A【解析】如需将 PowerPoint 演示文稿中的 SmartArt 图形列表内容通过动画效果一次性展现出来，最优的操作方法是将 SmartArt 动画效果设置为"整批发送"，故选 A。

9. B【解析】在放映每张幻灯片时，必须要有适当的时间供演示者充分表达自己的思想，以供观众领会该幻灯片所要表达的内容。利用 PowerPoint 的排练计时功能，演示者可在准备演示文稿的同时，通过排练为每张幻灯片确定适当的放映时间，这也是自动放映幻灯片的要求，故选 B。

10. D【解析】本题考查自定义放映幻灯片，题目中要求第 41 ～ 44 张幻灯片不需要放映，可以在自定义放映方案中，添加 1 ～ 40 和 45 ～ 60，然后放映该方案即可，故选 D。

11. D【解析】因为不知道宣传场地计算机的配置情况，演示文稿可以打包到磁盘的文件夹或 CD 光盘上，打包后的文件无须 PowerPoint 软件即可放映，所以选项 A、B 和 C 都错误。

第 3 部分　无纸化全真模拟题套卷

无纸化全真模拟题套卷（1）

（考试时间 120 分钟，满分 100 分）

一、选择题（每小题 1 分，共 20 分；下列各题 4 个选项中只有一个选项是正确的）

1. 下列关于算法的叙述，正确的是（　　）。

A. 算法就是程序　　B. 设计算法时只需要考虑数据结构的设计

C. 设计算法时只需要考虑结果的可靠性　　D. 设计算法时要考虑时间复杂度和空间复杂度

2. 下列叙述中正确的是（　　）。

A. 结点中具有两个指针域的链表一定是二叉链表

B. 结点中具有两个指针域的链表可以是线性结构，也可以是非线性结构

C. 二叉树只能采用链式存储结构

D. 循环链表是非线性结构

3. 设数据集合为 D={ 1,3,5,7,9 }，D 上的关系为 R，下列数据结构 B=(D,R) 中为非线性结构的是（　　）。

A. R={ (5,1), (7,9), (1,7), (9,3) }　　B. R={ (9,7), (1,3), (7,1), (3,5) }

C. R={ (1,9), (9,7), (7,5), (5,3) }　　D. R={ (1,3), (3,5), (7,9) }

4. 一个栈的初始状态为空。现将元素 1、2、3、4、5、A、B、C、D、E 依次入栈，然后再依次出栈，则元素出栈的顺序是（　　）。

A. 12345ABCDE　　B. EDCBA54321　　C. ABCDE12345　　D. 54321EDCBA

5. 设数据结构 B=(D, R)，其中

D={ a, b, c, d, e, f }

R={ (f, A), (d, B), (e, D), (c, e), (a, C) }

该数据结构为（　　）。

A. 线性结构　　B. 循环队列　　C. 循环链表　　D. 非线性结构

6. 下列叙述中正确的是（　　）。

A. 循环队列有队头和队尾两个指针，因此，循环队列是非线性结构

B. 在循环队列中，只需要队头指针就能反映队列中元素的动态变化情况

C. 在循环队列中，只需要队尾指针就能反映队列中元素的动态变化情况

D. 循环队列中元素的个数是由队头指针和队尾指针共同决定的

7. 设某棵树的度为 3，其中度为 2、1、0 的结点个数分别为 3、4、15。则该树中总结点数为（　　）。

A. 30　　B. 22　　C. 35　　D. 不可能有这样的树

8. 在长度为 97 的顺序有序表中作二分查找，最多需要的比较次数为（　　）。

A. 6　　B. 96　　C. 48　　D. 7

9. 对长度为 n 的线性表排序，在最坏的情况下，比较次数不是 $n(n-1)/2$ 的排序方法是（　　）。

A. 快速排序　　B. 冒泡排序　　C. 直接插入排序　　D. 堆排序

10. 下面不属于结构化程序设计风格的是（　　）。

A. 程序结构良好　　B. 程序的易读性　　C. 不滥用 goto 语句　　D. 程序的执行效率

11. 在冯 • 诺依曼型体系结构的计算机中引进了两个重要概念，一个是二进制，另一个是（　　）。

A. 内存储器　　B. 存储程序　　C. 机器语言　　D. ASCII 编码

12. 假设某台计算机的硬盘容量为 20GB，内存储器的容量为 128MB。那么，硬盘的容量是内存容量

的（　　）倍。

A. 200　　B. 120　　C. 160　　D. 100

13. USB 3.0 接口的理论最快传输速率为（　　）。

A. 5.0Gbit/s　　B. 3.0Gbit/s　　C. 1.0Gbit/s　　D. 800Mbit/s

14. Internet 的四层结构分别是（　　）。

A. 应用层、传输层、通信子网层和物理层　　B. 应用层、表示层、传输层和网络层

C. 物理层、数据链路层、网络层和传输层　　D. 网络接口层、网络层、传输层和应用层

15. 下列文件扩展名，不属于 Word 模板文件的是（　　）。

A. DOCX　　B. DOTM　　C. DOTX　　D. DOT

16. 在 Word 中，邮件合并功能支持的数据源不包括（　　）。

A. Word 数据源　　B. Excel 工作表　　C. PowerPoint 演示文稿　　D. HTML 文件

17. 小李在 Excel 中整理职工档案，希望“性别”一列只能从“男”“女”两个值中进行选择，否则系统提示错误信息，最优的操作方法是（　　）。

A. 通过 If 函数进行判断，控制“性别”列的输入内容

B. 请同事帮忙进行检查，错误内容用红色标记

C. 设置条件格式，标记不符合要求的数据

D. 设置数据有效性，控制“性别”列的输入内容

18. 在 Excel 中，最常用的快速填充数据的方法是（　　）。

A. 使用函数填充单元格　　B. 通过拖动填充柄填充单元格

C. 使用格式刷直接填充单元格　　D. 执行“开始”选项卡中的“填充”命令

19. 可以在 PowerPoint 内置主题中设置的内容是（　　）。

A. 字体、颜色和表格　　B. 效果、背景和图片

C. 字体、颜色和效果　　D. 效果、图片和表格

20. 一份演示文稿共包含 10 张幻灯片，现在需要设置每张幻灯片的放映时间为 10 秒，且播放时不包含最后一张致谢幻灯片，以下最优的操作方法是（　　）。

A. 在【幻灯片放映】→【设置】组中单击“排练计时”按钮，设置每张幻灯片的播放时间为 10 秒，且隐藏最后一张幻灯片

B. 在【切换】→【计时】组中单击选中“设置自动换片时间”复选框，并设置时间为 10 秒，然后在【幻灯片放映】→【设置】组中单击“设置幻灯片放映”按钮，在打开的对话框中设置幻灯片放映从 1 ～ 9

C. 在【切换】→【计时】组中单击选中“设置自动换片时间”复选框，并设置时间为 10 秒，然后在【幻灯片放映】→【开始放映幻灯片】组中单击“自定义幻灯片放映”按钮，在打开的对话框中设置包含幻灯片 1 ～ 9 的放映方案，最后播放该方案

D. 在【幻灯片放映】→【设置】组中单击“录制幻灯片演示”按钮，设置每张幻灯片的播放时间为 10 秒，然后在【幻灯片放映】→【开始放映幻灯片】组中单击“自定义幻灯片放映”按钮，设置包含幻灯片 1 ～ 9 的放映方案，最后播放该方案

二、字处理题（共 30 分）

某中学老师正准备制作期末家长会通知，根据考生文件夹中的相关资料及示例，按下列要求帮助她完成编辑操作。

1. 将考生文件夹下的“Word 素材 .docx”文件另存为“Word.docx”（“.docx”为扩展名），除特殊指定外后续操作均基于此文件，否则不得分。

2. 将纸张大小设为 A4，上、左、右边距均为 2.5 厘米、下边距 2 厘米，页眉、页脚分别距边界 1 厘米。

3. 插入“空白（三栏）”型页眉，在左侧的内容控件中输入学校名称“北京市向阳路中学”，删除中间的内容控件，在右侧插入考生文件夹下的图片 Logo.gif 代替原来的内容控件，适当剪裁图片的长度，使

其与学校名称共同占用一行。将页眉下方的分隔线设为标准红色、2.25 磅、上宽下细的双线型。插入“瓷砖型”页脚，输入学校地址“北京市海淀区中关村北大街 55 号 邮编：100871”。

4. 对包含绿色文本的成绩报告单表格进行下列操作：根据窗口大小自动调整表格宽度，且令语文、数学、英语、物理、化学 5 科成绩所在的列等宽。

5. 将通知最后的蓝色文本转换为一个 6 行 6 列的表格，并参照考生文件夹下的文档“回执样例 .png”进行版式设置。

6. 在“尊敬的”和“学生家长”之间插入学生姓名，在“期中考试成绩报告单”的相应单元格中分别插入学生姓名、学号、各科成绩、总分，以及各科的班级平均分，要求通知中所有成绩均保留两位小数。学生姓名、学号、成绩等信息存放在考生文件夹下的 Excel 文档“学生成绩表 .xlsx”中（提示：班级各科平均分位于成绩表的最后一行）。

7. 按照中文的行文习惯，对家长会通知主文档 Word.docx 中的红色标题及黑色文本内容的字体、字号、颜色、段落间距、缩进、对齐方式等格式进行修改，使其看起来美观且易于阅读。要求整个通知只占用一页。

8. 仅为其中学号为 C121401 ～ C121405、C121416 ～ C121420、C121440 ～ C121444 的 15 位同学生成家长会通知，要求每位学生占一页内容。将所有通知页面另外保存在一个名为“正式家长会通知 .docx”的文档中（如果有必要，应删除“正式家长会通知 .docx”文档中的空白页面）。

9. 文档制作完成后，分别保存“Word.docx”和“正式家长会通知 .docx”两个文档至考生文件夹下。

三、电子表格题（共 30 分）

每年年终，太平洋公司都会给在职员工发放年终奖金，公司会计小任负责计算工资奖金的个人所得税并为每位员工制作工资条。按照下列要求完成工资奖金的计算以及工资条的制作。

1. 在考生文件夹下，将“Excel 素材 .xlsx”文件另存为“Excel.xlsx”（“.xlsx”为扩展名），后续操作均基于此文件，否则不得分。

2. 在最左侧插入一个空白工作表，重命名为“员工基础档案”，并将该工作表标签颜色设为标准红色。

3. 将以分隔符分隔的文本文件“员工档案 .csv”自 A1 单元格开始导入到工作表“员工基础档案”中。将第 1 列数据从左到右依次分成“工号”和“姓名”两列显示；将工资列的数字格式设为不带货币符号的会计专用、适当调整行高列宽；最后创建一个名为“档案”、包含数据区域 A1:N102、包含标题的表，同时删除外部链接。

4. 在工作表“员工基础档案”中，利用公式及函数依次输入每位员工的性别“男”或“女”，出生日期“×××× 年 ×× 月 ×× 日”，每位员工截至 2015 年 9 月 30 日的年龄、工龄工资、基本月工资。其中：

（1）身份证号的倒数第 2 位用于判断性别，奇数为男性，偶数为女性；

（2）身份证号的第 7 ～ 14 位代表出生年月日；

（3）年龄需要按周岁计算，满 1 年才计 1 岁，每月按 30 天、一年按 360 天计算；

（4）工龄工资的计算方法：本公司工龄达到或超过 30 年的每满一年每月增加 50 元、不足 10 年的每满一年每月增加 20 元、工龄不满 1 年的没有工龄工资，其他为每满一年每月增加 30 元。

（5）基本月工资 = 签约月工资 + 月工龄工资

5. 参照工作表“员工基础档案”中的信息，在工作表“年终奖金”中输入与工号对应的员工姓名、部门、月基本工资；按照年基本工资总额的 15% 计算每个员工的年终应发奖金。

6. 在工作表“年终奖金”中，根据工作表“个人所得税税率”中的对应关系计算每个员工年终奖金应交的个人所得税、实发奖金，并填入 G 列和 H 列。年终奖金目前的计税方法如下：

（1）年终奖金的月应税所得额 = 全部年终奖金 ÷ 12；

（2）根据步骤（1）计算得出的月应税所得额在个人所得税税率表中找到对应的税率；

（3）年终奖金应交个税 = 全部年终奖金 × 月应税所得额的对应税率 − 对应速算扣除数；

（4）实发奖金 = 应发奖金 − 应交个税。

7. 根据工作表“年终奖金”中的数据，在“12 月工资表”中依次输入每个员工的“应发年终奖金”和“奖金个税”，并计算员工的“实发工资奖金”总额（实发工资奖金 = 应发工资奖金合计 − 扣除社保 − 工资个

税 - 奖金个税）。

8. 基于工作表“12 月工资表”中的数据，从工作表“工资条”的 A2 单元格开始依次为每位员工生成样例所示的工资条，要求每张工资条占用两行、内外均加框线，第 1 行为工号、姓名、部门等列标题，第 2 行为相应工资奖金及个税金额，两张工资条之间空一行以便剪裁、该空行行高统一设为 40 默认单位，自动调整列宽到最合适大小，字号不得小于 10 磅。

9. 调整工作表“工资条”的页面布局以备打印：纸张方向为横向，缩减打印输出使得所有列只占一个页面宽（但不得改变页边距），水平居中打印在纸上。

四、演示文稿题（共 20 分）

培训部会计师魏女士正在准备有关高新技术企业科技政策的培训课件，相关资料存放在 Word 文档“PPT 素材 .docx”中。按下列要求帮助魏女士完成 PPT 课件的整合制作。

1. 创建一个名为“PPT.pptx”的新演示文稿，该演示文稿需要包含 Word 文档“PPT 素材 .docx”中的所有内容，每 1 张幻灯片对应 Word 文档中的一页，其中 Word 文档中应用了“标题 1”“标题 2”“标题 3”样式的文本内容分别对应演示文稿中每页幻灯片的标题文字、第一级文本内容、第二级文本内容。后续操作均基于此演示文稿，否则不得分。

2. 将第 1 张幻灯片的版式设为“标题幻灯片”，在该幻灯片的右下角插入任意一幅剪贴画，依次为标题、副标题和新插入的图片设置不同的动画效果，其中副标题作为一个对象发送，并且指定动画出现顺序为图片、副标题、标题。

3. 将第 2 张幻灯片的版式设为“两栏内容”，参考原 Word 文档“PPT 素材 .docx”第 2 页中的图片，将文本分置于左右两栏文本框中，并分别依次转换为“垂直框列表”和“射线维恩图”类的 SmartArt 图形，适当改变 SmartArt 图形的样式和颜色，令其更加美观。分别将文本“高新技术企业认定”和“技术合同登记”链接到相同标题的幻灯片。

4. 将第 3 张幻灯片中的第 2 段文本向右缩进一级，用标准红色字体显示，并为其中的网址增加正确的超链接，使其链接到相应的网站，要求超链接颜色未访问前保持为标准红色，访问后变为标准蓝色。为本张幻灯片的标题和文本内容添加不同的动画效果，并令正文文本内容按第二级段落、伴随着“锤打”声逐段显示。

5. 将第 6 张幻灯片的版式设为“标题和内容”，参照原 Word 文档“PPT 素材 .docx”第 6 页中的表格样例将相应内容（可适当增删）转换为一个表格，并为该表格添加任一动画效果。将第 11 张幻灯片的版式设为“内容与标题”，将考生文件夹下的图片文件“Pic1.png”插入到右侧的内容区中。

6. 在每张幻灯片的左上角添加事务所的标志图片 Logo.jpg，设置其位于最底层以免遮挡标题文字。除标题幻灯片外，其他幻灯片均包含幻灯片编号、自动更新的日期、日期格式为 ×××× 年 ×× 月 ×× 日。

7. 将演示文稿按照表 3-1 的要求分为 6 节，分别为每节应用不同的设计主题和幻灯片切换方式。

表 3-1　演示文稿分节要求

节名	包含的幻灯片
高新科技政策简介	1 ～ 3
高新技术企业认定	4 ～ 12
技术先进型服务企业认定	13 ～ 19
研发经费加计扣除	20 ～ 24
技术合同登记	25 ～ 32
其他政策	33 ～ 38

无纸化全真模拟题套卷（2）

（考试时间 120 分钟，满分 100 分）

一、选择题（每小题 1 分，共 20 分；下列各题 4 个选项中只有一个选项是正确的）

1. 在面向对象方法中，不属于“对象”基本特点的是（　　）。

A. 一致性　　B. 分类性　　C. 多态性　　D. 标识唯一性

2. 下列叙述中正确的是（　　）。

A. 对象标识可以不唯一　　B. 对象是属性名和属性的封装体

C. 对象具有封装性　　D. 对象间的通信是靠方法调用

3. 下面属于应用软件的是（　　）。

A. 人事管理系统　　B. Oracle 数据库管理系统　　C. C++ 编译系统　　D. iOS 操作系统

4. 软件生命周期可分为定义阶段、开发阶段和维护阶段，下面属于开发阶段任务的是（　　）。

A. 软件集成测试　　B. 可行性研究　　C. 软件开发计划　　D. 软件运行

5. 下列不属于软件需求分析阶段任务的是（　　）。

A. 需求配置　　B. 需求获取　　C. 需求分析　　D. 需求评审

6. 下面不能作为软件设计工具的是（　　）。

A. PAD 图　　B. 程序流程图　　C. 数据流图（DFD）　　D. 总体结构图

7. 下面不属于软件需求规格说明书内容的是（　　）。

A. 软件的可验证性　　B. 软件的功能需求　　C. 软件的性能需求　　D. 软件的外部接口

8. 下面不属于软件设计阶段任务的是（　　）。

A. 软件的详细设计　　B. 软件的总体结构设计　　C. 软件的需求分析　　D. 软件的数据设计

9. 违背数据流图（DFD）构造规则的是（　　）。

A. “加工”应既有输入又有输出　　B. “数据存储”间有数据流

C. “数据流”应标识数据流名　　D. 父子图是指相邻上下两层的数据流图

10. 软件测试的目的是（　　）。

A. 避免程序中的错误　　B. 修改程序中的错误

C. 发现程序中的错误　　D. 发现和修改程序中的错误

11. 计算机最早的应用领域是（　　）。

A. 数值计算　　B. 辅助工程　　C. 过程控制　　D. 数据处理

12. 小明的手机还剩余 6GB 存储空间，如果每个视频文件为 280MB，他可以下载到手机中的视频文件数量为（　　）。

A. 60　　B. 21　　C. 15　　D. 32

13. 下列 4 种软件中，属于应用软件的是（　　）。

A. 财务管理系统　　B. DOS　　C. Windows 2010　　D. Windows 2007

14. 某家庭采用 ADSL 宽带接入方式连接 Internet，ADSL 调制解调器连接一个无线路由器，家中的计算机、手机、电视机、PAD 等设备均可通过 Wi-Fi 实现无线上网，该网络拓扑结构是（　　）。

A. 环形拓扑　　B. 线形拓扑　　C. 网状拓扑　　D. 星形拓扑

15. 使用 Word 2010 编辑文档时，如果希望在“查找”对话框的“查找内容”文本框中只需输入一个较短的词，便能依次查找分散在文档各处的较长的词，如输入英文单词“look”，便能够查找到“looked”“looking”等，以下最优的操作方法是（　　）。

A. 在“查找”选项卡的“搜索选项”栏中单击选中“全字匹配”复选框

B. 在“查找”选项卡的“搜索选项”栏中单击选中“使用通配符”复选框

C. 在“查找”选项卡的“搜索选项”栏中单击选中“同音（英文）”复选框

D. 在“查找”选项卡的“搜索选项”栏中单击选中“查找单词的所有形式（英文）”复选框

16. 小王利用 Word 撰写专业学术论文时，需要在论文结尾处列出所有参考文献或书目，最优的操作方法是（　　）。

A. 直接在论文结尾处输入所参考文献的相关信息

B. 把所有参考文献信息保存在一个单独表格中，然后复制到论文结尾处

C. 利用 Word 的“管理源”和“插入书目”功能，在论文结尾处插入参考文献或书目列表

D. 利用 Word 的“插入尾注”功能，在论文结尾处插入参考文献或书目列表

17. 在 Excel 2010 中，设 E 列单元格存放工资总额，F 列存放实发工资。其中当工资总额超过 800 元时，实发工资 = 工资 -（工资总额 - 800）× 税率；当工资总额少于或等于 800 元时，实发工资 = 工资总额。假设税率为 5%，则 F 列可用公式实现。以下最优的操作方法是（　　）。

A. 在 F2 单元格中输入公式 =IF(E2>800,E2-(E2-800)*0.05,E2)

B. 在 F2 单元格中输入公式 =IF(E2>800,E2,E2-(E2-800)*0.05)

C. 在 F2 单元格中输入公式 =IF("E2>800",E2-(E2-800)*0.05,E2)

D. 在 F2 单元格中输入公式 =IF("E2>800",E2,E2-(E2-800)*0.05)

18. 在 Excel 2010 工作表中根据数据源创建了数据透视表，当数据透视表对应的数据源发生变化时，需快速更新数据透视表中的数据，以下最优的操作方法是（　　）。

A. 单击【数据透视表工具 选项】→【操作】组中的“选择”按钮，在弹出的下拉列表中选择“整个数据透视表”选项

B. 单击【数据透视表工具 选项】→【数据】组中的“刷新”按钮

C. 选择整个数据区域，重新创建数据透视表

D. 单击【数据透视表工具 选项】→【排序和筛选】组中的“插入切片器”按钮

19. 在 PowerPoint 演示文稿中，不可以使用的对象是（　　）。

A. 图片　　B. 超链接　　C. 视频　　D. 书签

20. 销售员小李有一份公司新产品介绍的 Word 文档，为了更加形象地向客户介绍公司新产品的特点，他需要将 Word 文档中的内容转换成 PowerPoint 演示文稿进行播放，为了顺利完成文档的转换，以下最优的操作方法是（　　）。

A. 新建一个 PowerPoint 演示文稿，然后打开 Word 文档，将文档中的内容逐一复制粘贴到 PowerPoint 的幻灯片中

B. 打开 Word 文档，切换到大纲视图，然后新建一个 PowerPoint 演示文稿，选择【开始】→【幻灯片】组，单击“新建幻灯片”按钮，在弹出的下拉列表中选择“幻灯片（从大纲）”选项，将 Word 内容转换成 PowerPoint 演示文稿中的每一张幻灯片

C. 打开 Word 文档，切换到大纲视图，然后选择 Word 文档中作为演示文稿每张幻灯片标题的内容，将大纲级别设置为 1 级，将 Word 文档中作为 PowerPoint 每张内容的文本的大纲级别设置为 2 级，最后选择【开始】→【幻灯片】组，单击“新建幻灯片”按钮，在弹出的下拉列表中选择“幻灯片（从大纲）”选项，将 Word 内容转换成 PowerPoint 演示文稿中的每一张幻灯片

D. 首先确保 Word 文档未被打开，然后新建一个 PowerPoint 演示文稿，选择【插入】→【文本】组，单击“对象”按钮，在打开的对话框中单击选中“由文件创建”单选项，单击“浏览”按钮，选择需要插入的 Word 文档，最后点击“确定”按钮，将 Word 转换成演示文稿中的每一张幻灯片

二、字处理题（共 30 分）

小许正在撰写一篇有关质量管理的论文，按照如下要求帮助小许对论文进行编辑排版。

1. 在考生文件夹下，将“Word 素材 .docx”文件另存为“Word.docx”（“.docx”为文件扩展名），后续操作均基于此文件，否则不得分。

2. 调整纸张大小为 A4，左、右页边距为 2 厘米，上、下页边距为 2.3 厘米。

3. 将表格外的所有中文字体及段落格式设为仿宋、四号、首行缩进 2 字符、单倍行距，将表格外的

所有英文字体设为Times New Roman、四号，表格中内容的字体、字号、段落格式不变。

4. 为第一段“企业质量管理浅析”应用样式“标题1”,并居中对齐。为“一、”“二、”“三、”“四、”“五、”“六、”对应的段落应用样式“标题2”。

5. 为文档中蓝色文字添加某一类项目符号。

6. 将表格及其上方的表格标题“表1质量信息表”排版在一页内，并将该页纸张方向设为横向，将标题段“表1质量信息表”置于表上方居中，删除表格最下面的空行，调整表格宽度及高度。

7. 将表格按“反馈单号”从小到大的顺序排序，并为表格应用一种内置表格样式，所有单元格内容为水平和垂直都居中对齐。

8. 在文档标题“企业质量管理浅析”之后、正文“有人说：产量是……”之前插入仅包含第2级标题的目录，目录及其上方的文档标题单独作为一页，将目录项设为三号字、3倍行距。

9. 为目录页添加首页页眉“质量管理”,居中对齐。在文档的底部靠右位置插入页码,页码形式为“第几页共几页”（注意：页码和总页数应当能够自动更新），目录页不显示页码且不计入总页数，正文页码从第1页开始。最后更新目录页码。

10. 为表格所在的页面添加编辑限制保护，不允许随意对该页内容进行编辑修改，并设置保护密码为空。

11. 为文档添加文字水印“质量是企业的生命”，格式为宋体、字号80、斜式、黄色、半透明。

三、电子表格题（共30分）

期末考试结束了，初三（14）班的班主任助理王老师需要对本班学生的各科考试成绩进行统计分析，并为每个学生制作一份成绩通知单下发给家长。按照下列要求完成该班的成绩统计工作并按原文件名进行保存。

1. 打开工作簿“学生成绩.xlsx”，在最左侧插入一个空白工作表，重命名为“初三学生档案”，并将该工作表标签颜色设为“紫色（标准色）”。

2. 将以制表符分隔的文本文件“学生档案.txt”自A1单元格开始导入到工作表“初三学生档案”中，注意不得改变原始数据的排列顺序。将第1列数据从左到右依次分成“学号”和“姓名”两列显示。最后创建一个名为“档案”、包含数据区域A1:G56、包含标题的表，同时删除外部链接。

3. 在工作表“初三学生档案”中，利用公式及函数依次输入每个学生的性别“男”或“女”、出生日期“××××年××月××日”和年龄。其中：身份证号的倒数第2位用于判断性别，奇数为男性，偶数为女性；身份证号的第7～14位代表出生年月日；年龄需要按周岁计算，满1年才计1岁。最后适当调整工作表的行高和列宽、对齐方式等，以方便阅读。

4. 参考工作表“初三学生档案”，在工作表“语文”中输入与学号对应的“姓名”；按照平时、期中、期末成绩各占30%、30%、40%的比例计算每个学生的“学期成绩”并填入相应单元格中；按成绩由高到低的顺序统计每个学生的“学期成绩”排名并按“第*n*名”的形式填入“班级名次”列中；按照表3-2的条件填写“期末总评”。

表3-2 期末总评条件

语文、数学的学期成绩	其他科目的学期成绩	期末总评
≥102	≥90	优秀
≥84	≥75	良好
≥72	≥60	及格
＜72	＜60	不合格

5. 将工作表“语文”的格式全部应用到其他科目工作表中，包括行高（各行行高均为22默认单位）和列宽（各列列宽均为14默认单位）。并按上述第4项中的要求依次输入或统计其他科目的“姓名”、“学期成绩”、“班级名次”和“期末总评”。

6. 分别将各科的“学期成绩”引入到工作表“期末总成绩”的相应列中，在工作表“期末总成绩”中依次引入姓名、计算各科的平均分、每个学生的总分，按成绩由高到低的顺序统计每个学生的总分排名、并以 1、2、3…形式标识名次，最后将所有成绩的数字格式设为数值、保留 2 位小数。

7. 在工作表“期末总成绩”中分别用红色（标准色）和加粗格式标出各科第一名成绩。同时将前 10 名的总分成绩用浅蓝色填充。

8. 调整工作表“期末总成绩”的页面布局以便打印：纸张方向为横向，缩减打印输出使得所有列只占一个页面（但不得缩小列宽），水平居中打印在纸上。

四、演示文稿题（共 20 分）

请根据提供的素材文件“PPT 素材 .docx”中的文字、图片设计制作演示文稿，并以文件名“PPT.pptx”存盘，具体要求如下。

1. 将素材文件中每个矩形框中的文字及图片设计为一张幻灯片，为演示文稿插入幻灯片编号，与矩形框前的序号一一对应。

2. 第 1 张幻灯片作为标题页，标题为“云计算简介”，并将其设为艺术字，有制作日期（格式：××××年××月××日），并指明制作者为“考生×××”。第 9 张幻灯片中的“敬请批评指正！”采用艺术字。

3. 幻灯片版式至少有 3 种，并为演示文稿选择一个合适的主题。

4. 为第 2 张幻灯片中的每项内容插入超级链接，点击时转到相应幻灯片。

5. 第 5 张幻灯片采用 SmartArt 图形中的组织结构图来表示，最上级内容为“云计算的 5 个主要特征”，其下级依次为具体的 5 个特征。

6. 为每张幻灯片中的对象添加动画效果，并设置 3 种以上幻灯片切换效果。

7. 增大第 6、7、8 页中图片的显示比例，达到较好的效果。

无纸化全真模拟题套卷（3）

（考试时间 120 分钟，满分 100 分）

一、选择题（每小题 1 分，共 20 分；下列各题 4 个选项中只有一个选项是正确的）

1. 下列关于算法时间复杂度的叙述中，表述正确的是（ ）。

A. 最坏情况下的时间复杂度一定高于平均情况的时间复杂度

B. 时间复杂度与所用的计算工具无关

C. 时间复杂度与采用的算法描述语言有关

D. 对同一个问题，采用不同的算法，但它们的时间复杂度是相同的

2. 下面属于黑盒测试方法的是（ ）。

A. 错误推测法 B. 基本路径测试 C. 判定覆盖 D. 条件覆盖

3. 软件集成测试不采用（ ）。

A. 一次性组装 B. 自顶向下增量组装 C. 自底向上增量组装 D. 迭代式组装

4. 数据库管理系统（DBMS）是（ ）。

A. 系统软件 B. 硬件系统

C. 一个完整的数据库应用系统 D. 既包括硬件，也包括软件的系统

5. 在数据管理的 3 个发展阶段中，数据的共享性好且冗余度最小的是（ ）。

A. 人工管理阶段 B. 文件系统阶段

C. 数据库系统阶段 D. 面向数据应用系统阶段

6. 将数据库的结构划分成多个层次，是为了提高数据库的逻辑独立性和（ ）。

A. 物理独立性 B. 操作独立性 C. 安全性 D. 管理规范性

7. 数据库系统的三级模式不包括（ ）。

A. 概念模式 B. 内模式 C. 外模式 D. 数据模式

8. 在数据库设计中，将 E-R 图转换成关系数据模型的过程属于（ ）。

A. 需求分析阶段 B. 概念设计阶段 C. 逻辑设计阶段 D. 物理设计阶段

9. 有 3 个关系 R、S 和 T 如下：

R

A	A1	B	B1
a	0	f	3
a	0	n	2
b	1	f	3
b	1	n	2
a	1	f	4

S

A	A1
a	0
b	1

T

B	B1
f	3
n	2

由关系 R 和 S 得到关系 T，则所使用的操作为（ ）。

A. 并 B. 自然连接 C. 除 D. 交

10. 一个教师可讲授多门课程，一门课程可由多个教师讲授。则实体教师和课程间的联系是（ ）。

A. 1:1 联系 B. 1:m 联系 C. m:1 联系 D. m:n 联系

11. 研究量子计算机的目的是解决计算机中的（ ）。

A. 速度问题 B. 存储容量问题 C. 计算精度问题 D. 能耗问题

12. 某台计算机安装的是 64 位操作系统，“64 位”指的是（ ）。

A. CPU 的运算速度，即 CPU 每秒钟能计算 64 位二进制数据

B. CPU 的字长，即 CPU 每次能处理 64 位二进制数据

C. CPU 的时钟主频

D. CPU 的型号

13. 计算机软件分系统软件和应用软件两大类，其中系统软件的核心是（　　）。

A. 数据库管理系统　　B. 操作系统　　C. 程序语言系统　　D. 财务管理系统

14. Web 浏览器收藏夹的作用是（　　）。

A. 记忆感兴趣的页面内容　　B. 收集感兴趣的页面地址

C. 收集感兴趣的页面内容　　D. 收集感兴趣的文件名

15. 在 Word 中，不能作为文本转换为表格的分隔符是（　　）。

A. 段落标记　　B. 制表符　　C. @　　D. ##

16. 办公室小王正在编辑 A.docx 文档。A.docx 文档中保存了名为“一级标题”的样式，现在希望在 B.docx 文档中的某一段文本上也能使用该样式，以下小王的操作中最优的操作方法是（　　）。

A. 在 A.docx 文档中打开“样式”对话框，找到“一级标题”样式，查看该样式的设置内容并记下，在 B.docx 文档中创建相同内容的样式并应用到该文档的段落文本中

B. 在 A.docx 文档中打开“样式”对话框，单击“管理样式”按钮后，单击“导入 / 导出”按钮，将 A.docx 文档中的“一级标题”样式复制到 B.docx 文档中，在 B.docx 文档中便可直接使用该样式

C. 可以直接将 B.docx 文档中的内容复制粘贴到 A.docx 文档中，这样就可以直接使用 A.docx 文档中的“一级标题”样式了

D. 在 A.docx 文档中选中应用了“一级标题”样式的文本，双击“格式刷”按钮，复制该样式到剪贴板，然后打开 B.docx 文档，单击需要设置样式的文本

17. Excel 工作表 B 列保存了 11 位手机号码信息，为了保护个人隐私，需将手机号码的后 4 位均用“*”表示，以 B2 单元格为例，最优的操作方法是（　　）。

A. =REPLACE(B2,7,4,"****")　　B. =REPLACE(B2,8,4,"****")

C. =MID(B2,7,4,"****")　　D. =MID(B2,8,4,"****")

18. Excel 2010 中，需要对当前工作表进行分页，将 1 ～ 18 行作为一页，余下的作为另一页，以下最优的操作方法是（　　）。

A. 选择 A18 单元格，单击【页面布局】→【页面设置】组中的“插入分隔符”按钮，在弹出的下拉列表中选择“分页符”选项

B. 选择 A19 单元格，单击【页面布局】→【页面设置】组中的“分隔符”按钮，在弹出的下拉列表中选择“插入分页符”选项

C. 选择 B18 单元格，单击【页面布局】→【页面设置】组中的“插入分隔符”按钮，在弹出的下拉列表中选择“插入分页符”选项

D. 选择 B19 单元格，单击【页面布局】→【页面设置】组中的“插入分隔符”按钮，在弹出的下拉列表中选择“插入分页符”选项

19. 在一个 PowerPoint 演示文稿的一张幻灯片中，有两个图片文件，其中图片 1 把图片 2 覆盖住了，若要设置为图片 2 覆盖住图片 1，以下最优的操作方法是（　　）。

A. 选择图片 1，单击鼠标右键，在弹出的快捷菜单中执行“置于顶层”命令

B. 选择图片 2，单击鼠标右键，在弹出的快捷菜单中执行“置于底层”命令

C. 选择图片 1，单击鼠标右键，在弹出的快捷菜单中执行【置于顶层】→【上移一层】命令

D. 选择图片 2，单击鼠标右键，在弹出的快捷菜单中执行【置于顶层】→【上移一层】命令

20. 在 PowerPoint 中，旋转图片的最快捷方法是（　　）。

A. 拖动图片 4 个角的任一控制点　　B. 设置图片格式

C. 拖动图片上方绿色控制点　　D. 设置图片效果

二、字处理题（共 30 分）

在考生文件夹下打开文本文件“Word 素材 .txt”，按照要求完成下列操作并以文件名“Word.docx”保存结果文档。

张静是一名大学本科三年级学生，经多方面了解分析，她希望在下个暑期去一家公司实习。为获得难得的实习机会，她打算利用 Word 精心制作一份简洁而醒目的个人简历，示例样式如“简历参考样式 .jpg”所示，要求如下。

1. 调整文档版面，要求纸张大小为 A4，页边距（上、下）为 2.5 厘米，页边距（左、右）为 3.2 厘米。

2. 根据页面布局需要，在适当的位置插入标准色为橙色与白色的两个矩形，其中橙色矩形占满 A4 幅面，文字环绕方式设为“浮于文字上方”，作为简历的背景。

3. 参照示例文件，插入标准色为橙色的圆角矩形，并添加文字“实习经验”，插入 1 个短划线的虚线圆角矩形框。

4. 参照示例文件，插入文本框和文字，并调整文字的字体、字号、位置和颜色。其中“张静”应为标准色橙色的艺术字，“寻求能够……”文本效果应为跟随路径的“上弯弧”。

5. 根据页面布局需要，插入考生文件夹下的图片“1.png”，依据样例进行裁剪和调整，并删除图片的剪裁区域；然后根据需要插入图片“2.jpg”“3.jpg”和“4.jpg”，并调整图片位置。

6. 参照示例文件，在适当的位置使用形状中的标准色橙色箭头（提示：其中横向箭头使用线条类型箭头），插入“SmartArt”图形，并进行适当编辑。

7. 参照示例文件，在“促销活动分析”等 4 处使用项目符号“对勾”，在“曾任班长”等 4 处插入符号“五角星”，颜色为标准色红色。调整各部分的位置、大小、形状和颜色，以展现统一、良好的视觉效果。

三、电子表格题（共 30 分）

小赵是一名参加工作不久的大学生。他习惯使用 Excel 表格来记录每月的个人开支情况，在 2013 年底，小赵将每个月各类支出的明细数据录入了文件名为“开支明细表 .xlsx”的 Excel 工作簿中。请你根据下列要求帮助小赵对明细表进行整理和分析。

1. 在工作表“小赵的美好生活”的第 1 行添加表标题“小赵 2013 年开支明细表”，并通过合并单元格，放于整个表的上端、居中。

2. 为工作表应用一种主题，并增大字号，适当加大行高列宽，设置居中对齐方式，除表标题“小赵 2013 年开支明细表”外为工作表分别增加恰当的边框和底纹以使工作表更加美观。

3. 将每月各类支出及总支出对应的单元格数据类型都设为“货币”类型，无小数、有人民币货币符号。

4. 通过函数计算每个月的总支出、各个类别月均支出、每月平均总支出；并按每个月总支出升序对工作表进行排序。

5. 利用“条件格式”功能：将月单项开支金额中大于 1 000 元的数据所在单元格以不同的字体颜色与填充颜色突出显示；将月总支出额中大于月均总支出 110% 的数据所在单元格以另一种颜色显示，所用颜色深浅以不遮挡数据为宜。

6. 在“年月”与“服装服饰”列之间插入新列“季度”，数据根据月份由函数生成，例如：1 ～ 3 月对应“1 季度”、4 ～ 6 月对应“2 季度”……

7. 复制工作表“小赵的美好生活”，将副本放置到原表右侧；改变该副本表标签的颜色，并重命名为“按季度汇总”；删除“月均开销”对应行。

8. 通过分类汇总功能，按季度升序求出每个季度各类开支的月均支出金额。

9. 在“按季度汇总”工作表后面新建名为“折线图”的工作表，在该工作表中以分类汇总结果为基础，创建一个带数据标记的折线图，水平轴标签为各类开支，对各类开支的季度平均支出进行比较，给每类开支的最高季度月均支出值添加数据标签。

四、演示文稿题（共 20 分）

请根据提供的“PPT 素材及设计要求 .docx”设计制作演示文稿，并以文件名“PPT.pptx”存盘，具体要求如下。

1. 演示文稿中需包含 6 页幻灯片，每页幻灯片的内容与“PPT 素材及设计要求 .docx”文件中的序号内容相对应，并为演示文稿选择一种内置主题。

2. 设置第 1 页幻灯片为标题幻灯片，标题为“学习型社会的学习理念”，副标题包含制作单位“计算机教研室”和制作日期（格式：×××× 年 ×× 月 ×× 日）内容。

3. 设置第 3、4、5 页幻灯片为不同版式，并根据文件“PPT 素材及设计要求 .docx”内容将其所有文字布局到各对应幻灯片中，第 4 页幻灯片需包含所指定的图片。

4. 根据“PPT 素材及设计要求 .docx”文件中的动画类别提示设计演示文稿中的动画效果，并保证各幻灯片中的动画效果的先后顺序合理。

5. 在幻灯片中突出显示“PPT 素材及设计要求 .docx”文件中重点内容（素材中加粗部分），包括字体、字号、颜色等。

6. 第 2 页幻灯片作为目录页，采用垂直框列表 SmartArt 图形表示“PPT 素材及设计要求 .docx”文件中要介绍的 3 项内容，并为每项内容设置超级链接，单击各链接时跳转到相应幻灯片。

7. 设置第 6 页幻灯片为空白版式，并修改该页幻灯片背景为纯色填充。

8. 在第 6 页幻灯片中插入包含文字为“结束”的艺术字，并设置其动画动作路径为圆形形状。

无纸化全真模拟题套卷（4）

（考试时间 120 分钟，满分 100 分）

一、选择题（每小题 1 分，共 20 分；下列各题 4 个选项中只有一个选项是正确的）

1. 下列叙述中正确的是（　　）。

A. 每一个结点有两个指针域的链表一定是非线性结构

B. 所有结点的指针域都为非空的链表一定是非线性结构

C. 循环链表是循环队列的链式存储结构

D. 线性结构的存储结点也可以有多个指针

2. 线性表的链式存储结构与顺序存储结构相比，链式存储结构的优点是（　　）。

A. 节省存储空间　　B. 插入与删除运算效率高

C. 便于查找　　D. 排序时减少元素的比较次数

3. 设有栈 S 和队列 Q，初始状态均为空。首先依次将 A、B、C、D、E、F 入栈，然后从栈中退出 3 个元素依次入队，再将 X、Y、Z 入栈后，将栈中所有元素退出并依次入队，最后将队列中所有元素退出，则退队元素的顺序为（　　）。

A. DEFXYZABC　　B. DEFXYZABC　　C. FEDZYXCBA　　D. DEFZYXABC

4. 设循环队列的存储空间为 Q(1:50)，初始状态为 front=rear=50。经过一系列正常的操作后，front-1=rear。为了在该队列中寻找值最大的元素，在最坏情况下需要的比较次数为（　　）。

A. 0　　B. 1　　C. 48　　D. 49

5. 下列关于线性链表的叙述中，正确的是（　　）。

A. 各数据结点的存储空间可以不连续，但它们的存储顺序与逻辑顺序必须一致

B. 各数据结点的存储顺序与逻辑顺序可以不一致，但它们的存储空间必须连续

C. 进行插入与删除操作时，不需要移动表中的元素

D. 以上说法均不正确

6. 从表中任何一个结点位置出发都可以不重复地访问到表中其他所有结点的链表是（　　）。

A. 循环链表　　B. 双向链表　　C. 单向链表　　D. 二叉链表

7. 对下列二叉树进行前序遍历的结果为（　　）。

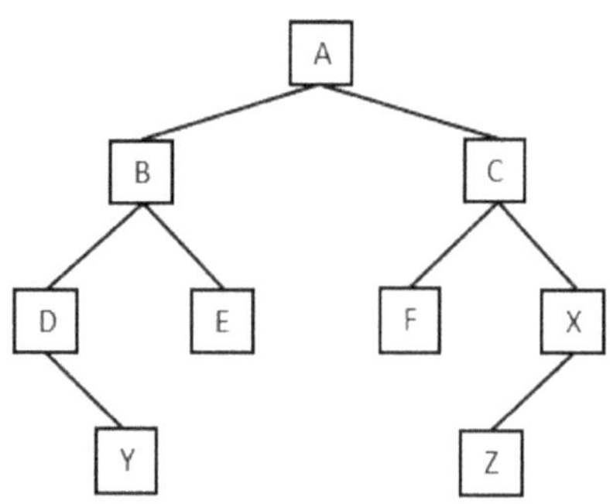

A. DYBEAFCZX　　B. YDEBFZXCA　　C. ABDYECFXZ　　D. ABCDEFXYZ

8. 设序列长度为 n，在最坏情况下，时间复杂度为 $\log_2 n$ 的算法是（　　）。

A. 二分法查找　　B. 顺序查找　　C. 分块查找　　D. 散列查找

9. 假设表的长度为 20。则在最坏情况下，冒泡排序的比较次数为（　　）。

A. 19　　B. 20　　C. 90　　D. 190

10. 结构化程序设计的基本原则不包括（　　）。

A. 多态性　　B. 自顶向下　　C. 模块化　　D. 逐步求精

11. 计算机中所有的信息存储都采用（　　）。

A. 二进制　　B. 八进制　　C. 十进制　　D. 十六进制

12. 第四代计算机的标志是微处理器的出现，微处理器的组成是（　　）。

A. 运算器和存储器　　B. 存储器和控制器

C. 运算器和控制器　　D. 运算器、控制器和存储器

13. 下列软件中，属于系统软件的是（　　）。

A. 用 C 语言编写的求解一元二次方程的程序　　B. 工资管理软件

C. 用汇编语言编写的一个练习程序　　D. Windows 操作系统

14. 为了保障公司网络的安全运行，预防计算机病毒的破坏，可以在计算机上采取的方法是（　　）。

A. 扫描磁盘　　B. 安装浏览器加载项　　C. 开启防病毒软件　　D. 修改注册表

15. 在 Word 文档中有一个占用 3 页篇幅的表格，如需将这个表格的标题行都出现在各页面首行，最优的操作方法是（　　）。

A. 将表格的标题复制到另外两页中

B. 利用“重复标题行”功能

C. 打开“表格属性”对话框，在列属性中进行设置

D. 打开“表格属性”对话框，在行属性中进行设置

16. 小李正在撰写毕业论文，并且要求只用 A4 规格的纸输出，在打印预览中，发现最后一页只有一行文字，他想把这一行提到上一页，以下最优的操作方法是（　　）。

A. 小李可以在页面视图中使用 A3 纸进行排版，打印时使用 A4 纸，从而使最后一行文字提到上一页

B. 小李可以在“页面布局”选项卡中减小页边距，从而使最后一行文字提到上一页

C. 小李可以在“页面布局”选项卡中将纸张方向设置为横向，从而使最后一行文字提到上一页

D. 小李可以在“开始”选项卡中缩小字体的大小，从而使最后一行文字提到上一页

17. 在 Excel 2010 中，E3:E39 单元格区域保存了单位所有员工的工资信息，现在需要将所有员工的工资增加 50 元，以下最优的操作方法是（　　）。

A. 在 E3 单元格中输入公式 =E3+50，然后使用填充句柄填充到 E39 单元格

B. 在 E 列后插入一个新列 F 列，输入公式 =E3+50，然后使用填充句柄填充到 F39 单元格，最后将 E 列删除，此时 F 列即为 E 列，更改一下标题名称即可

C. 在工作表数据区域之外的任一单元格中输入 50，复制该单元格，然后选中 E3 单元格，单击鼠标右键，使用“选择性粘贴 - 加”命令，最后使用填充柄填充到 E39 单元格

D. 在工作表数据区域之外的任一单元格中输入 50，复制该单元格，然后选中 E3:E39 单元格区域，单击右键，使用“选择性粘贴 - 加”即可

18. 以下错误的 Excel 公式形式是（　　）。

A. =SUM(B3:E3)*$F$3　　B. =SUM(B3:3E)*F3　　C. =SUM(B3:$E3)*F3　　D. =SUM(B3:E3)*F$3

19. PowerPoint 演示文稿包含了 20 张幻灯片，需要放映奇数页幻灯片，最优的操作方法是（　　）。

A. 将演示文稿的偶数张幻灯片删除后再放映

B. 将演示文稿的偶数张幻灯片设置为隐藏后再放映

C. 将演示文稿的所有奇数张幻灯片添加到自定义放映方案中，然后再放映

D. 设置演示文稿的偶数张幻灯片的换片持续时间为 0.01 秒，自动换片时间为 0 秒，然后再放映

20. 在 PowerPoint 演示文稿中通过分节制作幻灯片，如果要求一节内的所有幻灯片切换方式一致，最优的操作方法是（　　）。

A. 分别选择该节的每一张幻灯片，逐个设置其切换方式

B. 选择该节的一张幻灯片，然后按住【Ctrl】键，逐个选择该节的其他幻灯片，再设置切换方式

C. 选择该节的第一张幻灯片，然后按住【Shift】键，单击该节的最后一张幻灯片，再设置切换方式

D. 单击节标题，再设置切换方式

二、字处理题（共 30 分）

某单位财务处请小张设计《经费联审结算单》模板，以提高日常报账和结算单审核效率。请根据考生文件夹下“Word 素材 1.docx”和“Word 素材 2.xlsx”文件完成制作任务，具体要求如下。

1. 将素材文件“Word 素材 1.docx”另存为“结算单模板 .docx”，保存于考生文件夹下，后续操作均基于此文件。

2. 将页面设置为 A4 幅面、横向，页边距均为 1 厘米。设置页面为两栏，栏间距为 2 字符，其中左栏内容为《经费联审结算单》表格，右栏内容为《××研究所科研经费报账须知》文字，要求左右两栏内容不跨栏、不跨页。

3. 设置《经费联审结算单》表格整体居中，所有单元格内容垂直居中对齐。参考考生文件夹下“结算单样例 .jpg”，适当调整表格行高和列宽，其中两个“意见”的行高不低于 2.5 厘米，其余各行行高不低于 0.9 厘米。设置单元格的边框，细线宽度为 0.5 磅，粗线宽度为 2.25 磅。

4. 设置《经费联审结算单》标题（表格第 1 行）水平居中，字体为小二、华文中宋，其他单元格中已有文字字体均为小四、仿宋、加粗；除“单位：”为左对齐外，其余含有文字的单元格均为居中对齐。表格第 2 行的最后一个空白单元格将填写填报日期，字体为四号、楷体，并右对齐；其他空白单元格格式均为四号、楷体、左对齐。

5.《××研究所科研经费报账须知》以文本框形式实现，其文字的显示方向与《经费联审结算单》相比，逆时针旋转 90°。

6. 设置《××研究所科研经费报账须知》的第 1 行格式为小三、黑体、加粗，居中；第 2 行格式为小四、黑体，居中；其余内容为小四、仿宋，两端对齐、首行缩进 2 字符。

7. 将“科研经费报账基本流程”中的 4 个步骤改用“垂直流程”SmartArt 图形显示，颜色为“彩色轮廓－强调文字颜色 1”，样式为“简单填充”。

8.“Word 素材 2.xlsx”文件中包含了报账单据信息，需使用“结算单模板 .docx”自动批量生成所有结算单。其中，对于结算金额为 5000（含）以下的单据，“经办单位意见”栏填写“同意，送财务审核”；否则填写“情况属实，拟同意，请所领导审批”。另外，因结算金额低于 500 元的单据不再单独审核，需在批量生成结算单据时将这些单据记录自动跳过。生成的批量单据存放在考生文件夹下，以“批量结算单 .docx”命名。

三、电子表格题（共 30 分）

滨海市对重点中学组织了一次物理统考，并生成了所有考生和每一个题目的得分。市教委要求小罗老师根据已有数据，统计分析各学校及班级的考试情况。请根据考生文件夹下“素材 .xlsx”中的数据，帮助小罗完成此项工作。具体要求如下。

1. 将“素材 .xlsx”另存为“滨海市 2015 年春高二物理统考情况分析 .xlsx”文件，后续操作均基于此文件。

2. 利用“成绩单”“小分统计”“分值表”工作表中的数据，完成“按班级汇总”和“按学校汇总”工作表中相应空白列的数值计算。具体提示如下：

（1）“考试学生数”列必须利用公式计算，“平均分”列由“成绩单”工作表数据计算得出；

（2）“分值表”工作表中给出了本次考试各题的类型及分值（本次考试一共 50 道小题，其中【1】～【40】为客观题，【41】～【50】为主观题）；

（3）“小分统计”工作表中包含了各班级每一道小题的平均得分，通过其可计算出各班级的“客观题平均分”和“主观题平均分”（由于系统生成每题平均得分时已经进行了四舍五入操作，因此通过其计算“客观题平均分”和“主观题平均分”之和时，可能与根据“成绩单”工作表的计算结果存在一定误差）；

（4）利用公式计算“按学校汇总”工作表中的“客观题平均分”和“主观题平均分”，计算方法为每个学校的所有班级相应平均分乘以对应班级人数，相加后再除以该校的总考生数；

（5）计算“按学校汇总”工作表中的每题得分率，即每个学校所有学生在该题上的得分之和除以该校总考生数，再除以该题的分值；

（6）所有工作表中“考试学生数”“最高分”“最低分”显示为整数，各类平均分显示为数值格式，并保留 2 位小数，各题得分率显示为百分比数据格式，并保留 2 位小数。

3. 新建“按学校汇总 2”工作表，将“按学校汇总”工作表中所有单元格数值转置复制到新工作表中。

4. 将“按学校汇总 2”工作表中的内容套用表格样式为“表样式中等深浅 12”；将得分率低于 80% 的单元格标记为“浅红填充色深红色文本”格式，将介于 80% 和 90% 之间的单元格标记为“黄填充色深黄色文本”格式。

四、演示文稿题（共 20 分）

某注册会计师协会培训部的魏老师正在准备有关审计业务档案管理的培训课件，她的助手已搜集并整理了一份相关资料存放在 Word 文档“PPT_ 素材 .docx”中。按下列要求帮助魏老师完成 PPT 课件的整合制作。

1. 在考生文件夹下创建一个名为“PPT.pptx”的新演示文稿（“.pptx”为扩展名），后续操作均基于此文件，否则不得分。该演示文稿需要包含 Word 文档“PPT_ 素材 .docx”中的所有内容，Word 素材文档中的红色文字、绿色文字、蓝色文字分别对应演示文稿中每页幻灯片的标题文字、第一级文本内容、第二级文本内容。

2. 将第 1 张幻灯片的版式设为“标题幻灯片”，在该幻灯片的右下角插入任意一幅剪贴画，依次为标题、副标题和新插入的图片设置不同的动画效果，其中副标题作为一个对象发送，并且指定动画出现顺序为图片、副标题、标题。

3. 将第 3 张幻灯片的版式设为“两栏内容”，在右侧的文本框中插入考生文件夹下的 Excel 文档“业务报告签发稿纸 .xlsx”中的模板表格，并保证该表格内容随 Excel 文档的改变而自动变化。

4. 将第 4 张幻灯片“业务档案管理流程图”中的文本转换为 Word 素材中示例图所示的 SmartArt 图形，并适当更改其颜色和样式。为本张幻灯片的标题和 SmartArt 图形添加不同的动画效果，并令 SmartArt 图形伴随着“风铃”声逐个级别顺序飞入。为 SmartArt 图形中“建立业务档案”下的文字“案卷封面、备考表”添加链接到考生文件夹下的 Word 文档“封面备考表模板 .docx”的超链接。

5. 将标题为“七、业务档案的保管”所属的幻灯片拆分为 3 张，其中（一）～（三）为一张、（四）及下属内容为一张，（五）及下属内容为以一张，标题均为“七、业务档案的保管”。为“（四）业务档案保管的基本方法和要求”所在的幻灯片添加备注“业务档案保管需要做好的八防工作：防火、防水、防潮、防霉、防虫、防光、防尘、防盗”。

6. 在每张幻灯片的左上角添加协会的标志图片 Logo1.png，设置其位于最底层以免遮挡标题文字。除标题幻灯片外，其他幻灯片均包含幻灯片编号，自动更新的日期，日期格式为 ×××× 年 ×× 月 ×× 日。

7. 将演示文稿按照表 3-3 的要求分为 3 节，分别为每节应用不同的设计主题和幻灯片切换方式。

表 3-3　档案管理演示文稿的分节要求

节名	包含的幻灯片
档案管理概述	1 ～ 3
归档和整理	5 ～ 8
档案保管和销毁	9 ～ 13

无纸化全真模拟题套卷（5）

（考试时间 120 分钟，满分 100 分）

一、选择题（每小题 1 分，共 20 分；下列各题 4 个选项中只有一个选项是正确的）

1. 在面向对象方法中，实现对象的数据和操作结合于统一体中的是（　　）。

A. 结合　　B. 封装　　C. 隐藏　　D. 抽象

2. 下面对对象概念叙述正确的是（　　）。

A. 对象间的通信靠消息传递　　B. 对象是名字和方法的封装体

C. 任何对象都必须有继承性　　D. 对象的多态性是指一个对象有多个操作

3. 下列叙述中正确的是（　　）。

A. 软件的使用存在老化问题　　B. 软件是物理实体，不具有抽象性

C. 软件是逻辑实体，具有抽象性　　D. 软件的运行对计算机系统不一定具有依赖性

4. 下列叙述中正确的是（　　）。

A. 软件过程是软件开发过程

B. 软件过程是软件维护过程

C. 软件过程是软件开发过程和软件维护过程

D. 软件过程是把输入转化为输出的一组彼此相关的资源和活动

5. 下面描述中不属于软件需求分析阶段任务的是（　　）。

A. 撰写软件需求规格说明书　　B. 软件的总体结构设计

C. 软件的需求分析　　D. 软件的需求评审

6. 数据流图中带箭头的线段表示的是（　　）。

A. 控制流　　B. 事件驱动　　C. 模块调用　　D. 数据流

7. 软件设计中模块划分应遵循的准则是（　　）。

A. 低内聚低耦合　　B. 高内聚低耦合　　C. 低内聚高耦合　　D. 高内聚高耦合

8. 在软件设计中不使用的工具是（　　）。

A. 系统结构图　　B. PAD 图　　C. 数据流图（DFD）　　D. 程序流程图

9. 软件测试的目的是（　　）。

A. 评估软件可靠性　　B. 发现并改正程序中的错误

C. 改正程序中的错误　　D. 发现程序中的错误

10. 在黑盒测试方法中，设计测试用例的根据是（　　）。

A. 软件要完成的功能　　B. 模块间的逻辑关系　　C. 程序调用规则　　D. 数据结构

11. 世界上公认的第一台电子计算机诞生于（　　）。

A. 1943 年　　B. 1946 年　　C. 1982 年　　D. 1991 年

12. 计算机操作系统常具备的 5 大功能是（　　）。

A. CPU 管理、显示器管理、键盘管理、打印机管理和鼠标管理

B. 启动、打印、显示、文件存取和关机

C. 硬盘管理、U 盘管理、CPU 管理、显示器管理和键盘管理

D. 处理器（CPU）管理、存储管理、文件管理、设备管理和进程管理

13. 在 Windows 7 操作系统中，磁盘维护包括硬盘检查、磁盘清理和碎片整理等功能，磁盘清理的目的是（　　）。

A. 提高磁盘存取速度　　B. 获得更多磁盘可用空间

C. 优化磁盘文件存储　　D. 改善磁盘的清洁度

14. 下列选项属于“计算机安全设置”的是（ ）。

A. 定期备份重要数据　　B. 不下载来路不明的软件及程序

C. 停掉 Guest 账号　　D. 安装杀（防）毒软件

15. 在 Word 文档中包含了文档目录，将文档目录转变为纯文本格式的最优操作方法是（ ）。

A. 文档目录本身就是纯文本格式，不需要再进行下一步操作

B. 使用【Ctrl+Shift+F9】组合键

C. 在文档目录上单击鼠标右键，然后执行“转换”命令

D. 复制文档目录，然后通过选择性粘贴功能以纯文本方式显示

16. 以下不属于 Word 文档视图的是（ ）。

A. 阅读版式视图　　B. 放映视图　　C. Web 版式视图　　D. 大纲视图

17. 在 Excel 表格中计算班级成绩总分、平均分和排名，下面的函数中，哪一种不需要使用（ ）。

A. AVERAGE 函数　　B. SUM 函数　　C. RANK 函数　　D. IF 函数

18. 小王是某单位的会计，现需要统计单位各科室人员的工资情况，按工资从高到低排序，若工资相同，以工龄降序排序。以下最优的操作方法是（ ）。

A. 设置排序的主要关键字为“科室”，次要关键字为“工资”，第二次要关键字为“工龄”

B. 设置排序的主要关键字为“工资”，次要关键字为“工龄”，第二次要关键字为“科室”

C. 设置排序的主要关键字为“工龄”，次要关键字为“工资”，第二次要关键字为“科室”

D. 设置排序的主要关键字为“科室”，次要关键字为“工龄”，第二次要关键字为“工资”

19. 在使用 PowerPoint 2010 制作的演示文稿中，多数页面中都添加了备注信息，现在需要将这些备注信息删除，以下最优的操作方法是（ ）。

A. 打开演示文稿文件，逐一检查每页幻灯片的备注区，若有备注信息，则将备注信息删除

B. 在【视图】→【母板视图】组中单击“备注母版”按钮，打开“备注母版”视图，在该视图下删除备注信息

C. 选择【文件】→【信息】选项，单击“检查问题”按钮，从下拉列表中选择“检查文档”选项，弹出“文档检查器”对话框，单击选中“演示文稿备注”复选框，然后单击“检查”按钮。检查完成后单击“演示文稿备注”右侧的“全部删除”按钮

D. 单击【视图】→【演示文稿视图】组中的“备注页”按钮，切换到“备注页”视图，在该视图下逐一删除幻灯片中的备注信息

20. 一份演示文稿文件共包含 9 张幻灯片，现在需要设置每 3 张幻灯片为一节，且名称和动画切换方式不同，以下正确的操作方法是（ ）。

A. 分别选择第 1 ～ 3、4 ～ 6、7 ～ 9 张幻灯片，在【开始】→【幻灯片】组中单击“节”按钮，在弹出的下拉列表中选择“重命名节”选项，打开“重命名节”对话框，在“节名称”文本框中输入节的名称，单击“重命名”按钮

B. 分别选择第 1 ～ 3、4 ～ 6、7 ～ 9 张幻灯片，在【开始】→【幻灯片】组中单击“节”按钮，在弹出的下拉列表中选择“新增节”选项

C. 分别选择第 1 ～ 3、4 ～ 6、7 ～ 9 张幻灯片，在【切换】→【切换到此幻灯片】组的列表框中单击“其他”按钮，在弹出的下拉列表框中选择不同的切换方式

D. 分别选择第 1 ～ 3、4 ～ 6、7 ～ 9 张幻灯片，在【开始】→【幻灯片】组中单击“节”按钮，在弹出的下拉列表中选择“新增节”选项；然后在幻灯片窗格中分别单击 3 个节标题，选择节，然后在【开始】→【幻灯片】组中单击“节”按钮，在弹出的下拉列表中选择“重命名节”选项，分别重命名节；最后在幻灯片窗格中分别单击 3 个节标题，选择节，在【切换】→【切换到此幻灯片】组的列表框中单击“其他”按钮，在弹出的下拉列表框中选择不同的切换方式

二、字处理题（共 30 分）

公司将于今年举办“创新产品展示说明会”，市场部助理小王需要将会议邀请函制作完成，并寄送给

相关的客户。

现在，请按照如下需求，在 Word.docx 文档中完成制作工作。

1. 将文档中“会议议程：”段落后的 7 行文字转换为 3 列、7 行的表格，并根据窗口大小自动调整表格列宽。

2. 为制作完成的表格套用一种表格样式，使表格更加美观。

3. 为了在以后的邀请函制作中再利用会议议程内容，将文档中的表格内容保存至“表格”部件库，并将其命名为“会议议程”。

4. 将文档末尾处的日期调整为可以根据邀请函生成日期而自动更新的格式，日期格式显示为“2014 年 1 月 1 日”。

5. 在“尊敬的”文字后面，插入拟邀请的客户姓名和称谓。拟邀请的客户姓名在考生文件夹下的“通讯录 .xlsx”文档中，客户称谓则根据客户性别自动显示为“先生”或“女士”，例如“范俊弟（先生）”“黄雅玲（女士）”。每个客户的邀请函占一页内容，且每页邀请函中只能包含 1 位客户姓名，所有的邀请函页面另外保存在一个名为“Word- 邀请函 .docx”的文档中。如果需要，删除“Word- 邀请函 .docx”文档中的空白页面。

6. 文档制作完成后，分别保存“Word.docx”文档和“Word- 邀请函 .docx”文档。关闭 Word 应用程序，并保存所提示的文件。

三、电子表格题（共 30 分）

李东阳是某家用电器企业的战略规划人员，正在参与制订本年度的生产与营销计划。为此，他需要对上一年度不同产品的销售情况进行汇总和分析，从中提炼出有价值的信息。根据下列要求，帮助李东阳运用已有的原始数据完成上述分析工作。

1. 在考生文件夹下，将文档“Excel 素材 .xlsx”另存为“Excel.xlsx”（“.xlsx”为扩展名），之后所有的操作均基于此文档，否则不得分。

2. 在工作表“Sheet1”中，从 B3 单元格开始，导入“数据源 .txt”中的数据，并将工作表名称修改为“销售记录”。

3. 在“销售记录”工作表的 A3 单元格中输入文字“序号”，从 A4 单元格开始，为每笔销售记录插入“001、002、003…”格式的序号；将 B 列（日期）中数据的数字格式修改为只包含月和日的格式（3/14）；在 E3 和 F3 单元格中，分别输入文字“价格”和“金额”；对标题行区域 A3:F3 应用单元格的上框线和下框线，对数据区域的最后一行 A891:F891 应用单元格的下框线；其他单元格无边框线；不显示工作表的网格线。

4. 在“销售记录”工作表的 A1 单元格中输入文字“2012 年销售数据”，并使其显示在 A1:F1 单元格区域的正中间（注意：不要合并上述单元格区域）；将“标题”单元格样式的字体修改为“微软雅黑”，并应用于 A1 单元格中的文字内容；隐藏第 2 行。

5. 在“销售记录”工作表的 E4:E891 中，应用函数输入 C 列（类型）所对应的产品价格，价格信息可以在“价格表”工作表中进行查询；然后将填入的产品价格设为货币格式，并保留零位小数。

6. 在“销售记录”工作表的 F4:F891 中，计算每笔订单记录的金额，并应用货币格式，保留零位小数，计算规则为金额 = 价格 × 数量 ×（1- 折扣百分比），折扣百分比由订单中的订货数量和产品类型决定，可以在“折扣表”工作表中进行查询，例如某个订单中产品 A 的订货量为 1 510，则折扣百分比为 2%（提示：为便于计算，可对“折扣表”工作表中表格的结构进行调整）。

7. 将“销售记录”工作表的单元格区域 A3:F891 中所有记录居中对齐，并将发生在周六或周日的销售记录的单元格的填充颜色设为黄色。

8. 在名为“销售量汇总”的新工作表中自 A3 单元格开始创建数据透视表，按照月份和季度对“销售记录”工作表中的 3 种产品的销售数量进行汇总；在数据透视表右侧创建数据透视图，图表类型为“带数据标记的折线图”，并为“产品 B”系列添加线性趋势线，显示“公式”和“R2 值”（数据透视表和数据透视图的样式可参考考生文件夹中的“数据透视表和数据透视图 .jpg”示例文件）；将“销售量汇总”工作表移动到“销售记录”工作表的右侧。

9. 在“销售量汇总”工作表右侧创建一个新的工作表，名称为“大额订单”；在这个工作表中使用高级筛选功能，筛选出“销售记录”工作表中产品 A 数量在 1 550 以上、产品 B 数量在 1 900 以上，以及产品 C 数量在 1 500 以上的记录（请将条件区域放置在 1 ～ 4 行，筛选结果放置在从 A6 单元格开始的区域）。

四、演示文稿题（共 20 分）

人力资源部的张经理正在准备有关“员工关系管理”学习实践活动的汇报演示文稿，相关资料存放在 Word 文档“PPT 素材及设计要求 .docx”中。按下列要求帮助张经理完成演示文稿的整合制作。

1. 在考生文件夹下创建一个名为“PPT.pptx”的新演示文稿（“.pptx”为文件扩展名），后续操作均基于此文件，否则不得分。该演示文稿的内容包含在 Word 文档“PPT 素材及设计要求 .docx”中，Word 素材文档中的蓝色字不在幻灯片中出现，黑色字必须在幻灯片中出现，红色字在幻灯片的备注中出现。

2. 将默认的“Office 主题”幻灯片母版重命名为“员工关系管理母版 1”，并将图片“母版背景图片 1.jpg”作为其背景。为第 1 张幻灯片应用“员工关系管理母版 1”的“空白”版式。

3. 在第 1 页幻灯片中插入剪贴画音频“鼓掌欢迎”，剪裁音频只保留前 0.5 秒，设置自动循环播放、直到停止，且放映时隐藏音频图标。

4. 插入一个新的幻灯片母版，重命名为“员工关系管理母版 2”，其背景图片为素材文件“母版背景图片 2.jpg”，将图片平铺为纹理。为从第 2 页开始的幻灯片应用该母版中适当的版式。

5. 第 2 页幻灯片为目录页，标题文字为“目录”且文字方向竖排，目录项内容为幻灯片 3 ～ 7 的标题文字，并采用 SmartArt 图形中的垂直曲形列表显示，调整 SmartArt 图形大小、显示位置、颜色（强调文字颜色 2 的彩色填充）、三维样式等。

6. 第 3、4、5、6、7 页幻灯片分别介绍第 1 ～ 5 项具体内容，要求按照文件“PPT 素材及设计要求 .docx”中的要求进行设计，调整文字、图片大小，并将第 3 ～ 7 页幻灯片中所有双引号中的文字更改字体，设为红色、加粗。

7. 更改第 4 页幻灯片中的项目符号，取消第 5 页幻灯片中的项目符号，并为第 4、5 页添加备注信息。

8. 第 6 页幻灯片用 3 行 2 列的表格来表示其中的内容，表格第 1 列的内容分别为“认同企业愿景”“完善激励约束机制”“心理契约”，第 2 列为对应的文字。为表格应用一个表格样式，并设置单元格凹凸效果。

9. 用 SmartArt 图形中的向上箭头流程表示第 7 页幻灯片中的三步曲。

10. 为第 2 页幻灯片的 SmartArt 图形中的每项内容插入超链接，单击时可转到相应幻灯片。

11. 为每页幻灯片设计不同的切换效果；为第 2 ～ 8 页幻灯片设计动画，且出现的先后顺序合理。

无纸化全真模拟题套卷（1）参考答案及解析

一、选择题

1. D【解析】本题考查算法的概念。算法是指解题方案的准确而完整的描述，算法不等于程序，也不等于计算方法，A 选项叙述错误；设计算法时不仅要考虑对数据对象的运算和操作，还要考虑算法的控制结构，B、C 选项叙述错误；设计算法时要考虑时间复杂度和空间复杂度，D 选项正确。

2. B【解析】本题考查链表与线性结构的综合知识。具有两个指针域的链表可能是双向链表，A 选项错误；双向链表是线性结构，二叉树为非线性结构，二者结点中均有两个指针域，B 选项正确；二叉树既可采用链式存储结构，也可采用其他结构，C 选项错误；循环链表是线性结构，D 选项错误。

3. D【解析】本题考查线性结构的满足条件。若一个非空的数据结构有且只有一个根结点，或每一个结点最多有一个前件，也最多有一个后件，则称为线性结构。若不同时满足以上两个条件的数据结构则称为非线性结构。A 选项中，5 为根结点，线性表为 51793，A 选项不符合题意；B 选项中，9 为根结点，线性表为 97135，B 选项不符合题意；C 选项中，1 为根结点，线性表为 19753，C 选项不符合题意；D 选项中，结点 1 与 7 都是根结点，属于非线性结构，D 选项符合题意。

4. B【解析】本题考查栈及其基本运算。栈按“先进后出”的原则组织数据，所以入栈最早的最后出栈，即出栈顺序与入栈顺序刚好相反。所以，本题中元素出栈的顺序为 EDCBA54321。B 选项正确。

5. A【解析】本题考查线性链表的基本概念。如果一个非空的数据结构满足下列两个条件：①有且只有一个根结点；②每一个结点最多有一个前件，也最多有一个后件，则称该数据结构为线性结构。如果一个数据结构不是线性结构，则称之为非线性结构。本题中 f 为根结点，每个结点有一个前件和一个后件，符合线性结构的定义。A 选项符合题意。

6. D【解析】本题考查循环队列的基本概念。循环队列有队头和队尾两个指针，但是循环队列是线性结构，A 选项错误；在循环队列中需要队头与队尾两个指针来共同反映队列中元素的动态变化情况，所以 B 与 C 选项错误，D 选项正确。

7. D【解析】本题考查树与二叉树的结点数运算。在树结构中，一个结点所拥有的后件个数称为该结点的度，所有结点中最大的度称为树的度，树中的结点数为树中所有结点的度数之和再加 1。假设度为 3 的结点数为 n，总结点数为 m，$m=3\times n+2\times 3+1\times 4+1$，叶子结点数 $15=m-(3+4+n)$。得 $m=3n+11$，$2n=11$，n 无法得到整数，说明不可能存在这样的树。D 选项正确。

8. D【解析】本题考查二分查找的比较次数。对于长度为 n 的有序线性表，在最坏情况下，二分查找法只需要比较 $\log_2 n$ 次。本题中是 $\log_2 97$，$2^6=64$，$2^7=128$，所以最坏情况是第 7 次比较就可以结束，D 选项正确。

9. D【解析】本题考查堆排序的比较次数。注意本题选择的是否定的选项，除了堆排序算法的比较次数是 $n\log_2 n$ 外，其他选项的排序方法均是 $n(n-1)/2$。D 选项符合题意。

10. D【解析】本题考查结构化程序的设计原则。良好的程序设计风格可以使程序结构清晰合理，程序代码便于维护，A 选项不符合题意；按结构化程序设计方法设计出的程序易于理解、使用和维护，B 选项不符合题意；结构化程序设计的重要原则是自顶向下、逐步求精、模块化及限制使用 goto 语句，C 选项不符合题意；程序的执行效率不属于结构化程序设计风格，D 选项符合题意。

11. B【解析】冯•诺依曼的 EDVAC 可以说是第一台现代意义的通用计算机，它由 5 个基本部分组成：运算器 CA、控制器 CC、存储器 M、输入装置 I 及输出装置 O。这种基本工作原理采用存储程序和程序控制的体系结构一直延续至今，故选 B。

12. C【解析】根据换算公式 1GB=1 024MB，故 20GB=20×1 024MB，因此，20×1 024MB/128MB =160，故选 C。

13. A【解析】USB 3.0 是一种 USB 规范，该规范由英特尔等公司发起，最大传输带宽高达 5.0Gbit/s（625MB/s），故选 A。

14. D【解析】TCP/IP 是 Internet 最基本的协议。TCP/IP 采用四层结构来完成传输任务，其四层结构分别为网络接口层、网络层、传输层和应用层，各层都是通过呼叫其下一层所提供的网络完成传输任务，相对于 OSI 标准的七层结构，少了表示层、会话层和物理层，故选 D。

15. A【解析】DOCX 是 Word 文档的扩展名，DOTM 是启用宏的模板文件扩展名，DOTX 是 Word 2007 之后的模板文件扩展名，DOT 是 Word

97-2003 模板文件扩展名，故选 A。

16. C【解析】Word 的“邮件合并”功能支持很多类型的数据源，主要有 Office 地址列表、Word 数据源、Excel 工作表、Microsoft Outlook 联系人列表、Access 数据库、HTML 文件，但不支持 PowerPoint 演示文稿，故选 C。

17. D【解析】在 Excel 中，为了避免在输入数据时出现过多错误，可以通过在单元格中设置数据有效性来进行相关的控制，从而保证数据输入的准确性，提高工作效率。数据有效性，用于定义可以在单元格中输入或应该在单元格中输入的数据类型、范围、格式等。可以通过配置数据有效性防止输入无效数据，或者在录入无效数据时自动发出警告，故选 D。

18. B【解析】本题考查 Excel 中数据填充的方法，使用函数、格式刷和“填充”命令进行填充的方法比较少见，通常需要特定的条件，多数情况下使用填充柄填充，故选 B。

19. C【解析】PowerPoint 内置主题中可以设置的内容有字体、颜色和效果，故选 C。

20. C【解析】本题考查自定义幻灯片放映和设置幻灯片自动切换，首先在【切换】→【计时】组中单击选中“设置自动换片时间”复选框，并设置时间为 10 秒；其次单击【幻灯片放映】→【开始放映幻灯片】组中的“自定义幻灯片放映”按钮，在打开的对话框中设置包含幻灯片 1 ～ 9 的放映方案，最后播放该方案，故选 C。

二、字处理题

素材：考生文件夹 \ 全真模拟题（1）\ Word 素材 .docx、Logo.gif、学生成绩表 .xlsx、回执样例 .png

视频演示　效果：效果文件夹 \ 全真模拟题（1）\ Word.docx、正式家长会通知 .docx

1.【解题步骤】

打开考生文件夹下的“Word 素材 .docx”文档，选择【文件】→【另存为】选项，打开“另存为”对话框，在“文件名”文本框中输入“Word”，设置保存位置为考生文件夹，单击“保存”按钮。

2.【解题步骤】

在【页面布局】→【页面设置】组中单击“对话框启动器”按钮，打开“页面设置”对话框。①单击“纸张”选项卡；②在“纸张大小”栏的下拉列表框中选择“A4”选项；③单击“页边距”选项卡；④在“页边距”栏的“上”“左”“右”数值框中输入“2.5 厘米”，在“下”数值框中输入“2 厘米”；⑤单击“版式”选项卡；⑥在“页眉和页脚”栏的“页眉”和“页脚”数值框中输入“1 厘米”；⑦单击“确定”按钮，如图 3-1 所示。

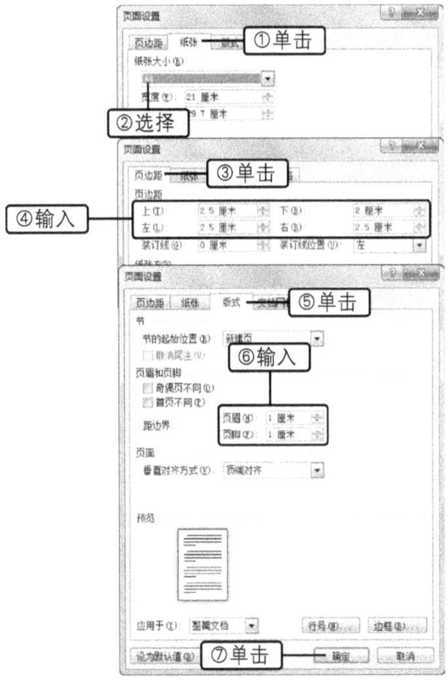

图 3-1　页面设置

3.【解题步骤】

步骤 1：在【插入】→【页眉和页脚】组中单击“页眉”按钮，在弹出的下拉列表的“内置”栏中选择“空白（三栏）”选项，进入页眉和页脚编辑状态。

步骤 2：在页眉左侧单击“输入文字”内容控件，输入“北京市向阳路中学”；单击中间内容控件，按【Delete】键将其删除；单击右侧内容控件，在【插入】→【插图】组中单击“图片”按钮，打开“插入图片”对话框，选择考生文件夹中的“Logo.gif”图片文件，单击“插入”按钮。

步骤 3：选择插入的图片，在【图片工具格式】→【大小】组中单击“裁剪”按钮，此时图片周围出现黑色控制点，拖动任意控制点适当调整插入的图片大小，使其与学校名称共同占用一行，再次单击“裁剪”按钮，退出裁剪操作。

步骤 4：将光标定位到页眉中，在【开始】→【段落】组中单击“下框线”按钮右侧的下拉按钮，在弹出的下拉列表中选择“边框和底纹”选项，打开“边框和底纹”对话框。

步骤 5：①在“边框”选项卡的“设置”栏中

选择“自定义”选项；②在“样式”列表框中选择“上宽下细”双线型线条选项；③在“颜色”下拉列表框的“标准色”栏中选择“红色”选项；④在“宽度”下拉列表中选择“2.25 磅”选项；⑤在“应用于”下拉列表中选择“段落”选项；⑥在“预览”栏中单击“下边框”按钮；⑦单击“确定”按钮，如图 3-2 所示。

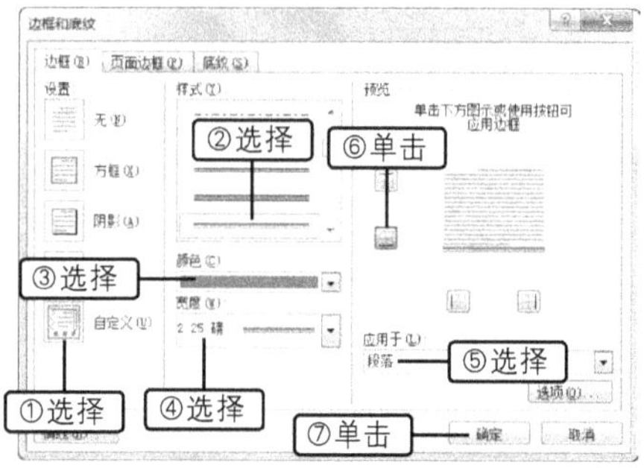

图 3-2 设置边框和底纹

步骤 6：在【插入】→【页眉和页脚】组中单击“页脚”按钮，在弹出的下拉列表的“内置”栏中选择“瓷砖型”选项，在文档页脚中单击“键入公司地址”内容控件，输入文本“北京市海淀区中关村北大街 55 号 邮编：100871”，在【页眉和页脚工具 设计】→【关闭】组中单击“关闭页眉和页脚”按钮。

4.【解题步骤】

步骤 1：选择红色文本下面的表格，在【表格工具 布局】→【单元格大小】组中单击“自动调整”下拉按钮，在弹出的下拉列表中选择“根据窗口自动调整表格”选项。

步骤 2：选择表格中的语文、数学、英语、物理、化学 5 科成绩所在的列，在“单元格大小”组中单击“分布列”按钮。

5.【解题步骤】

步骤 1：选择文档中所有的蓝色文本，在【插入】→【表格】组中单击“表格”下拉按钮，在弹出的下拉列表中选择“文本转换成表格”选项，打开“将文字转换成表格”对话框，在“文字分隔位置”栏中单击选中“制表符”单选项，单击“确定”按钮。

步骤 2：选择表格的第 1 行，在【表格工具 布局】→【合并】组中单击“合并单元格”按钮，将表格第 1 行所有单元格合并为一个单元格。参考“回执样例 .png”文件，用同样的方法合并其他需要合并的单元格区域。

步骤 3：将光标定位到第 6 行第 1 列单元格内，在“对齐方式”组中单击“文字方向”按钮，使文字方向为纵向。

步骤 4：选择整个表格，在“对齐方式”组中单击“水平居中”按钮；按同样的方式，选择第 5 行单元格，单击“靠下右对齐”按钮。

步骤 5：选择表格第 2 ～ 6 行的所有单元格，在【表格工具 设计】→【表格样式】组中单击“边框”按钮右侧的下拉按钮，在弹出的下拉列表中选择“边框和底纹”选项，打开“边框和底纹”对话框。

步骤 6：①单击“边框”选项卡；②在“设置”栏中选择“方框”选项；③在“颜色”下拉列表框的“标准色”栏中选择“紫色”选项；④在“宽度”下拉列表中选择“3.0 磅”选项；⑤在“样式”列表框中选择与“回执样例”相同的样式；⑥在右侧的“应用于”下拉列表中选择“单元格”选项，如图 3-3 所示。

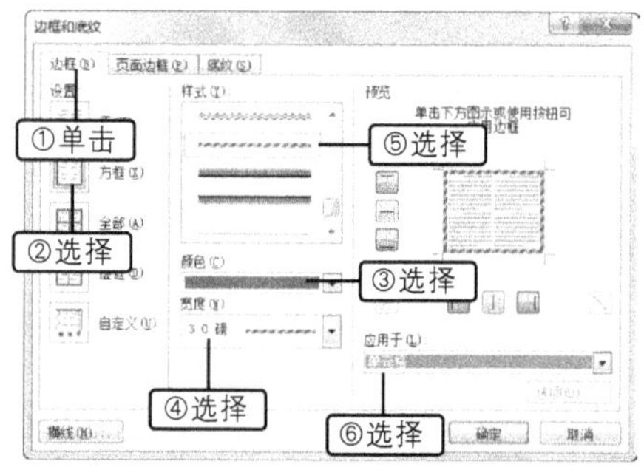

图 3-3 设置表格的外边框

步骤 7：①继续在“设置”栏中选择“自定义”选项；②在“样式”列表框中选择第一种样式；③在“颜色”下拉列表框的“标准色”栏中选择“紫色”选项；④在“宽度”下拉列表中选择“0.5 磅”选项；⑤在“预览”栏中单击“行中线”和“列中线”按钮，添加内框线；⑥在“应用于”下拉列表中选择“单元格”选项；⑦单击“确定”按钮，如图 3-4 所示。

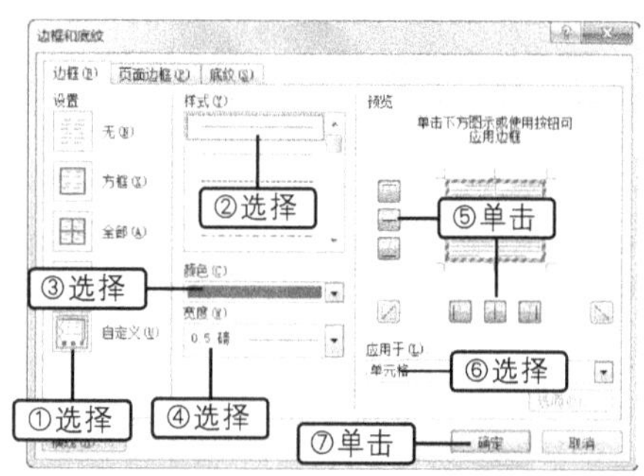

图 3-4 设置表格的内边框

步骤 8：选择表格第 1 行，在“绘图边框”组中单击“擦除”按钮，此时鼠标指针变为“橡皮擦”形状，逐个单击表格第 1 行的“上”“左”和“右”3 个边框线，将其擦除，擦除完成后，再次单击“擦除”按钮。

步骤 9：选择表格中的标题行文本，在【开始】→【字体】组中单击“字体颜色”按钮右侧的下拉按钮，在弹出的下拉列表框中选择“自动”选项，在“字号”下拉列表框中选择“三号”选项。

步骤 10：选择表格中其余的文本，在“字体”组中单击“字体颜色”按钮，选择第 4 行表格，在“字体”组中单击“加粗”按钮。

6.【解题步骤】

步骤 1：将光标定位到“尊敬的”和“学生家长”之间，在【邮件】→【开始邮件合并】组中单击“开始邮件合并”下拉按钮，在弹出的下拉列表中选择“邮件合并分步向导”选项，启动“邮件合并”任务窗格。

步骤 2：邮件合并分步向导第 1 步。保持默认设置，单击“下一步：正在启动文档”超链接。

步骤 3：邮件合并分步向导第 2 步。保持默认设置，继续单击“下一步：选取收件人”超链接。

步骤 4：邮件合并分步向导第 3 步。单击“浏览”超链接，打开“选取数据源”对话框，在考生文件夹中选择“学生成绩表 .xlsx”工作簿，单击“打开”按钮，打开“选择表格”对话框，单击“确定”按钮，打开“邮件合并收件人”对话框，单击“确定”按钮。返回到 Word 文档后，单击“下一步：撰写信函”超链接。

步骤 5：在“撰写信函”栏中单击“其他项目”超链接，打开“插入合并域”对话框，在“域”列表框中选择“姓名”选项，单击“插入”按钮，单击“关闭”按钮。

步骤 6：将光标定位到“期末考试成绩报告单”表格的“姓名”右侧的单元格中，在窗格中继续单击“其他项目”超链接，打开“插入合并域”对话框，在“域”列表框中选择“姓名”选项，单击“插入”按钮，单击“关闭”按钮。

步骤 7：按照同样的方法，将光标定位到学号、语文、数学、英语、物理、化学和总分下面对应的单元格中，插入对应的合并域。

步骤 8：选择“语文”域名，单击鼠标右键，在弹出的快捷菜单中选择“切换域代码”命令，此时域名位置切换为域代码形式，将域代码修改为“{MERGEFIELD" 语文 "\#"0.00"}”（注意是在英文格式下输入），然后单击鼠标右键，在弹出的快捷菜单中执行“更新域”命令，即可设置“语文”成绩值保留两位小数。

步骤 9：按照同样的方法设置其余各个域名中的域代码。将工作表“初三 14 班期中成绩”中最后一行平均分复制到表格最后一行相应的单元格中。

7.【解题步骤】

步骤 1：选择红色标题“家长会通知”和“期末考试成绩报告单”，在【开始】→【字体】组的“字体”下拉列表框中选择“方正姚体”选项，在“字号”下拉列表框中选择“三号”选项，单击“字体颜色”按钮，在“段落”组中单击“居中”按钮。

步骤 2：选择黑色文本，在【开始】→【字体】组的“字体”下拉列表框中选择“宋体”选项，在“字号”下拉列表框中选择“小四”选项。

步骤 3：选择正文第 2 ～ 7 段（“时光荏苒……身体健康，万事如意！”）文本，在【段落】组中单击对话框启动器按钮，打开“段落”对话框。①在“缩进和间距”选项卡的“缩进”栏的“特殊格式”下拉列表框中选择“首行缩进”选项；②在“磅值”数值框中输入“2 字符”；③在“间距”栏的“行距”下拉列表框中选择“1.5 倍行距”选项；④单击“确定”按钮，如图 3-5 所示。

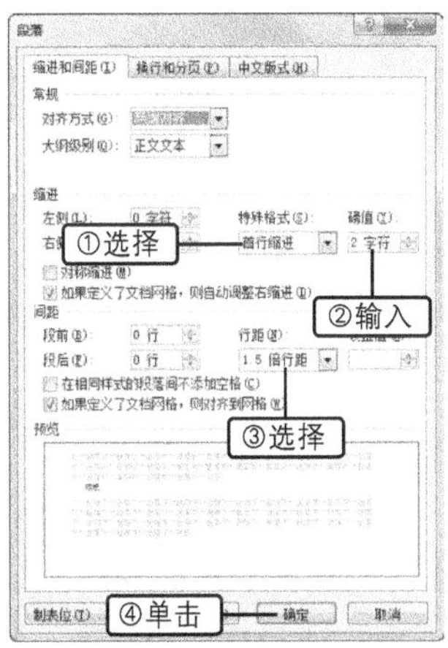

图 3-5　设置缩进和间距

步骤 4：选择通知的最后两行文本，在“段落”组中单击“文本右对齐”按钮。

8.【解题步骤】

步骤 1：在【邮件】→【开始邮件合并】组中单击“编辑收件人列表”按钮，打开“邮件合并收件人”对话框，取消选中标题栏中的复选框，分别单击选中“学号”为 C121401 ～ C121405、C121416 ～ C121420、C121440 ～ C121444 的 15 位同学对应的复选框，单击“确定”按钮。

步骤 2：在“完成”组中单击“完成并合并”下拉按钮，在弹出的下拉列表中选择“编辑单个文档”选项，打开“合并到新文档”对话框，单击选中“全部”单选项，单击“确定”按钮。

步骤 3：在快速访问工具栏中单击“保存”按钮，打开“另存为”对话框，在“文件名”文本框中输入“正式家长会通知”，单击“保存”按钮，关闭“正式家长会通知 .docx”文档。

9.【解题步骤】

在快速访问工具栏中单击“保存”按钮，保存“Word.docx”文档，最后关闭“Word.docx”文档。

三、电子表格题

视频演示

素材：考生文件夹 \ 全真模拟题（1）\ Excel 素材 .xlsx、员工档案 .csv

效果：效果文件夹 \ 全真模拟题（1）\ Excel.xlsx

1.【解题步骤】

打开考生文件夹下的“Excel 素材 .xlsx”工作簿，选择【开始】→【另存为】选项，打开“另存为”对话框，在“文件名”文本框中输入“Excel”，将其保存到考生文件夹下，单击“保存”按钮。

2.【解题步骤】

步骤 1：在工作簿底部单击“插入工作表”按钮。

步骤 2：双击新插入的工作表标签，使其呈可编辑状态，在其中输入“员工基础档案”，按【Enter】键，将其移动到“年终奖金”工作表的左侧。

步骤 3：再在其上单击鼠标右键，在弹出的快捷菜单中选择“工作表标签颜色”选项，在弹出的子菜单的“标准色”栏中选择“红色”选项。

3.【解题步骤】

步骤 1：在“员工基础档案”工作表中选择 A1 单元格，在【数据】→【获取外部数据】组中单击“自文本”按钮，打开“导入文本文件”对话框，选择考生文件夹下的“员工档案 .csv”文件，单击“导入”按钮。

步骤 2：打开“文本导入向导 - 第 1 步，共 3 步”对话框，在“文件原始格式”对应的列表框中选择“20936：简体中文（GB2312-80）”选项，单击“下一步”按钮。

步骤 3：打开“文本导入向导 - 第 2 步，共 3 步”对话框，在“分隔符号”栏中单击选中“逗号”复选框，单击“下一步”按钮。

步骤 4：打开“文本导入向导 - 第 3 步，共 3 步”对话框，在“数据预览”栏的列表框中单击“身份证号”列，在“列数据格式”栏中单击选中“文本”单选项；在“数据预览”栏的列表框中单击“出生日期”列，在“列数据格式”栏中单击选中“日期”单选项；按照同样的方法，将“入职时间”列设置为“日期”类型，设置完成后，单击“完成”按钮，打开“导入数据”对话框，采用默认设置，单击“确定”按钮。

步骤 5：选择工作表中的“部门”列，在【开始】→【单元格】组中单击“插入”按钮下方的下拉按钮，在弹出的下拉列表中选择“插入工作表列”选项。

步骤 6：将光标置于工作表中的 A1 单元格中的“号”字之后，按 3 次空格键，然后选择 A 列，在【数据】→【数据工具】组中单击“分列”按钮，打开“文本分列向导 - 第 1 步，共 3 步”对话框。

步骤 7：在“原始数据类型”栏中单击选中“固定宽度”单选项，单击“下一步”按钮，打开“文本分列向导 - 第 2 步，共 3 步”对话框。

步骤 8：在“数据预览”栏中单击设置分割线，分割“工号”和“姓名”。

步骤 9：单击“下一步”按钮，打开“文本分列向导 - 第 3 步，共 3 步”对话框，在“数据预览”栏中单击“工号”列，在“列数据格式”栏中单击选中“文本”单选项，单击“完成”按钮。

步骤 10：选择工作表中的 L、M、N 这 3 列数据，在【开始】→【单元格】组中单击“格式”按钮，在弹出的下拉列表中选择“设置单元格格式”选项。

步骤 11：打开“设置单元格格式”对话框，①在“分类”列表框中选择“会计专用”选项；②在“货币符号”下拉列表框中选择“无”选项；③单击“确定”按钮，如图 3-6 所示。

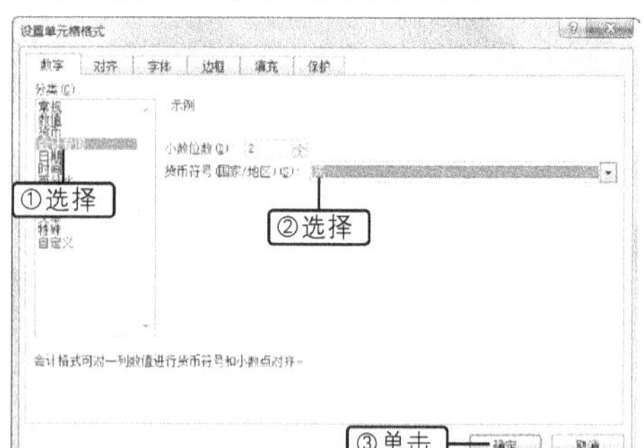

图 3-6　设置单元格格式

步骤 12：选择工作表中的所有行，在【开始】→【单元格】组中单击“格式”按钮，在弹出的下拉列表的“单元格大小”栏中选择“行高”选项，打开“行高”对话框,在“行高”文本框中输入“18”，单击“确定”按钮，调整行高，然后利用鼠标调整某些列的列宽。

步骤 13: 在【插入】→【表格】组中单击“表格”按钮，打开“创建表”对话框。①在“表数据的来源”文本框中输入“=$A$1:$N$102”；②单击选中“表包含标题”复选框；③单击“确定”按钮；④打开 Microsoft Excel 提示框，单击“是”按钮，如图 3-7 所示。

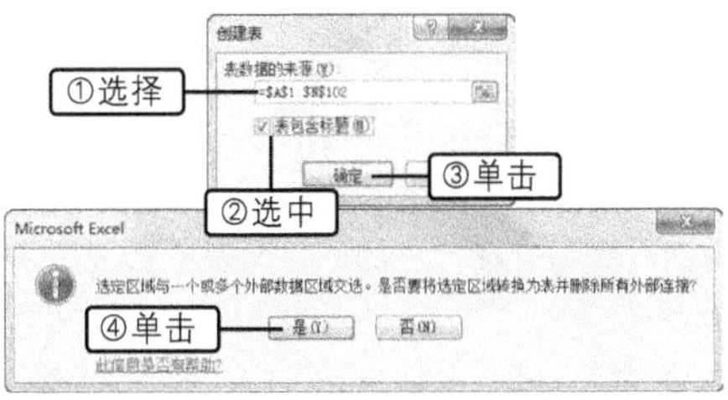

图 3-7　创建表

步骤 14： 在【表格工具 设计】→【属性】组的“表名称”文本框中输入“档案”。

4.【解题步骤】

步骤 1: 选择“员工基础档案”工作表，在 F2 单元格中输入公式“=IF(MOD(MID(E2,17,1),2)=1,"男","女")”，按【Ctrl+Enter】组合键确认输入，拖动 F2 单元格右下角的填充柄向下填充到 F102 单元格中。

步骤 2： 在 G2 单元格中输入公式“=MID(E2,7,4)&"年"&MID(E2,11,2)&"月"&MID(E2,13,2)&"日"”，按【Ctrl+Enter】组合键确认输入，拖动 G2 单元格右下角的填充柄向下填充到 G102 单元格中。

步骤 3: 在 H2 单元格中输入公式“=INT(DAYS360([@出生日期],DATE(2015,9,30))/360)”,按【Ctrl+Enter】组合键确认输入，拖动 H2 单元格右下角的填充柄向下填充到 H102 单元格中。

步骤 4: 在 M2 单元格中输入公式“=IF(K2<1,0,IF(K2<10,K2*20,IF(K2<30,K2*30,K2*50)))”，按【Ctrl+Enter】组合键确认输入，拖动 M2 单元格右下角的填充柄向下填充到其他单元格中。

步骤 5: 在 N2 单元格中输入公式“=L2+M2”，按【Ctrl+Enter】组合键确认输入，拖动 N2 单元格右下角的填充柄向下填充到其他单元格中。

5.【解题步骤】

步骤 1： 在“年终奖金”工作表 B4 单元格中输入公式“=VLOOKUP(A4,档案,2,0)”，按【Ctrl+Enter】组合键确认输入，拖动 B4 单元格右下角的填充柄向下填充到 B71 单元格中。

步骤 2: 在 C4 单元格中输入公式“=VLOOKUP(A4,档案,3,0)”，按【Ctrl+Enter】组合键确认输入，拖动 C4 单元格右下角的填充柄向下填充到 C71 单元格中。

步骤 3: 在 D4 单元格中输入公式“=VLOOKUP(A4,档案,14,0)”,按【Ctrl+Enter】组合键确认输入，拖动 D4 单元格右下角的填充柄向下填充到 D71 单元格中。

步骤 4： 在 E4 单元格中输入公式“=D4*12*0.15”，按【Ctrl+Enter】组合键确认输入，拖动 E4 单元格右下角的填充柄向下填充到其他单元格中。

6.【解题步骤】

步骤 1： 在“年终奖金”工作表 F4 单元格中输入公式“=E4/12”，按【Ctrl+Enter】组合键确认输入，拖动 F4 单元格右下角的填充柄向下填充到 F71 单元格中。

步骤 2： 在 G4 单元格中输入公式“=IF(F4<=1500,E4*0.03,IF(F4<=4500,E4*0.1-105,IF(F4<=9000,E4*0.2-555,IF(F4<=35000,E4*0.25-1005,IF(F4<=55000,E4*0.3-2755,IF(F4<=80000,E4*0.35-5505,E4*0.45-1350-5))))))”，按【Ctrl+Enter】组合键确认输入，拖动 G4 单元格右下角的填充柄向下填充到其他单元格中。

步骤 3： 在 H4 单元格中输入公式“=E4-G4”，按【Ctrl+Enter】组合键确认输入，拖动 H4 单元格右下角的填充柄向下填充到其他单元格中。

7.【解题步骤】

步骤 1： 在“12 月工资表”工作表的 E4 单元格中输入公式“=VLOOKUP(A4,年终奖金!$A$4:$H$71,5,0)”，按【Ctrl+Enter】组合键确认输入，拖动 E4 单元格右下角的填充柄向下填充到 E71 单元格中。

步骤 2: 在 L4 单元格中输入公式“=VLOOKUP(A4,年终奖金!$A$4:$H$71,7,0)”，按【Ctrl+Enter】组合键确认输入，拖动 L4 单元格右下角的填充柄向下填充到 L71 单元格中。

步骤 3： 在 M4 单元格中输入公式“=H4-I4-K4-L4”，按【Ctrl+Enter】组合键确认输入，拖动 M4 单元格右下角的填充柄向下填充到其他单元格中。

8.【解题步骤】

步骤 1： 在“工资条”工作表的 A2 单元格

中输入公式“=CHOOSE(MOD(ROW(),3)+1,OFFSET('12月工资表'!A$3,ROW()/3,),"",'12月工资表'!A$3)”，按【Ctrl+Enter】组合键确认输入，拖动A2单元格右下角的填充柄向右填充到M2单元格。

步骤2：选择A2:M2单元格区域，拖动M2单元格的填充柄向下填充到第4行。

步骤3：选择D3:M3单元格区域，在【开始】→【单元格】组中单击“格式”按钮，在弹出的下拉列表中选择“设置单元格格式”选项，打开“设置单元格格式”对话框。①在“分类”列表框中选择“数值”选项；②单击选中“使用千位分隔符”复选框；③单击“确定”按钮，如图3-8所示。

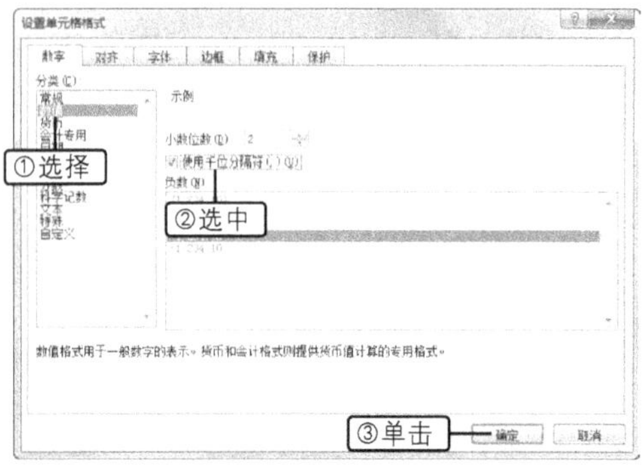

图3-8　设置单元格格式

步骤4:选择A2:M4单元格区域,在【开始】→【单元格】组中单击“格式”按钮，在弹出的下拉列表的“单元格大小”栏中选择“自动调整列宽”选项。

步骤5：选择A2:M4单元格区域，拖动M4单元格的填充柄向下填充到M22单元格。

步骤6:选择A1:M22单元格区域,在【开始】→【字体】组中单击“下框线”按钮右侧的下拉按钮，在弹出的下拉列表的“边框”栏中选择“所有框线”选项。

步骤7：选择A1:M1单元格区域，在【开始】→【编辑】组中单击“排序和筛选”按钮，在弹出的下拉列表中选择“筛选”选项；单击A1单元格右侧的下拉按钮，在弹出的下拉列表框中取消选中“全选”复选框,单击选中列表框最下面的“(空白)”复选框，单击“确定”按钮。

步骤8：选择所有空白行（注意：只包括行号1～22),在【开始】→【单元格】组中单击“格式”按钮，在弹出的下拉列表的“单元格大小”栏中选择“行高”选项，打开“行高”对话框，在“行高”文本框中输入“40”，单击“确定”按钮。

步骤9：在【开始】→【字体】组中单击“下框线”按钮右侧的下拉按钮，在弹出的下拉列表中选择“其他边框”选项，打开“设置单元格格式”对话框，单击“边框”选项卡，在“边框”栏中单击“左边框”“中边框”“右边框”按钮，去除这3个位置的框线，单击“确定”按钮。

步骤10：单击A1单元格右侧的下拉按钮，在弹出的下拉列表框中单击选中“全选”复选框，单击“确定”按钮。

步骤11:在【开始】→【编辑】组中单击“排序和筛选”按钮,在弹出的下拉列表中选择“筛选”选项，取消第1行的筛选按钮。

9.【解题步骤】

步骤1：选择“工资条”工作表的A1:M22单元格区域，在【页面布局】→【页面设置】组中单击“打印区域”按钮,在弹出的下拉列表中选择“设置打印区域”选项，在“页面设置”组中单击“纸张方向”按钮，在弹出的下拉列表中选择“横向”选项。

步骤2：在“页面设置”组中单击“页边距”按钮，在弹出的下拉列表中选择“自定义边距”选项，打开“页面设置”对话框，在“居中方式”栏中单击选中“水平”复选框。

步骤3：单击“页面”选项卡，在“缩放”栏中单击选中“调整为”单选项,单击“确定”按钮。

步骤4:单击快速访问工具栏中的“保存”按钮。

四、演示文稿题

视频演示

素材：考生文件夹\全真模拟题（1）\PPT素材.docx、Pic1.png、Logo.jpg

效果：效果文件夹\全真模拟题（1）\PPT.pptx

1.【解题步骤】

步骤1：启动PowerPoint 2010，选择【文件】→【另存为】选项,打开“另存为”对话框,在“文件名”文本框中输入“PPT”，设置保存位置为考生文件夹，单击“保存”按钮。

步骤2：在幻灯片窗格中选择第1张幻灯片，按【Delete】键将其删除，在【开始】→【幻灯片】组单击“新建幻灯片”按钮下方的下拉按钮，在弹出的下拉列表中选择“幻灯片（从大纲）”选项，打开“插入大纲”对话框,在考生文件夹中选择“PPT素材.docx”文档，单击“插入”按钮。

2.【解题步骤】

步骤1：在幻灯片窗格中选择第1张幻灯片，在【开始】→【幻灯片】组中单击“版式”下拉按钮，在弹出的下拉列表框的“Office 主题”栏中选择“标题幻灯片”选项。

步骤 2：在【插入】→【图像】组中单击“剪贴画”按钮，在右侧打开“剪贴画”任务窗格，在“搜索文字”文本框中输入“技术”,单击右侧的“搜索”按钮，从搜索结果中选择一张剪贴画，单击将其添加到幻灯片中，适当调整大小与位置，并移动到页面的右下角位置，最后关闭“剪贴画”任务窗格。

步骤 3：选择标题文本框，在【动画】→【动画】组的样式列表框中单击右下角的下拉按钮，在弹出的下拉列表框的“进入”栏中选择“轮子”选项；选择副标题文本框，在“动画”组的样式列表框中单击右下角的下拉按钮，在弹出的下拉列表框的“进入”栏中选择“形状”选项，在“动画”组中单击“效果选项”下拉按钮，在弹出的下拉列表的“序列”栏中选择“作为一个对象”选项；选择插入的剪贴画，在“动画”组的样式列表框中单击右下角的下拉按钮，在弹出的下拉列表框的“进入”栏中选择“擦除”选项。

步骤 4:在“计时”组中单击两次“向前移动”按钮，将图片的动画顺序号调整为“1”；选择副标题文本框，在“计时”组中单击“向前移动”按钮，将其动画顺序号调整为“2”。

3.【解题步骤】

步骤 1:选择第 2 张幻灯片，在【开始】→【幻灯片】组中单击“版式”下拉按钮，在弹出的下拉列表框的“Office 主题”栏中选择“两栏内容”选项。

步骤 2:参考考生文件夹中的“PPT 素材 .docx”文档，选择左侧文本框中一级文本及其后面的二级文本内容，剪切到右侧的内容框中。

步骤 3：选择左侧文本框，在【开始】→【段落】组中单击“转换为 SmartArt”下拉按钮，在弹出的下拉列表中选择“其他 SmartArt 图形”选项。

步骤 4:①打开“选择 SmartArt 图形”对话框，在左侧的列表框中单击“列表”选项卡；②在中间的列表框中选择“垂直框列表”选项;③单击“确定”按钮，如图 3-9 所示。

步骤 5:在【SmartArt 工具 设计】→【SmartArt 样式】组的样式列表框中单击右下角的下拉按钮，在弹出的下拉列表框的“三维”栏中选择“平面场景”选项;在“SmartArt 样式”组中单击“更改颜色”下拉按钮，在弹出的下拉列表框的“彩色”栏中选择“彩色范围 - 强调文字颜色 2 至 3”选项。

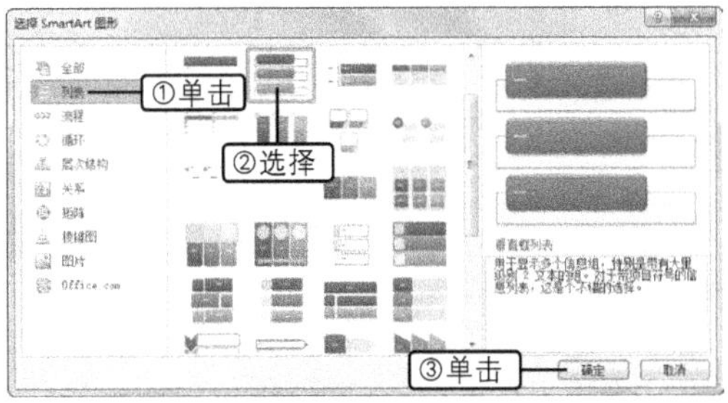

图 3-9　选择 SmartArt 图形样式

步骤 6：选择右侧文本框，在【开始】→【段落】组中单击“转换为 SmartArt”下拉按钮，在弹出的下拉列表中选择“其他 SmartArt 图形”选项。

步骤 7:①打开“选择 SmartArt 图形”对话框，在左侧的列表框中单击“关系”选项卡；②在中间的列表框中选择“射线维恩图”选项;③单击“确定”按钮，如图 3-10 所示。

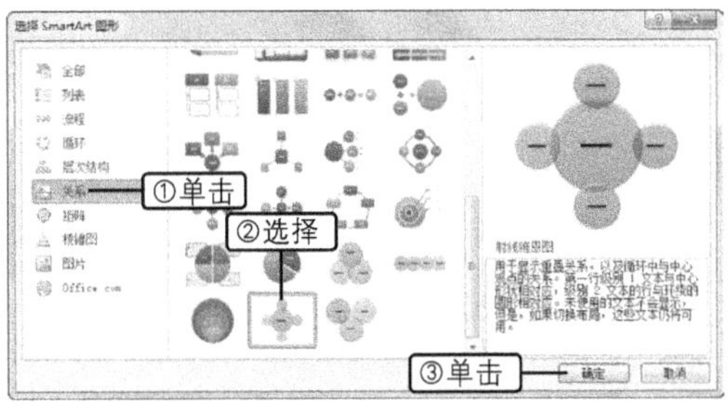

图 3-10　选择 SmartArt 图形样式

步骤 8:在【SmartArt 工具 设计】→【SmartArt 样式】组中单击右下角的下拉按钮，在弹出的下拉列表框的“三维”栏中选择“卡通”选项;在“SmartArt 样式”组中单击“更改颜色”下拉按钮，在弹出的下拉列表框的“彩色”栏中选择“彩色范围 - 强调文字颜色 5 至 6”选项。

步骤 9：在左侧文本框中选择“高新技术企业认定”文本，在【插入】→【链接】组中单击“超链接”按钮，打开“插入超链接”对话框，在“链接到”列表框中单击“本文档中的位置”按钮，在“请选择文档中的位置”列表框中选择“4. 一、高新技术企业认定”选项，最后单击“确定”按钮。

步骤 10：在右侧的 SmartArt 图形中选择“技术合同登记”文本，在“链接”组中单击“超链接”按钮，打开“插入超链接”对话框，在“请选择文档中的位置”列表框中选择“25. 四、技术合同登记”选项，最后单击“确定”按钮。

4.【解题步骤】

步骤 1：在幻灯片窗格中选择第 3 张幻灯片，

在文本框中选择第 2 段文本，在【开始】→【段落】组中单击“提高列表级别”按钮，将该段落向右缩进一级。

步骤 2：在“字体”组中单击“字体颜色”按钮右侧的下拉按钮，在弹出的下拉列表框的“标准色”栏中选择“红色”选项。

步骤 3：在【插入】→【链接】组中单击“超链接”按钮，打开“插入超链接”对话框。①在左侧的“链接到”列表框中单击“现有文件或网页”按钮；②在右侧的“地址”下拉列表框中输入“http://www.***.com/”；③单击“确定”按钮，如图 3-11 所示。

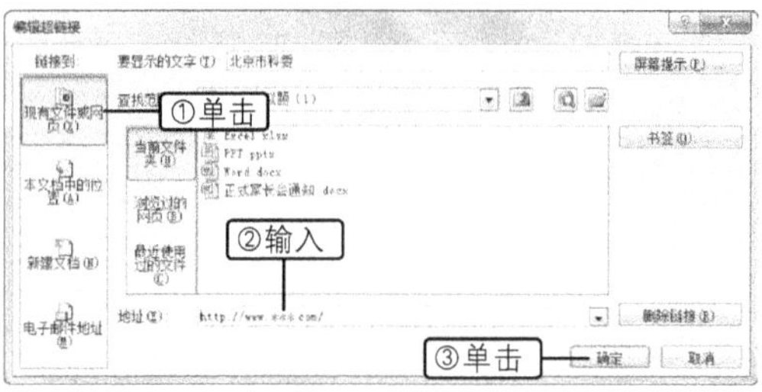

图 3-11　插入超链接

步骤 4:在【设计】→【主题】组中单击“颜色”下拉按钮，在弹出的下拉列表框中选择“新建主题颜色”选项，打开“新建主题颜色”对话框，在“主题颜色”栏中单击“超链接”右侧的颜色下拉按钮，在弹出的下拉列表框的“标准色”栏中选择“红色”选项；单击“已访问的超链接”右侧的颜色下拉按钮，在弹出的下拉列表框的“标准色”栏中选择“蓝色”选项，设置完成后单击“保存”按钮。

步骤 5：选择标题文本框，在【动画】→【动画】组的样式列表框中单击右下角的下拉按钮，在弹出的下拉列表框的“进入”栏中选择“飞入”选项；选择内容文本框，在“动画”组的样式列表框中单击右下角的下拉按钮，在弹出的下拉列表框的“进入”栏中选择“浮入”选项。

步骤 6:在“高级动画”组中单击“动画窗格”按钮，打开“动画窗格”任务窗格，单击“2 所有政策及……”选项右侧的下拉按钮，在弹出的下拉列表中选择“效果选项”选项，打开对应对话框，在“效果”选项卡的“增强”栏的“声音”下拉列表框中选择“锤打”选项，单击“正文文本动画”选项卡，在“组合文本”下拉列表框中选择“按第二级段落”选项，单击“确定”按钮。

5.【解题步骤】

步骤 1：在幻灯片窗格中选择第 6 张幻灯片，在【开始】→【幻灯片】组中单击“版式”下拉按钮，在弹出的下拉列表框的“Office 主题”栏中选择“标题和内容”选项。

步骤 2:参考考生文件夹中的“PPT 素材 .docx”文件，选择内容文本框，按【Delete】键删除，在内容占位符中单击“插入表格”按钮，打开“插入表格”对话框，在“列数”数值框中输入“2”，在“行数”数值框中输入“7”，单击“确定”按钮。

步骤 3：参考素材文件中的内容，输入标题并复制相关段落文本到表格的相应单元格中，在【开始】→【字体】组的“字体”下拉列表框中选择“宋体”选项，在“字号”下拉列表框中选择“12”选项；在【表格工具 设计】→【表格样式】组的样式列表框中单击右下角的下拉按钮，在弹出的下拉列表框的“淡”栏中选择“浅色样式 1- 强调 4”选项。

步骤 4：在【动画】→【动画】组的样式列表框中单击右下角的下拉按钮，在弹出的下拉列表框的“进入”栏中选择“形状”选项。

步骤 5：在幻灯片窗格中选择第 11 张幻灯片，在【开始】→【幻灯片】组中单击“版式”下拉按钮，在弹出的下拉列表框的“Office 主题”栏中选择“内容与标题”选项；在右侧的内容占位符中单击“插入来自文件的图片”按钮，打开“插入图片”对话框，在考生文件夹中选择“Pic1.png”图片文件，单击“插入”按钮。

6.【解题步骤】

步骤 1:在【视图】→【母版视图】组中单击“幻灯片母版”按钮，切换到“幻灯片母版视图”界面，在幻灯片窗格中选择第 1 张幻灯片，在【插入】→【图像】组中单击“图片”按钮，在考生文件夹中选择“Logo.jpg”图片文件，单击“插入”按钮，适当调整该图片的大小和位置，使其位于母版页面的左上角。

步骤 2：选择插入的图片文件，在【图片工具 格式】→【排列】组中单击“下移一层”按钮右侧的下拉按钮，在弹出的下拉列表中选择“置于底层”选项。

步骤 3：在【幻灯片母版】→【关闭】组中单击“关闭母版视图”按钮。

步骤 4：在【插入】→【文本】组中单击“幻灯片编号”按钮，打开“页眉和页脚”对话框，在“幻灯片包含内容”栏中单击选中“日期和时间”复选框，在“自动更新”单选项下面的下拉列表框中选择“年月日”日期格式对应的选项，并单击选中“幻灯片编号”和“标题幻灯片中不显示”复选框，设置完成后单击“全部应用”按钮。

7.【解题步骤】

步骤 1：在幻灯片窗格中选择第 1 张幻灯片，在【开始】→【幻灯片】组中单击“节”下拉按钮，在弹出的下拉列表中选择“新增节”选项，然后继续在“幻灯片”组中单击“节”下拉按钮，在弹出的下拉列表中选择“重命名节”选项，打开“重命名节”对话框，在“节名称”文本框中输入“高新科技政策简介”，单击“重命名”按钮。

步骤 2：然后用同样的方法，为第 4 张幻灯片新增节，输入节名称为“高新技术企业认定”；为第 13 张幻灯片新增节，输入节名称为“技术先进型服务企业认定”；为第 20 张幻灯片新增节，输入节名称为“研发经费加计扣除”；为第 25 张幻灯片新增节，输入节名称为“技术合同登记”；为第 33 张幻灯片新增节，输入节名称为“其他政策”。

步骤 3：在幻灯片窗格中选择第 1 节的标题，①在【设计】→【主题】组的样式列表框中单击右下角的下拉按钮；②在弹出的下拉列表框的“内置”栏中选择“聚合”选项；③然后在【切换】→【切换到此幻灯片】组中的样式列表框中单击右下角的下拉按钮；④在弹出的下拉列表框的“华丽型”栏中选择“溶解”选项，如图 3-12 所示。

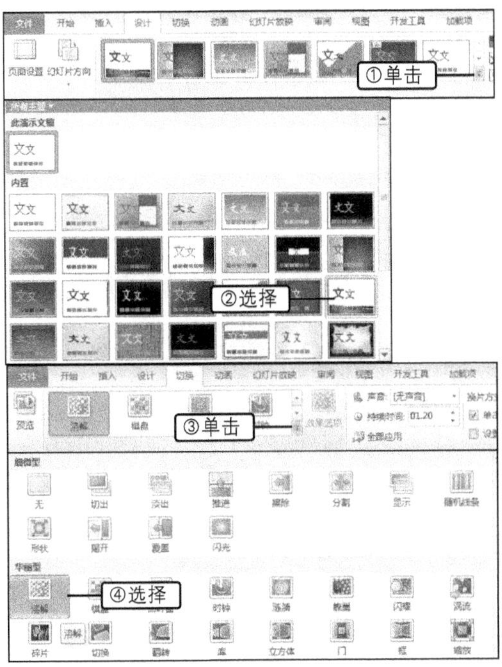

图 3-12　设置主题和切换动画

步骤 4：然后用同样的方法，为第 2 节的标题设置主题为“华丽”，切换动画为“棋盘”；为第 3 节的标题设置主题为“波形”，切换动画为“时钟”；为第 4 节的标题设置主题为“奥斯汀”，切换动画为“闪耀”；为第 5 节的标题设置主题为“角度”，切换动画为“切换”；为第 6 节的标题设置主题为“活力”，切换动画为“碎片”。

步骤 5：设置完成后，在快速访问工具栏中单击“保存”按钮，关闭演示文稿文件。

无纸化全真模拟题套卷（2）参考答案及解析

一、选择题

1. A【解析】本题考查面向对象方法的相关知识。对象具有的基本特点包括标识唯一性、分类性、多态性、封装性、模块独立性好等，故一致性不在此列。本题答案为 A 选项。

2. C【解析】本题考查面向对象方法的基本概念。对象具有标识唯一性，A 选项错误；数据和操作（方法）等可以封装成一个对象，B 选项错误；对象具有封装性，C 选项正确；消息传递是对象间的通信手段，D 选项错误。

3. A【解析】本题考查软件定义与软件特点。应用软件是为了某个特定领域的应用而开发的软件，人事管理系统属于应用软件。Oracle 数据库管理系统、C++ 编译系统、iOS 操作系统均是系统软件。

4. A【解析】本题考查软件过程与软件生命周期。软件生命周期可以分为软件定义、软件开发与软件运行维护 3 个阶段。软件总体设计、详细设计、编码、测试均属于开发阶段任务，A 选项符合题意，B、C、D 选项不符合题意。

5. A【解析】本题考查需求分析与需求分析方法。需求分析阶段的工作可以分为 4 个方面：需求获取、需求分析、编写需求规格说明书和需求评审，A 选项符合题意，B、C、D 选项不符合题意。

6. C【解析】本题考查软件设计工具。软件设计常用的工具包括图形工具（程序流程图、N-S 图、PAD 图、HIPO）、表格工具（判定表）、语言工具（PDL），A、B、D 选项不符合题意；数据流程图不能作为软件设计工具，C 选项符合题意。

7. A【解析】本题考查软件需求规格说明书。软件需求规格说明书的特点有正确性、无歧义性、完整性、可验证性、一致性、可理解性、可修改性、可追踪性，A 选项属于软件需求规格说明书的特点，不属于其内容，故 A 选项符合题意；软件需求规格说明应重点描述软件的目的，软件的功能需求、性能需求、外部接口、属性及约束条件等，B、C、D 选项不符合题意。

8. C【解析】本题考查软件设计的基本概念。软件设计属于软件开发期任务，通常又分为概要设计和详细设计两个阶段，设计阶段的任务包括给出软件的结构、模块的划分、功能的分配及处理流程，需求分析属于软件定义期任务，C 选项符合题意。

9. B【解析】本题考查数据流图。数据流图对加工处理建立唯一、层次性的编号，且每个加工处理通常要求既有输入又有输出，A 选项不符合题意；数据存储之间不应有数据流，B 选项符合题意；数据流图的一致性，即输入 / 输出、读写的对应，C 选项不符合题意；相邻两层 DFD 之间具有父子关系，子图代表了父图中某个加工的详细描述，父图代表了子图间的接口，D 选项不符合题意。

10. C【解析】本题考查软件测试的目的。软件测试就是在软件投入运行之前，尽可能多地发现软件中的错误，C 选项符合题意。

11. A【解析】第一台计算机诞生于第二次世界大战期间，美国军方为了解决计算大量军用数据的难题，成立了由宾夕法尼亚大学莫克利和埃克特领导的研究小组，开始研制世界上第一台电子计算机。答案应为数值计算，故选 A。

12. B【解析】6GB=6×1 024MB，6×1 024MB ÷280MB≈21.9，故选 B。

13. A【解析】财务管理系统属于应用软件而不是系统软件，故选 A。

14. D【解析】常见的网络拓扑结构主要有星形、环形、总线型、树形和网状等。在星形拓扑结构中，每个结点与中心结点连接，中心结点控制全网的通信，任何两结点之间的通信都要经过中心结点，故选 D。

15. D【解析】本题考查 Word 中的查找功能，题目中叙述的功能是能够查找出输入单词的其他形式，可以通过选择【开始】→【编辑】组，单击“查找”按钮右侧的下拉按钮，在弹出的下拉列表中选择“高级查找”选项，打开“查找和替换”对话框，单击“查找”选项卡，同时单击“更多”按钮，在展开的“搜选选项”栏中单击选中“查找单词的所有形式（英文）”复选框，即可查找输入单词的所有形式，故选 D。

16. D【解析】尾注一般用于在文档和书籍中显示引用资料的来源，或者用于输入说明性或补充性的信息。尾注位于文档的结尾处或者指定的结尾，故选 D。

17. A【解析】本题考查 IF 函数的使用方法，IF 函数的条件表达式不能使用双引号，故 C 和 D 选项错误。根据题意，当工资总额大于 800 时，实发工资 = 工资 -（工资总额 -800）× 税率，故选 A。

18. B【解析】数据透视表对应的数据源发生变化时，可以直接单击【选项】→【数据】组中的“刷新”按钮，快速更新数据透视表中的数据，故选 B。

19. D【解析】在 PowerPoint 演示文稿中，可以使用的对象有表格、图像（图片、剪贴画、屏幕截图、相册）、插图（形状、SmartArt、图表）、链接（链接、动作）、文本（文本框、页眉页脚、艺术字等）、符号、媒体（音频、视频）等，故选 D。

20. C【解析】本题考查将 Word 文档中的内容导入 PowerPoint 中，操作步骤如下：将 Word 文档打开，切换到大纲视图，然后选择 Word 文档中作为 PowerPoint 演示文稿每张幻灯片标题的内容，将大纲级别设置为 1 级，将 Word 文档中作为 PowerPoint 演示文稿每张内容的文本的大纲级别设置为 2 级，最后在【开始】→【幻灯片】组中单击“新建幻灯片”按钮下方的下拉按钮，在弹出的下拉列表中选择“幻灯片（从大纲）”选项，将 Word 内容转换成 PowerPoint 演示文稿中的每一张幻灯片，故选 C。

二、字处理题

素材：考生文件夹\全真模拟题（2）\Word 素材.docx
效果：效果文件夹\全真模拟题（2）\Word.docx
视频演示

1.【解题步骤】

打开考生文件夹中的“Word 素材.docx”文档，选择【文件】→【另存为】选项，打开“另存为”对话框，在“文件名”文本框中输入“Word”，设置保存位置为考生文件夹，单击“保存”按钮。

2.【解题步骤】

步骤 1：在【页面布局】→【页面设置】组中单击右下角的对话框启动器按钮，打开“页面设置”对话框。

步骤 2：单击“纸张”选项卡，在“纸张大小”下拉列表框中选择“A4”选项；单击“页边距”选项卡，在“页边距”栏的“左”和“右”数值框中输入“2 厘米”,在“上”和“下”数值框中输入“2.3 厘米”,设置完成后单击“确定”按钮,关闭对话框。

3.【解题步骤】

步骤 1：选择除表格外的所有内容（可以使用 Ctrl 键,选择不连续的文本区域),在【开始】→【字体】组中单击右下角的对话框启动器按钮。

步骤 2：打开“字体”对话框,①在“字体”选项卡的“中文字体”下拉列表框中选择“仿宋”选项;②在“西文字体”下拉列表框中选择“Times New Roman”选项;③在“字号”列表框中选择“四号”选项;④设置完成后单击“确定”按钮,如图 3-13 所示。

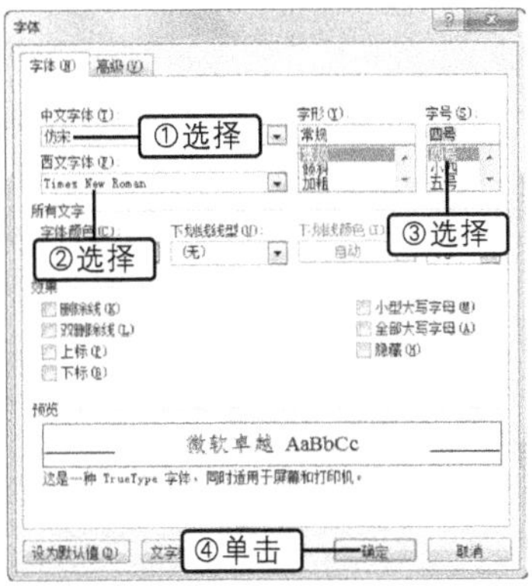

图 3-13　设置字体格式

步骤 3：选择除表格外的所有内容（可以使用 Ctrl 键,选择不连续的文本区域),在【开始】→【段落】组中单击右下角的对话框启动器按钮,打开“段落”对话框,单击“缩进和间距”选项卡,在“缩进”栏中的“特殊格式”下拉列表框中选择“首行缩进”选项,在“磅值”数值框中输入“2 字符”,在“间距”栏的“行距”下拉列表框中选择“单倍行距”选项,设置完成后单击“确定”按钮。

4.【解题步骤】

步骤 1：选择文档第一段内容“企业质量管理浅析”,在【开始】→【样式】组的列表框中选择“标题 1”选项;在“段落”组中单击“居中”按钮。

步骤 2：按住【Ctrl】键,依次选择“一、”“二、”“三、”“四、”“五、”“六、”对应的段落,在【开始】→【样式】组中单击列表框右下角的下拉按钮,在弹出的下拉列表框中选择“标题 2”选项。

5.【解题步骤】

选择文档中所有的蓝色文本,在“段落”组中单击“项目符号”按钮右侧的下拉按钮,在弹出的下拉列表框的“项目符号库”栏中选择“圆环”选项。

6.【解题步骤】

步骤 1：将光标定位到表格标题文本的左侧,在【页面布局】→【页面设置】组中单击“分隔符”按钮,在弹出的下拉列表的“分节符”栏中选择“下一页”选项;继续将鼠标光标定位到表格下方“在数据库中建立一张用户权限表……”文本的左侧,在【页面布局】→【页面设置】组中单击“分隔符”按钮,在弹出的下拉列表的“分节符”栏中选择“下一页”选项。

步骤 2：将光标定位到表格页中的任意位置,在【页面布局】→【页面设置】组中单击“纸张方向”按钮,在弹出的下拉列表中选择“横向”选项。

步骤 3:选择表格标题,在【开始】→【段落】组中单击“居中”按钮,设置标题居中显示。

步骤 4：选择表格最后一行,单击鼠标右键,在弹出的快捷菜单中选择“删除单元格”选项,打开“删除单元格”对话框,单击选中“删除整行”单选项,单击“确定”按钮。

步骤 5：选择整个表格,在【表格工具 布局】→【表】组中单击“属性”按钮,打开“表格属性”对话框。①在“表格”选项卡的“尺寸”栏中单击选中“指定宽度”复选框;②在右侧的数值框中输入“23 厘米”;③单击“行”选项卡;④在“尺寸”栏中单击选中“指定高度”复选框;⑤在右侧的数值框中输入“1.8 厘米”选项;⑥单击“确定”按钮,如图 3-14 所示。

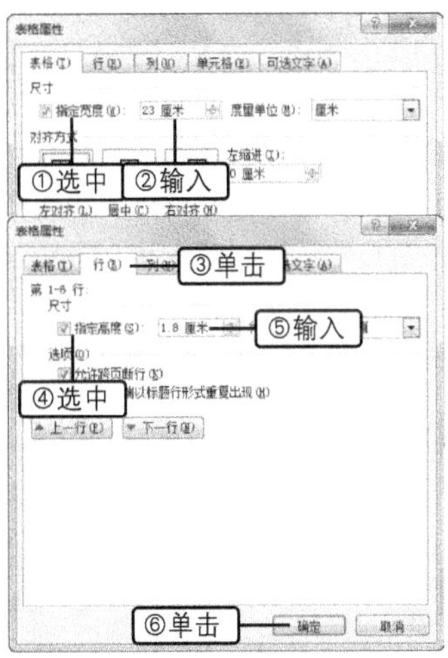

图 3-14　设置表格属性

7.【解题步骤】

步骤 1：将光标定位到表格中的任一单元格

内，在【表格工具 布局】→【数据】组中单击“排序”按钮，打开“排序”对话框。①在“列表”栏中单击选中“有标题行”单选项；②在“主要关键字”栏左侧的下拉列表框中选择“反馈单号”选项；③在右侧单击选中“升序”单选项；④单击“确定”按钮，如图 3-15 所示。

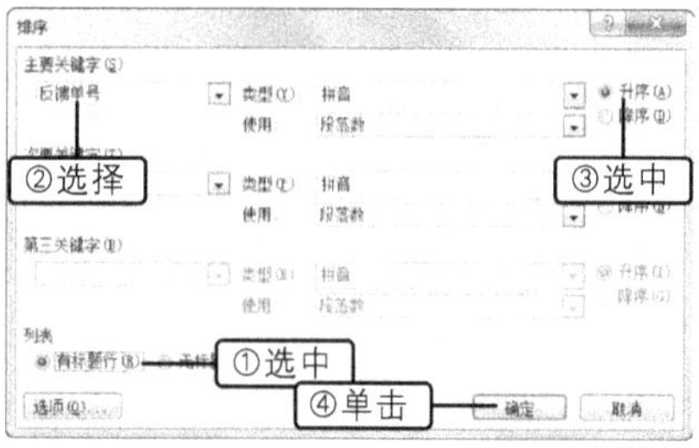

图 3-15　在表格中排序

步骤 2：选择整个表格，在【表格工具 设计】→【表格样式】组的列表框中单击右下角的下拉按钮，在弹出的下拉列表框的“内置”栏中选择“中等深浅网格 3”选项。

步骤 3：选择整个表格，在【表格工具 布局】→【对齐方式】组中单击“水平居中”按钮。

8.【解题步骤】

步骤 1：将光标定位到正文第 1 段“有人说：产量是……”文本左侧，在【引用】→【目录】组中单击“目录”下拉按钮，在弹出的下拉列表中选择“插入目录”选项，打开“目录”对话框。

步骤 2:单击右下角的“选项”按钮,打开“目录选项”对话框,将“标题 1”和“标题 3”对应的“目录级别”文本框中的“1”和“3”删除,只保留“标题 2”，单击“确定”按钮。

步骤 3:返回“目录”对话框,单击右下角的“修改”按钮，打开“样式”对话框，在“样式”列表框中选择“目录 2”选项，单击“修改”按钮，打开“修改样式”对话框。

步骤 4:在“修改样式”对话框底部单击“格式”下拉按钮,在弹出的下拉列表中选择“字体”选项,打开“字体”对话框,在“字号”列表框中选择“三号”选项，单击“确定”按钮，返回到“修改样式”对话框。

步骤 5：继续单击对话框底部的“格式”下拉按钮，在弹出的下拉列表中选择“段落”选项，打开“段落”对话框，在“间距”栏的“行距”下拉列表框中选择“多倍行距”选项，在右侧的“设置值”数值框中输入“3”,单击“确定”按钮返回“修改样式”对话框，继续单击“确定”按钮返回“样式”对话框,单击“确定”按钮返回“目录”对话框，单击“确定”按钮。

步骤 6：将光标定位到“有人说：产量是……”文本左侧，在【页面布局】→【页面设置】组中单击“分隔符”下拉按钮，在弹出的下拉列表的“分页符”栏中选择“分页符”选项。

9.【解题步骤】

步骤 1：在【插入】→【页眉和页脚】组中单击“页眉”按钮，在弹出的下拉列表框的“内置”栏中选择“空白”选项，进入页眉编辑界面。

步骤 2:在【页眉和页脚工具 设计】→【选项】组中单击选中“首页不同”复选框，在首页页眉位置输入“质量管理”。

步骤 3：将光标定位到正文第 1 页的页脚位置，输入“第页共页”，在【开始】→【段落】组中单击“文本右对齐”按钮。

步骤 4：在【插入】→【页眉和页脚】组中单击“页码”按钮，在弹出的下拉列表中选择“设置页码格式”选项,打开“页码格式”对话框。①在“页码编号”栏中单击选中“起始页码”单选项；②在右侧的数值框中输入“0”；③单击“确定”按钮，如图 3-16 所示。

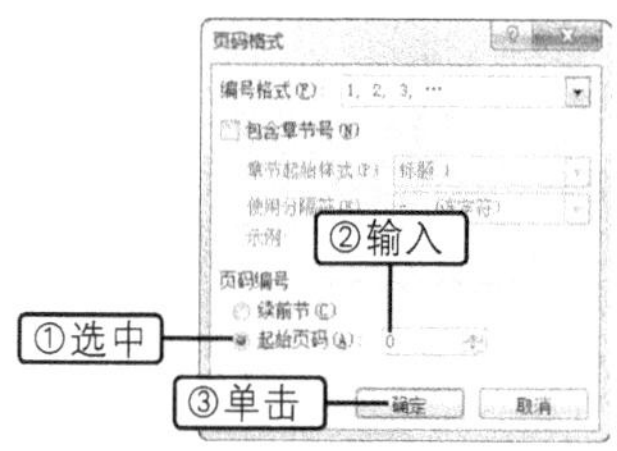

图 3-16　设置页码格式

步骤 5：将光标定位到“第”和“页”之间，按【Ctrl+F9】组合键插入域，在一对“{}”之间输入“Page”（注意：不包括双引号）；同理，将光标置于“共”和“页”之间，按【Ctrl+F9】组合键插入域，在一对“{}”之间输入“=”，再按【Ctrl+F9】组合键插入域，在一对“{}”之间输入“NUMPAGES”，在两个“}”之间输入“-1”。

步骤 6：设置完成后，按两次【Alt+F9】组合键查看显示结果；然后在【页眉和页脚工具 设计】→【关闭】组中单击“关闭页眉和页脚”按钮。。

步骤 7：在【引用】→【目录】组中单击“更新目录”按钮，打开“更新目录”对话框，单击选中“更新整个目录”单选项,最后单击“确定”按钮。

10.【解题步骤】

选择文档中除表格页外的所有内容,在【审阅】

→【保护】组中单击“限制编辑”按钮，在右侧打开“限制格式和编辑”任务窗格。①在“1. 格式设置限制”栏中单击选中“限制对选定的样式设置格式”复选框；②在“2. 编辑限制”栏中单击选中“仅允许在文档中进行此类型的编辑”复选框；③在下面的下拉列表框中选择“不允许任何更改（只读）”选项；④在“例外项”栏中单击选中“每个人”复选框；⑤在“3. 启动强制保护”栏中单击“是，启动强制保护”按钮；⑥打开“启动强制保护”对话框，按照默认设置，不设置密码，直接单击“确定”按钮，如图 3-17 所示。

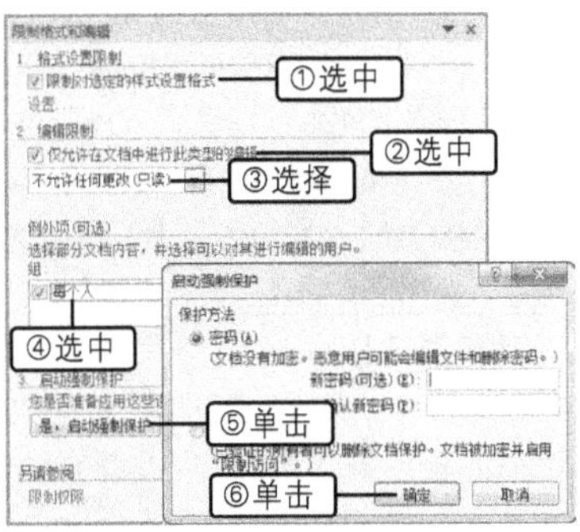

图 3-17　设置表格属性

11.【解题步骤】

步骤 1：单击【页面布局】→【页面背景】组中的“水印”下拉按钮，在弹出的下拉列表中选择“自定义水印”选项，打开“水印”对话框。

步骤 2：单击选中“文字水印”单选项，在“文字”下拉列表框中输入“质量是企业的生命”；在“字体”下拉列表框中选择“宋体”选项；在“字号”下拉列表框中选择“80”选项；在“颜色”下拉列表框的“标准色”栏中选择“黄色”选项；单击选中右侧的“半透明”复选框，在下面单击选中“斜式”单选项。设置完成后，单击“应用”按钮，然后单击“关闭”按钮。

步骤 3：单击快速访问工具栏中的“保存”按钮，然后关闭文档。

三、电子表格题

视频演示

素材：考生文件夹 \ 全真模拟题（2）\ 学生成绩 .xlsx、学生档案 .txt

效果：效果文件夹 \ 全真模拟题（2）\ 学生成绩 .xlsx

1.【解题步骤】

步骤 1：打开考生文件夹中的“学生成绩 .xlsx”工作簿，在“语文”工作表标签上单击鼠标右键，在弹出的快捷菜单中选择“插入”选项，打开“插入”对话框，在“常用”选项卡的列表框中选择“工作表”选项，单击“确定”按钮。

步骤 2：在新建的工作表标签上双击，输入“初三学生档案”，按【Enter】键。在该工作表标签上单击鼠标右键，在弹出的快捷菜单中选择“工作表标签颜色”选项，在弹出的子菜单的“标准色”栏中选择“紫色”选项。

2.【解题步骤】

步骤 1：在“初三学生档案”工作表中选择 A1 单元格，在【数据】→【获取外部数据】组中单击“自文本”按钮，打开“导入文本文件”对话框，在该对话框中选择考生文件夹中的“学生档案 .txt”文本文件，然后单击“导入”按钮。

步骤 2：打开“文本导入向导 - 第 1 步，共 3 步”对话框。①在“原始数据类型”栏中单击选中“分隔符号”单选项；②在“文件原始格式”下拉列表框中选择“54936：简体中文（GB18030）”选项；③单击“下一步”按钮，如图 3-18 所示。

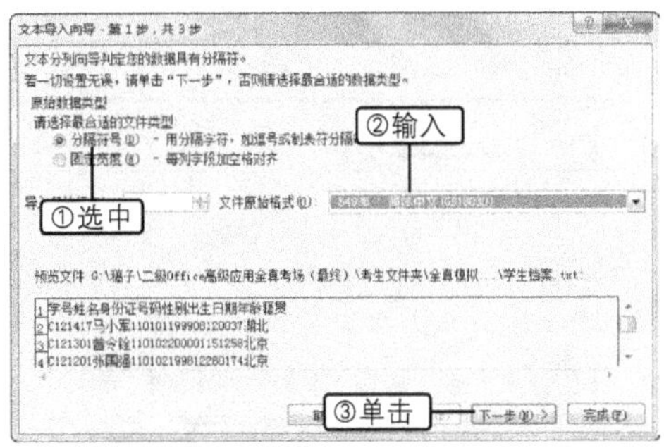

图 3-18　设置分隔符

步骤 3：打开“文本导入向导 - 第 2 步，共 3 步”对话框，在“分隔符号”栏中单击选中“Tab 键”复选框，然后单击“下一步”按钮。

步骤 4：打开“文本导入向导 - 第 3 步，共 3 步”对话框，在“数据预览”栏中单击选择“身份证号码”列，然后在“列数据格式”栏中单击选中“文本”单选项，单击“完成”按钮。打开“导入数据”对话框，保持默认，单击“确定”按钮。

步骤 5：返回“初三学生档案”工作表，选择 B 列单元格，单击鼠标右键，在弹出的快捷菜单中选择“插入”命令，然后选择 A1 单元格，将光标置于“学号”和“姓名”之间，按 3 次空格键，然后选择 A 列单元格，在“数据工具”组中单击“分列”按钮。

步骤 6：打开“文本分列向导 - 第 1 步，共 3 步”

对话框，在“原始数据类型”栏中单击选中“固定宽度”单选项，单击“下一步”按钮。

步骤7：打开“文本分列向导-第2步，共3步”对话框。①在“数据预览”栏的列表框的“学号”和“姓名”两列之间单击，建立分列线；②单击“下一步”按钮，如图3-19所示。

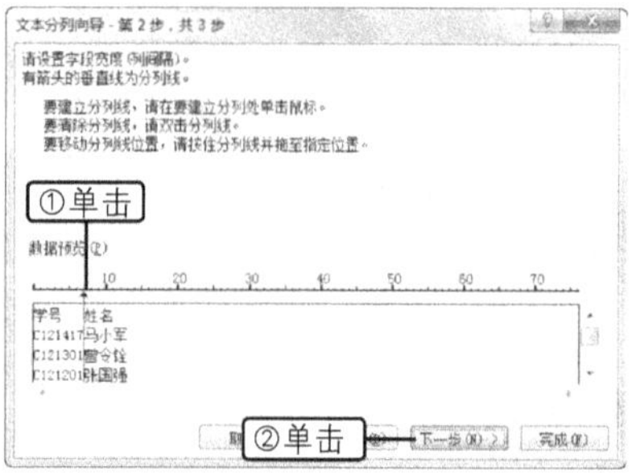

图3-19 设置分列线

步骤8：打开“文本分列向导-第3步，共3步”对话框，保持默认设置，单击“完成”按钮。

步骤9：选择A1:G56单元格区域，①在【开始】→【样式】组中单击“套用表格格式”下拉按钮；②在弹出的下拉列表框的“中等深浅”栏中选择“表样式中等深浅7”选项，如图3-20所示。

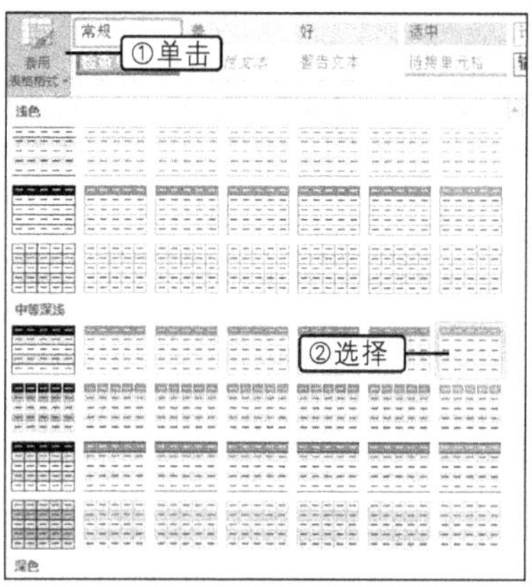

图3-20 套用表格格式

步骤10：打开“套用表格式”对话框，单击选中“表包含标题”复选框，单击“确定”按钮，然后再在弹出的提示框中单击“是”按钮。在【表格工具 设计】→【属性】组的“表名称”文本框中输入“档案”。

3.【解题步骤】

步骤1：选择D2单元格，在该单元格内输入函数“=IF(MOD(MID(C2,17,1),2)=1, " 男 "," 女 ")”，按【Enter】键确认。拖动D2单元格右下角的智能填充柄，向下填充至D56单元格。

步骤2：选择E2单元格，在该单元格内输入公式“=MID(C2,7,4)&" 年 "&MID(C2,11,2)&" 月 "&MID(C2,13,2)&" 日 "”，按【Enter】键确认。拖动E2单元格右下角的智能填充柄，向下填充至E56单元格。

步骤3：选择F2单元格，在该单元格内输入公式“=INT((TODAY()-E2)/365)”，按【Enter】键确认。拖动F2单元格右下角的智能填充柄，向下填充至F56单元格。

步骤4：选择A1:G56单元格区域，在【开始】→【对齐方式】组中单击“居中”按钮；在“单元格”组中单击“格式”下拉按钮，在弹出的下拉列表的“单元格大小”栏中选择“行高”选项，打开“行高”对话框，在“行高”文本框中输入“18”，单击“确定”按钮；在“单元格”组中单击“格式”下拉按钮，在弹出的下拉列表的“单元格大小”栏中选择“自动调整列宽”选项。

4.【解题步骤】

步骤1：选择“语文”工作表，选择B2单元格，在该单元格内输入函数“=VLOOKUP(A2, 初三学生档案 !$A$2:$B$56,2,0)”，按【Enter】键确认。拖动B2单元格右下角的智能填充柄，向下填充至B45单元格。

步骤2：选择F2单元格，在该单元格内输入“=C2*30%+D2*30%+E2*40%”，按【Enter】键确认。拖动F2单元格右下角的智能填充柄，向下填充至F45单元格。

步骤3：选择G2单元格，在该单元格内输入函数“=" 第 "&RANK(F2,$F$2:$F$45)&" 名 "”，按【Enter】键确认。拖动G2单元格右下角的智能填充柄，向下填充至G45单元格。

步骤4：选择H2单元格，在该单元格内输入公式“=IF(F2>=102," 优秀 ",IF(F2>=84," 良好 ",IF(F2>=72," 及格 "," 不及格 ")))”，按【Enter】键确认。拖动H2单元格右下角的智能填充柄，向下填充至H45单元格。

5.【解题步骤】

步骤1：在“语文”工作表中选择A1:H45单元格区域，按【Ctrl+C】组合键进行复制，单击“数学”工作表，选择A1:H45单元格区域，单击鼠标右键，在弹出的快捷菜单中选择“粘贴选项”栏中的“格式”选项，为该区域复制格式。

步骤2：继续选择“数学”工作表中的A1:H45单元格区域，在【开始】→【单元格】组中单击“格式”下拉按钮，在弹出的下拉列表框的“单元格大小”栏中选择“行高”选项，打开“行高”对话框，在“行高”文本框中输入“22”，单击“确定”按钮。

步骤 3：继续在“单元格”组中单击“格式”下拉按钮，在弹出的下拉列表框的“单元格大小”栏中选择“列宽”选项，打开“列宽”对话框，在“列宽”文本框中输入“14”，单击“确定”按钮。

步骤 4:用同样的方法,在“英语”“物理”“化学”“品德”“历史”工作表中选择 A1:H45 单元格区域，为该区域复制格式，并设置同样的行高和列宽。

步骤 5:在“数学”“英语”“物理”“化学”“品德”“历史”工作表中分别选择 B2 单元格，输入“=VLOOKUP(A2,初三学生档案!$A$2:$B$56,2,0)”，按【Ctrl+Enter】组合键，在 B2 单元格中双击填充柄，为 B2:B45 单元格区域自动填充姓名；选择 F2 单元格，输入“=C2*30%+D2*30%+E2*40%”，按【Ctrl+Enter】组合键，在 F2 单元格中双击填充柄，为 F2:F45 单元格区域自动填充学期成绩；选择 G2 单元格，输入“="第"&RANK(F2,$F$2:$F$45)&"名"”，按【Ctrl+Enter】组合键，在 G2 单元格中双击填充柄，为 G2:G45 单元格区域自动填充班级名次；选择 H2 单元格，输入“=IF(F2>=102,"优秀",IF(F2>=84,"良好",IF(F2>=72,"及格","不及格")))”，按【Ctrl+Enter】组合键，在 H2 单元格中双击填充柄,为 H2:H45 单元格区域自动填充期末总评。

6.【解题步骤】

步骤 1：选择“期末总成绩”工作表，选择 B3 单元格，在该单元格内输入公式“=VLOOKUP(A3,初三学生档案!$A$2:$B$56,2,0)”，按【Enter】键确认。拖动 B3 单元格右下角的智能填充柄，向下填充至 B46 单元格。

步骤 2：选择 C3 单元格，在该单元格内输入公式“=VLOOKUP(A3,语文!$A$2:$F$45,6,0)”，按【Enter】键确认。拖动 C3 单元格右下角的智能填充柄，向下填充至 C46 单元格。

步骤 3：选择 D3 单元格，在该单元格内输入公式“=VLOOKUP(A3,数学!$A$2:$F$45,6,0)”，按【Enter】键确认。拖动 D3 单元格右下角的智能填充柄，向下填充至 D46 单元格。

步骤 4：选择 E3 单元格，在该单元格内输入公式“=VLOOKUP(A3,英语!$A$2:$F$45,6,0)”，按【Enter】键确认。拖动 E3 单元格右下角的智能填充柄，向下填充至 E46 单元格。

步骤 5：选择 F3 单元格，在该单元格内输入公式“=VLOOKUP(A3,物理!$A$2:$F$45,6,0)”，按【Enter】键确认。拖动 F3 单元格右下角的智能填充柄，向下填充至 F46 单元格。

步骤 6：选择 G3 单元格，在该单元格内输入公式“=VLOOKUP(A3,化学!$A$2:$F$45,6,0)”，按【Enter】键确认。拖动 G3 单元格右下角的智能填充柄，向下填充至 G46 单元格。

步骤 7：选择 H3 单元格，在该单元格内输入公式“=VLOOKUP(A3,品德!$A$2:$F$45,6,0)”，按【Enter】键确认。拖动 H3 单元格右下角的智能填充柄，向下填充至 H46 单元格。

步骤 8：选择 I3 单元格，在该单元格内输入公式“=VLOOKUP(A3,历史!$A$2:$F$45,6,0)”，按【Enter】键确认。拖动 I3 单元格右下角的智能填充柄，向下填充至 I46 单元格。

步骤 9：选择 J3 单元格，在该单元格内输入公式“=SUM(C3:I3)”，按【Enter】键确认。拖动 J3 单元格右下角的智能填充柄，向下填充至 J46 单元格。

步骤 10：选择 K3 单元格，在该单元格内输入公式“=RANK(J3,$J$3:$J$46,0)”，按【Enter】键确认。拖动 K3 单元格右下角的智能填充柄，向下填充至 K46 单元格。

步骤 11：选择 C47 单元格，在该单元格内输入公式“=AVERAGE(C3:C46)”，按【Enter】键确认。拖动 C47 单元格右下角的智能填充柄，向右填充至 J47 单元格。

步骤 12：选择 C3：J47 单元格区域，在选择的单元格内单击鼠标右键，在弹出的快捷菜单中选择“设置单元格格式”选项。

步骤 13：打开“设置单元格格式”对话框，①在“数字”选项卡的“分类”列表框中选择“数值”选项；②在“小数位数”数值框中输入“2”；③单击“确定”按钮，如图 3-21 所示。

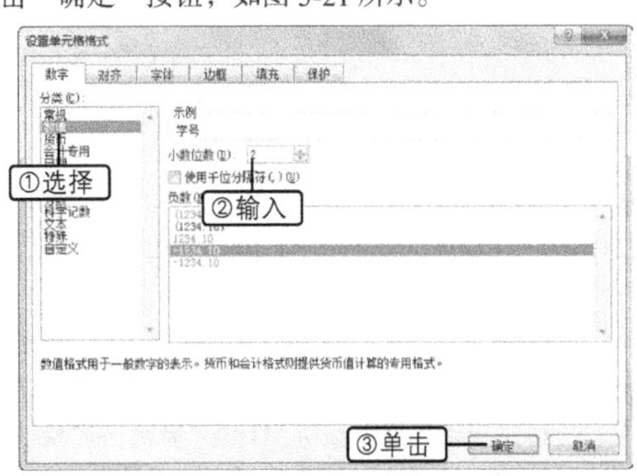

图 3-21　设置单元格格式

7.【解题步骤】

步骤 1：选择 C3:C46 单元格区域，在“样式”组中单击“条件格式”按钮，在弹出的下拉列表中选择“新建规则”选项。

步骤 2：打开“新建格式规则”对话框，①在“选择规则类型”列表框中选择“仅对排名靠前或靠后的数值设置格式”选项；②然后在“编辑规则说明”栏的“为以下排名内的值设置格式”下拉列表框中选择“前”选项；③在其右侧的文本框中输入“1”，如图 3-22 所示。

图 3-22　新建格式规则

步骤 3：单击“格式”按钮，打开“设置单元格格式”对话框。①在“字形”列表框中选择“加粗”选项；②在“颜色”下拉列表框的“标准色”栏中选择“红色”选项；③单击“确定”按钮，如图 3-23 所示，返回“新建格式规则”对话框，单击“确定”按钮。

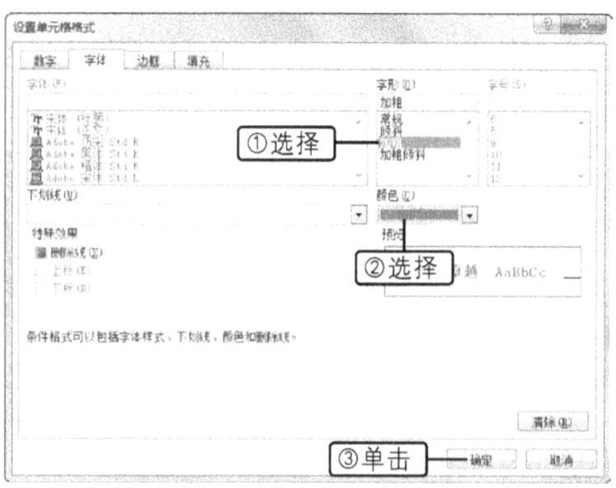

图 3-23　设置字体格式

步骤 4：用同样的方法，为 D3:D46、E3:E46、F3:F46、G3:G46、H3:H46、I3:I46 单元格区域设置同样的条件格式。

步骤 5：选择 J3:J46 单元格区域，在“样式”组中单击“条件格式”下拉按钮，在弹出的下拉列表中选择“新建规则”选项，打开“新建格式规则”对话框，在“选择规则类型”列表框中选择“仅对排名靠前或靠后的数值设置格式”选项，然后在“编辑规则说明”栏的“为以下排名内的值设置格式”下拉列表框中选择“前”选项，在右侧的文本框中输入“10”。

步骤 6：单击“格式”按钮，打开“设置单元格格式”对话框，单击“填充”选项卡，在“背景色”栏中选择“浅蓝”选项，单击“确定”按钮，返回“新建格式规则”对话框，单击“确定”按钮。

8.【解题步骤】

步骤 1：在【页面布局】→【页面设置】组中单击对话框启动器按钮，打开“页面设置”对话框，单击“页边距”选项卡，在“居中方式”栏中单击选中“水平”复选框。

步骤 2：单击“页面”选项卡，在“方向”栏中单击选中“横向”单选项；在“缩放”栏中单击选中“调整为”单选项，在其右侧的“页宽”数值框中输入“1”，在“页高”数值框中输入“1”，单击“确定”按钮。

四、演示文稿题

素材：考生文件夹 \ 全真模拟题（2）\ PPT 素材 .docx
效果：效果文件夹 \ 全真模拟题（2）\ PPT.pptx
视频演示

1.【解题步骤】

步骤 1：启动 Microsoft PowerPoint 2010，新建一个空白演示文稿，此时，演示文稿中默认包含一张版式为“标题幻灯片”的幻灯片。

步骤 2：选择【文件】→【另存为】选项，在打开的“另存为”对话框的“文件名”文本框中输入“PPT”，单击“保存”按钮，即可将演示文稿保存为文件名为“PPT.pptx”的文件。

步骤 3：在【开始】→【幻灯片】组中单击“新建幻灯片”按钮，默认创建为“标题和内容”幻灯片，再重复单击 7 次“新建幻灯片”按钮，共创建 8 张新的幻灯片。

步骤 4：打开考生文件夹中的“PPT 素材 .docx”文档，复制第 1 个矩形框中的标题文本，粘贴到“PPT.pptx”文件的第 1 张幻灯片的标题占位符中，然后将矩形框中的图片复制粘贴到第 1 张幻灯片的标题占位符的下面。

步骤 5：将第 2 个矩形框中的标题文本复制粘贴到第 2 张幻灯片的标题占位符中，将第 2 个矩形框中的其他文本复制粘贴到第 2 张幻灯片的内容占位符中；然后利用同样的方法，将“PPT 素材 .docx”文档中其余矩形框中的所有内容分别复制粘贴至相应的幻灯片中。

步骤 6：在【插入】→【文本】组中单击“幻灯片编号”按钮，打开“页眉和页脚”对话框。①单击“幻灯片”选项卡；②在“幻灯片包含内容”栏中单击选中“幻灯片编号”复选框；③单击“全部应用”按钮即可完成编号的设置，如图 3-24 所示。

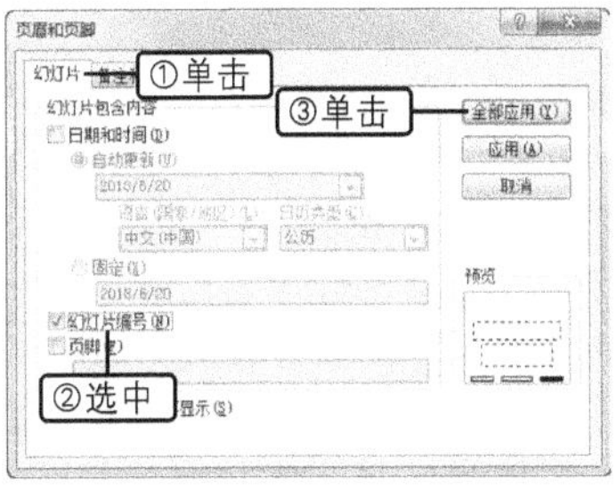

图 3-24　设置幻灯片编号

2.【解题步骤】

步骤 1：选择第 1 张幻灯片的标题占位符，①在【绘图工具 格式】→【艺术字样式】组中单击列表框右下角的下拉按钮；②在弹出的下拉列表框的“应用于所选文字”栏中选择“渐变填充 - 蓝色，强调文字颜色 1”选项，如图 3-25 所示。

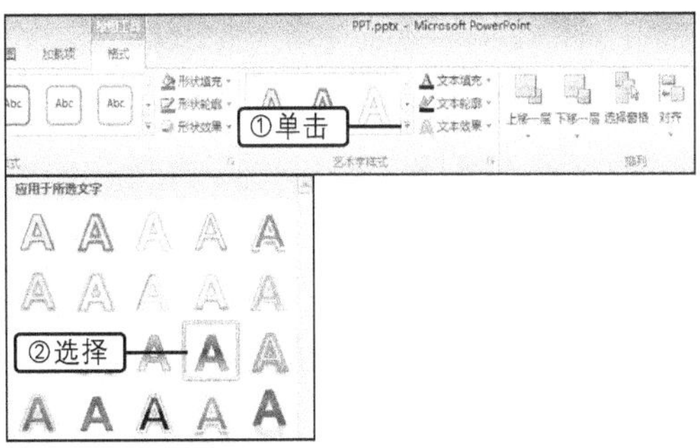

图 3-25　设置艺术字样式

步骤 2：在副标题占位符中输入“× × × × 年 × × 月 × × 日”，按【Enter】键，继续输入“考生 × × × 制作”。

步骤 3：选择第 9 张幻灯片，选择标题占位符，在【绘图工具 格式】→【艺术字样式】组中单击列表框右下角的下拉按钮，在弹出的下拉列表框的“应用于所选文字”栏中选择“渐变填充 - 紫色，强调文字颜色 4，映像”选项。

3.【解题步骤】

步骤 1：选择第 6 张幻灯片，在【开始】→【幻灯片】组中单击“版式”下拉按钮，在弹出的下拉列表框的“Office 主题”栏中选择“两栏内容”选项。

步骤 2：用同样的方法，将第 7 张和第 8 张幻灯片的版式都设置为“两栏内容”。

步骤 3：选择第 1 张幻灯片，在【设计】→【主题】组中单击列表框右下角的下拉按钮，在弹出的下拉列表框的“内置”栏中选择“沉稳”选项。

4.【解题步骤】

步骤 1：选择第 2 张幻灯片，选择“一、云计算的概念”文本，单击鼠标右键，在弹出的快捷菜单中选择“超链接”选项，打开“插入超链接”对话框。

步骤 2：①在左侧“链接到”列表框中单击“本文档中的位置”按钮；②在“请选择文档中的位置”列表框中选择“3. 一、云计算的概念”选项；③单击“确定”按钮，如图 3-26 所示。

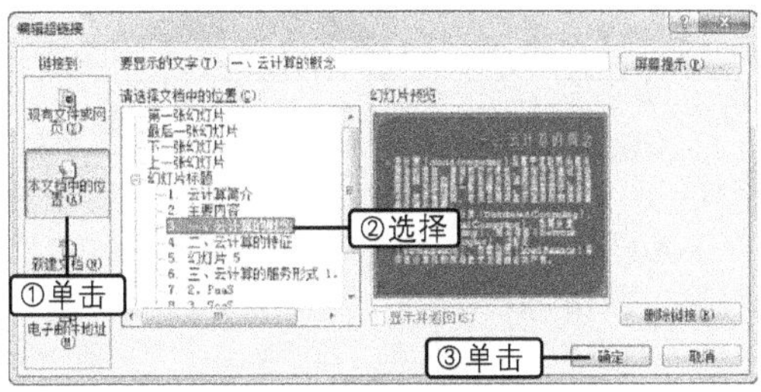

图 3-26　插入超链接

步骤 3：在第 2 张幻灯片中选择“二、云计算的特征”文本，单击鼠标右键，在弹出的快捷菜单中选择“超链接”选项，打开“插入超链接”对话框。在“请选择文档中的位置”列表框中选择“4. 二、云计算的特征”选项，单击“确定”按钮，完成超链接的设置。

步骤 4：在第 2 张幻灯片中选择“三、云计算的服务形式”文本，单击鼠标右键，在弹出的快捷菜单中选择“超链接”选项，打开“插入超链接”对话框。在“请选择文档中的位置”列表框中选择“6. 三、云计算的服务形式”选项，单击“确定”按钮，完成超链接的设置。

5.【解题步骤】

步骤 1：选择第 5 张幻灯片，在【插入】→【插图】组中单击“SmartArt”按钮，打开“选择 SmartArt 图形”对话框。①在左侧列表框中单击“层次结构”选项卡；②在中间列表框中选择“组织结构图”选项；③单击“确定”按钮，如图 3-27 所示，此时在幻灯片中成功插入 SmartArt 图形。

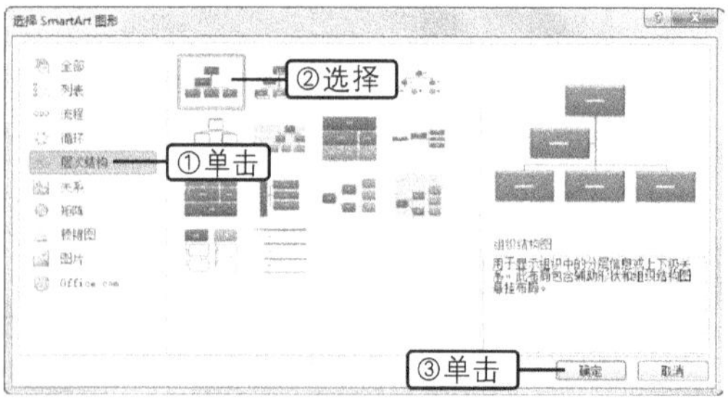

图 3-27 选择 SmartArt 图形样式

步骤 2：在 SmartArt 图形中选择第 2 层的形状，按【Delete】键删除，此时 SmartArt 图形自动变为两层。

步骤 3：在 SmartArt 图形中选择第 2 层最右侧的形状，在【SmartArt 工具设计】→【创建图形】组中单击“添加形状”按钮右侧的下拉按钮，在弹出的下拉列表中选择“在后面添加形状”选项；继续单击“添加形状”按钮右侧的下拉按钮，在弹出的下拉列表中选择“在后面添加形状”选项，即可在第二层后面添加两个形状。

步骤 4：选择“云计算的五个主要特征”文本，按【Ctrl+X】组合键剪切，将光标定位到第 1 层的 SmartArt 图形的形状中，按【Ctrl+V】组合键粘贴。同理，将剩余文本依次剪切粘贴至第 2 层 SmartArt 图形的其他形状中；注意，在粘贴第 3 个和第 4 个形状时，需要先在形状上单击鼠标右键，在弹出的快捷菜单中选择“编辑文字”命令。

步骤 5：适当调整 SmartArt 图形的大小。

6.【解题步骤】

步骤 1：选择第 1 张幻灯片，选择标题占位符，在【动画】→【动画】组中单击列表框右下角的下拉按钮，在弹出的下拉列表框的“进入”栏中选择“飞入”选项。

步骤 2：用同样的方法，为第 2 张幻灯片中的内容占位符添加动画“浮入”；为第 3 张幻灯片中的内容占位符添加动画“劈裂”；为第 4 张幻灯片中的内容占位符添加动画“擦除”；为第 5 张幻灯片中的 SmartArt 图形添加动画“形状”；为第 6 张幻灯片中的内容占位符添加动画“轮子”；为第 7 张幻灯片中的内容占位符添加动画“随机线条”；为第 8 张幻灯片中左侧的内容占位符添加动画“缩放”；为第 9 张幻灯片中的标题占位符添加动画“旋转”。

步骤 3：选择第 1 张幻灯片，在【切换】→【切换到此幻灯片】组中单击列表框右下角的下拉按钮，在弹出的下拉列表框的“细微型”栏中选择“切出”选项。

步骤 4：用同样的方法，为第 2 张幻灯片设置切换动画“淡出”；为第 3 张幻灯片设置切换动画“推进”；为第 4 张幻灯片设置切换动画“擦除”；为第 5 张幻灯片设置切换动画“分割”；为第 6 张幻灯片设置切换动画“显示”；为第 7 张幻灯片设置切换动画“随机线条”；为第 8 张幻灯片设置切换动画“形状”；为第 9 张幻灯片设置切换动画“揭开”。

7.【解题步骤】

步骤 1：选择第 6 张幻灯片，选择其中的图片，拖动图片四角的控制柄适当改变图片的大小，并拖动图片到右侧中间的位置。

步骤 2：用同样的方法适当调整第 7 张和第 8 张幻灯片中图片的大小和位置。在快速访问工具栏中单击“保存”按钮，保存“PPT.pptx”文件。

无纸化全真模拟题套卷（3）参考答案及解析

一、选择题

1. B【解析】本题考查算法的时间复杂度。最坏情况下的时间复杂度可以与平均情况的时间复杂度相同，A 选项错误；算法的时间复杂度是指执行算法所需要的计算工作量，它与使用的计算机、程序设计语言及算法实现过程中的许多细节无关，B 选项正确，C 选项错误；不同的算法时间复杂度一般不相同，D 选项错误。

2. A【解析】本题考查黑盒测试的方法。黑盒测试方法也称为功能测试或数据驱动测试，是对软件已经实现的功能是否满足需求进行测试和验证。黑盒测试方法主要有等价类划分法、边界值分析法、错误推测法和因果图等。

3. D【解析】本题考查软件测试的策略。集成测试时将模块组装成程序通常采用两种方式：非增量方式组装和增量方式组装。非增量方式也称为一次性组装方式，A 选项不符合题意；增量方式包括自顶向下、自底向上、自顶向下与自底向上相结合的混合增量方法，B、C 选项不符合题意；软件集成测试不采用迭代式组装，D 选项符合题意。

4. A【解析】本题考查数据库管理系统。数据库管理系统是数据库的机构，它是一种系统软件，负责数据库中的数据组织、数据操纵、数据维护、控制及保护和数据服务等，A 选项符合题意。

5. C【解析】本题考查数据库发展阶段。数据库系统阶段结构简单、使用方便、数据共享性好、冗余度小，C 选项符合题意。

6. A【解析】本题考查数据库系统的基本特点。数据库系统通常采用三级模式结构并且提供两级映射功能，其中的外模式 / 概念模式映射保证了数据库系统具有较高的逻辑独立性，而概念模式 / 内模式映射保证了数据库系统具有较高的物理独立性，A 选项符合题意。

7. D【解析】本题考查数据库系统的内部结构体系。数据库系统的三级模式是概念模式、外模式和内模式，A、B、C 选项不符合题意；数据库系统的三级模式不包括数据模式，D 选项符合题意。

8. C【解析】本题考查 E-R 系统的基本概念。E-R 图转换成关系模型数据是把图形分析出来的联系反映到数据库中，即设计出表，因此属于逻辑设计阶段。

9. C【解析】本题考查关系模型的基本概念。常用的扩充运算有交、除、连接及自然连接等。R 并 S 是将 S 中的记录追加到 R 后面，A 选项不符合题意；自然连接是指去掉重复属性的等值连接，B 选项不符合题意；除运算可以近似地看作笛卡儿积的逆运算，C 选项符合题意；R 交 S 的结果是既属于 R 又属于 S 的记录组成的集合，D 选项不符合题意。

10. D【解析】本题考查实体间的联系。因为一个教师可讲授多门课程，而一门课程能由多个教师讲授，所以他们之间是多对多的关系，则其对应的联系为多对多（$m:n$）联系。D 选项正确。

11. D【解析】量子计算机是一类遵循量子力学规律进行高速数学和逻辑运算、存储及处理量子信息的物理装置。当某个装置处理和计算的是量子信息，运行的是量子算法时，它就是量子计算机。量子计算机的概念源于对可逆计算机的研究。研究可逆计算机的目的是解决计算机中的能耗问题，故选 D。

12. B【解析】通常将计算机一次能够并行处理的二进制数称为字长，也称为计算机的一个“字”。字长是计算机的一个重要指标，直接反映一台计算机的计算能力和精度。计算机的字长通常是字节的整数倍，如 8 位、16 位、32 位、64 位等，故选 B。

13. B【解析】在计算机系统软件中最重要且最基本的就是操作系统（OS）。它是最底层的软件，它控制着所有计算机运行的程序并管理整个计算机的资源，是计算机裸机与应用程序及用户之间的桥梁。没有它，用户也就无法使用某种软件或程序，故选 B。

14. B【解析】浏览器的收藏夹提供保存 Web 页面地址的功能，故选 B。

15. D【解析】在 Word 中，作为文本转换为表格的分隔符有段落标记、逗号、空格、制表符和其他字符（单个字符），其中 D 选项的 ## 为两个字符，不能进行转换，故选 D。

16. B【解析】本题考查在不同 Word 之间共享样式的操作，首先需关闭文档 B.docx，在 A.docx 文档中单击【开始】→【样式】组中的“对话框启动器”按钮，打开“样式”列表框，单击“管理样式”按钮，打开“管理样式”对话框，单击“导入 / 导出”按钮，打开“管理器”对话框，单击右侧的“关闭文件”按钮，再单击“打开文件”按钮，打开“打开”对话框，在其中选择“B.docx”文档，单击“打开”按钮，返回“管理器”对话框，选择左侧列表框中的“一级标题”样式，单击中间位置的“复制”按钮，将“A.docx”文档中的“一级标题”样式复制到“B.docx”文档中，最后单击“关闭”按钮，故选 B。

17. B【解析】REPLACE 函数是用新字符串替换旧字符串，而且替换的位置和数量都是指定的。其格式为 REPLACE(o1d_text,start_num,num_chars,new_text)。o1d_text 是要替换的字符串，start_num 是开始位置，num_chars 是替换个数，new_text 是新的文本，故选 B。

18. B【解析】本题考查对工作表进行分页，可以选择“A19”单元格，然后单击【页面布局】→【页面设置】组中的“分隔符”按钮，在弹出的下拉列表中选择“插入分页符”选项，即可将 1 ～ 18 行分为一页，后续行分为另一页，故选 B。

19. D【解析】本题考查图片的层叠效果，可以选择图片 2，单击鼠标右键，在弹出的快捷菜单中执行【置于顶层】→【上移一层】命令，使图片 2 覆盖图片 1，故选 D。

20. C【解析】选择要旋转的图片，图片四周出现控制点，拖动上方绿色控制点即可随意旋转图片，故选 C。

二、字处理题

素材：考生文件夹\全真模拟题（3）\1.png ～ 4.jpg、Word 素材 .txt、简历参考样式 .jpg

视频演示　效果：效果文件夹\全真模拟题（3）\Word.docx

1.【解题步骤】

步骤 1：打开考生文件夹中的“Word 素材 .txt”素材文件（参考该素材文件的内容进行文本输入），启动 Word 2010。①单击“文件”选项卡；②在打开的视图中选择“另存为”选项；③打开“另存为”对话框，在“文件名”文本框中输入“Word”；④单击“保存”按钮，如图 3-28 所示。

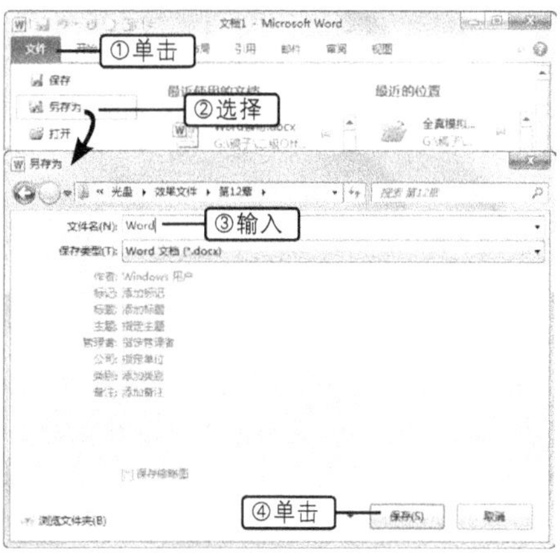

图 3-28　保存文档

步骤 2：在【页面布局】→【页面设置】组中单击右下角的对话框启动器按钮，打开“页面设置”对话框，单击“纸张”选项卡，在“纸张大小”下拉列表框中选择“A4”选项；单击“页边距”选项卡，在“页边距”栏的“上”和“下”数值框中输入“2.5 厘米”，在“左”和“右”数值框中输入“3.2 厘米”，单击“确定”按钮。

2.【解题步骤】

步骤 1：在【插入】→【插图】组中单击“形状”下拉按钮，在弹出的下拉列表的“矩形”栏中选择“矩形”选项，并在文档中拖动鼠标绘制与页面大小一致的矩形。

步骤 2：选择矩形，在【绘图工具 格式】→【形状样式】组中单击“形状填充”按钮右侧的下拉按钮，在弹出的下拉列表的“标准色”栏中选择“橙色”选项；单击“形状轮廓”按钮右侧的下拉按钮，在弹出的下拉列表的“标准色”栏中选择“橙色”选项。

步骤 3：在【绘图工具 格式】→【排列】组中单击“自动换行”下拉按钮，在弹出的下拉列表中选择“浮于文字上方”选项。

步骤 4：在【插入】→【插图】组中单击“形状”下拉按钮，在弹出的下拉列表的“矩形”栏中选择“矩形”选项，并在文档中拖动鼠标绘制一个矩形，大小和位置参考“简历参考样式 .jpg”。

步骤 5：选择新绘制的矩形，在【绘图工具 格式】→【形状样式】组中单击“形状填充”按钮右侧的下拉按钮，在弹出的下拉列表的“主题颜色”栏中选择“白色，背景 1”选项；单击“形状轮廓”按钮右侧的下拉按钮，在弹出的下拉列表的“主题颜色”栏中选择“白色，背景 1”选项。

步骤 6：在【绘图工具 格式】→【排列】组中单击“自动换行”下拉按钮，在弹出的下拉列表中选择“浮于文字上方”选项。

3.【解题步骤】

步骤 1：在【插入】→【插图】组中单击“形状”按钮，在弹出的下拉列表的“矩形”栏中选择“圆角矩形”选项，在文档中拖动鼠标绘制一个圆角矩形。

步骤 2：选择新绘制的圆角矩形，在【绘图工具 格式】→【形状样式】组中单击“形状填充”按钮右侧的下拉按钮，在弹出的下拉列表的“标准色”栏中选择“橙色”选项；单击“形状轮廓”按钮右侧的下拉按钮，在弹出的下拉列表的“标准色”栏中选择“橙色”选项。

步骤 3：在圆角矩形上单击鼠标右键，在弹出的快捷菜单中选择“添加文字”命令，在图形中输入“实习经验”，选择该文本，在【开始】→【字体】组的“字体”下拉列表框中选择“方正姚体”选项，在“字号”下拉列表框中选择“四号”选项，在“段落”组中单击“居中”按钮。

步骤 4：参考“简历参考样式 .jpg”图片，再次绘制一个“圆角矩形”，选择此圆角矩形，在【绘图工具 格式】→【形状样式】组中单击“形状填充”按钮右侧的下拉按钮，在弹出的下拉列表中选择“无填充颜色”选项；单击“形状轮廓”按钮右侧的下拉按钮，在弹出的下拉列表的“标准色”栏中选择“橙色”选项，单击“形状轮廓”按钮右侧的下拉按钮，在弹出的下拉列表中选择“虚线”选项，在弹出的子列表中选择“短划线”选项，单击“形状轮廓”按钮右侧的下拉按钮，在弹出的下拉列表中选择“粗细”选项，在弹出的子列表中选择“0.5 磅”选项。

步骤 5：选择虚线圆角矩形，在【绘图工具 格式】→【排列】组中单击“下移一层”按钮，并参考“简历参考样式.jpg”图片调整两个圆角矩形的位置。

4.【解题步骤】

步骤 1：在【插入】→【文本】组中单击“艺术字”下拉按钮，在弹出的下拉列表中选择“填充－橙色，强调文字颜色 2，暖色粗糙棱台”选项，在插入的文本框中输入“张静”，参考“简历参考样式.jpg”图片调整艺术字位置。

步骤 2：在【插入】→【文本】组中单击“文本框”下拉按钮，在弹出的下拉列表中选择“绘制文本框”选项，绘制一个文本框并调整其位置。

步骤 3：选择该文本框，在【绘图工具 格式】→【形状样式】组中单击“形状轮廓”按钮右侧的下拉按钮，在弹出的下拉列表中选择“无轮廓”选项。

步骤 4：在【开始】→【字体】组的“字体”下拉列表框中选择“方正姚体”选项，在“字号”下拉列表框中选择“小四”选项，参考“简历参考样式.jpg”图片输入基本信息，并调整文本框的位置。

步骤 5：①在【插入】→【文本】组中单击“艺术字”下拉按钮；②在弹出的下拉列表中选择“填充－橙色，强调文字颜色 2，暖色粗糙棱台”选项，如图 3-29 所示。

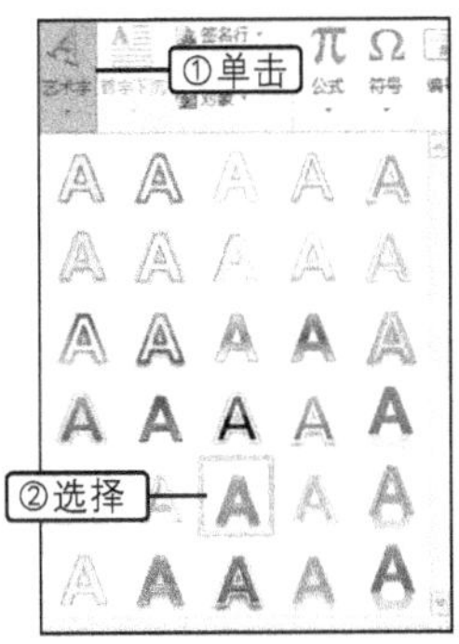

图 3-29　设置艺术字样式

步骤 6：在插入的文本框中输入“寻求能够不断学习进步，有一定挑战性的工作！”；选择该文本框，在【开始】→【字体】组的“字体”下拉列表框中选择“方正姚体”选项，在“字号”下拉列表框中选择“小一”选项，并参考“简历参考样式.jpg”图片调整艺术字的位置。

步骤 7：①在【绘图工具 格式】→【艺术字样式】组中单击“文本效果”按钮右侧的下拉按钮；②在弹出的下拉列表中选择“转换”选项；③在弹出的子列表的“跟随路径”栏中选择“上弯弧”选项，如果 3-30 所示。

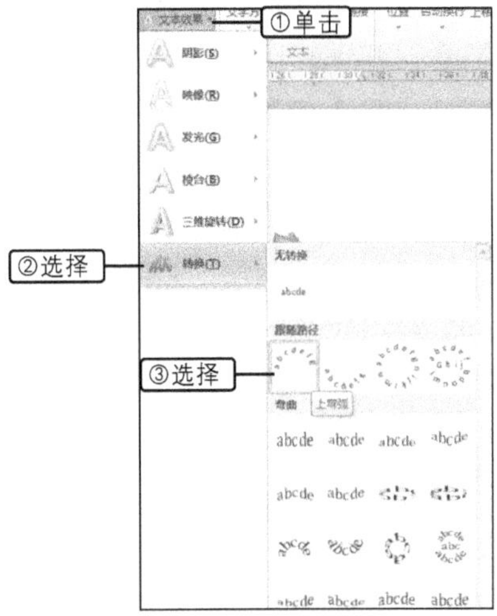

图 3-30　设置艺术字样式

5.【解题步骤】

步骤 1：在【插入】→【插图】组中单击“图片”按钮，打开“插入图片”对话框，选择考生文件夹中的素材图片“1.png”，单击“插入”按钮。

步骤 2：选择插入的图片，在【图片工具格式】→【排列】组中单击“自动换行”下拉按钮，在弹出的下拉列表中选择“四周型环绕”选项；在“大小”组中单击“裁剪”按钮，参考“简历参考样式.jpg”图片，拖动鼠标裁剪图片，并调整裁剪后的图片大小和位置。

步骤 3：在【插入】→【插图】组中单击“图片”按钮，打开“插入图片”对话框，选择考生文件夹中的素材“2.jpg”图片，单击“插入”按钮。

步骤 4：选择插入的图片，在【图片工具 格式】→【排列】组中单击“自动换行”下拉按钮，在弹出的下拉列表中选择“四周型环绕”选项。按相同的方法将“3.jpg”和“4.jpg”图片插入文档中。

步骤 5：参考“简历参考样式.jpg”图片，适当调整插入图片的大小和位置，然后选择这 3 张图片，在【绘图工具 格式】→【排列】组中单击“对齐”下拉按钮，在弹出的下拉列表中选择“上下居中”选项，继续单击“对齐”下拉按钮，在弹出的下拉列表中选择“横向分布”选项。

6.【解题步骤】

步骤 1：在【插入】→【插图】组中单击“形状”按钮，在弹出的下拉列表的“线条”栏中选择“箭头”选项，参考“简历参考样式.jpg”图片，在对应的位置绘制水平箭头。

步骤 2：选择绘制的箭头，在【绘图工具 格式】→【形状样式】组中单击右下角的对话框启动器按钮，打开“设置形状格式”对话框，在左侧的列表框中单击“线条颜色”选项卡，在右侧的列表框中单击“颜色”按钮，在弹出的下拉列表的“标准色”栏中选择“橙色”选项；在左侧的列表框中单击“线型”选项卡，在右侧列表框的“宽度”数值框中输入“6 磅”，单击“关闭”按钮。

步骤 3：在【插入】→【插图】组中单击“形状”下拉按钮，在弹出的下拉列表的“箭头总汇”栏中选择“上箭头”选项，参考“简历参考样式 .jpg”图片，在对应的位置绘制 3 个垂直向上的箭头。

步骤 4：选择绘制的垂直箭头，在【绘图工具 格式】→【形状样式】组中单击“形状填充”按钮右侧的下拉按钮，在弹出的下拉列表的“标准色”栏中选择“橙色”选项；单击“形状轮廓”按钮右侧的下拉按钮，在弹出的下拉列表的“标准色”栏中选择“橙色”选项。

步骤 5：在【插入】→【插图】组中单击“SmartArt”按钮，打开“选择 SmartArt 图形”对话框。①在左侧的列表框中单击“流程”选项卡；②在中间的列表框中选择“步骤上移流程”选项；③单击“确定”按钮，如图 3-31 所示。

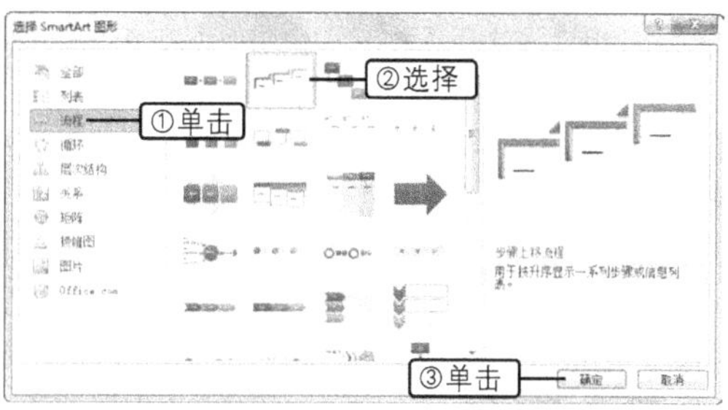

图 3-31 选择 SmartArt 图形样式

步骤 6：选择插入的 SmartArt 图形，单击鼠标右键，在弹出的快捷菜单中选择“自动换行”选项，在弹出的子菜单中选择“四周型环绕”选项。选择最右侧的形状，在【SmartArt 工具 设计】→【创建图形】组中单击“添加形状”按钮。

步骤 7：在【SmartArt 工具 设计】→【创建图形】组中单击“文本窗格”按钮，打开 SmartArt 图形的文本窗格，参考“简历参考样式 .jpg”图片，在其中输入相应的文本，然后选择 SmartArt 图形，在【开始】→【字体】组的“字体”下拉列表框中选择“方正姚体”选项，在“字号”下拉列表框中选择“14”选项，适当调整 SmartArt 图形的大小和位置。

步骤 8：①在【SmartArt 工具 设计】→【SmartArt 样式】组中单击“更改颜色”下拉按钮；②在弹出的下拉列表的“强调文字颜色 2”栏中选择“渐变范围 - 强调文字颜色 2”选项，如图 3-32 所示。

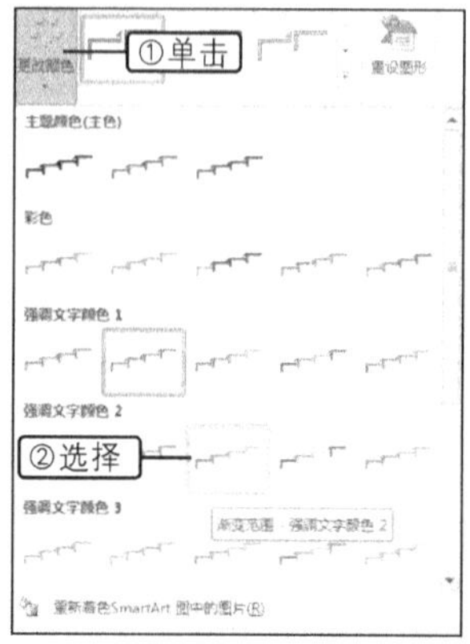

图 3-32 更改 SmartArt 图形颜色

步骤 9：在样式列表框中单击右下角的下拉按钮，在弹出的下拉列表框的“文档的最佳匹配对象”栏中选择“细微效果”选项。

7.【解题步骤】

步骤 1：在【插入】→【文本】组中单击“文本框”按钮，在弹出的下拉列表中选择“绘制文本框”选项，在“实习经验”矩形框中绘制一个文本框，参考“简历参考样式 .jpg”图片，输入文本；选择该文本框，在【开始】→【字体】组的“字体”下拉列表框中选择“方正姚体”选项，在“字号”下拉列表框中选择“小四”选项；选择文本框中的文本，在“段落”组中单击“项目符号”按钮右侧的下拉按钮，在弹出的下拉列表的“项目符号库”栏中选择“对勾”选项。

步骤 2：选择该文本框，复制两个同样的文本框，参考“简历参考样式 .jpg”图片，将其移动到合适位置，输入对应的内容；然后选择这个文本框，在【绘图工具 格式】→【排列】组中单击“对齐”下拉按钮，在弹出的下拉列表中选择“上下居中”选项，继续单击“对齐”下拉按钮，在弹出的下拉列表中选择“横向分布”选项。

步骤 3：用同样的方法再复制 3 个文本框，参考“简历参考样式 .jpg”图片，输入实习日期；然后选择这 6 个文本框，在【绘图工具 格式】→【形状样式】组中单击“形状填充”按钮右侧的下拉按钮，在弹出的下拉列表中选择“无填充颜色”选项；单击“形状轮廓”右侧的下拉按钮，在弹出的下拉列表中选择“无轮廓”选项。

步骤 4：将光标定位到 SmartArt 图形的“曾

任班长……”文本的左侧，在【插入】→【符号】组中单击“符号”下拉按钮，在弹出的下拉列表中选择“其他符号”选项。

步骤 5：打开“符号”对话框，①在“字体”下拉列表框中选择“Wingdings 2”选项；②在下面的列表框中选择“五角星”选项；③单击“插入”按钮；④然后单击“关闭”按钮，如图 3-33 所示。

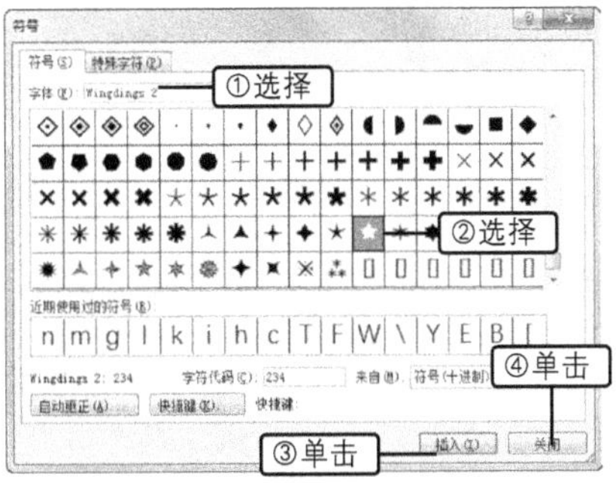

图 3-33　插入特殊符号

步骤 6：选择插入的五角星，在【开始】→【字体】组中单击“字体颜色”按钮右侧的下拉按钮，在弹出的下拉列表的“标准色”栏中选择“红色”选项。

步骤 7：将红色五角星复制到其他 3 个 Smart Art 形状的文本左侧，调整文档中各个对象的位置和大小，在快速访问工具栏中单击“保存”按钮，保存文档。

三、电子表格题

素材：考生文件夹 \ 全真模拟题（3）\ 开支明细表 .xlsx

效果：效果文件夹 \ 全真模拟题（3）\ 开支明细表 .xlsx

视频演示

1.【解题步骤】

打开考生文件夹中的“开支明细表 . xlsx”工作簿。选择 A1:M1 单元格区域，在【开始】→【对齐方式】组中单击“合并后居中”按钮，输入“小赵 2013 年开支明细表”，按【Enter】键。

2.【解题步骤】

步骤 1：选择任意单元格，在【页面布局】→【主题】组中单击“主题”下拉按钮，在弹出的下拉列表的“内置”栏中选择“跋涉”选项。

步骤 2：选择 A2:M15 单元格区域，在【开始】→【字体】组中单击“增大字号”按钮。

步骤 3：在“单元格”组中单击“格式”下拉按钮，在弹出的下拉列表的“单元格大小”栏中选择“行高”选项，打开“行高”对话框，在“行高”文本框中输入“20”，单击“确定”按钮。继续在“单元格”组中单击“格式”下拉按钮，在弹出的列表的“单元格大小”栏中选择“列宽”选项，打开“列宽”对话框，在“列宽”文本框中输入“16”，单击“确定”按钮。

步骤 4：选择 A2:M15 单元格区域，在【开始】→【对齐方式】组中单击右下角的对话框启动器按钮，打开“设置单元格格式”对话框，单击“对齐”选项卡，在“文本对齐方式”栏的“水平对齐”下拉列表框中选择“居中”选项。

步骤 5：单击“边框”选项卡，在“线条”栏的“样式”列表框中选择左侧最下面的一种样式，在“颜色”列表框的“标准色”栏中选择“红色”选项，在“预置”栏中单击“外边框”和“内部”按钮。

步骤 6：单击“填充”选项卡，选择“浅绿”选项，单击“确定”按钮。

3.【解题步骤】

步骤 1：选择 B3:M15 单元格区域，在“单元格”组中单击“格式”下拉按钮，在弹出的下拉列表中选择“设置单元格格式”选项。

步骤 2：打开“设置单元格格式”对话框，①单击“数字”选项卡；②在“分类”列表框中选择“货币”选项；③在“小数位数”数值框中输入“0”；④单击“确定”按钮，如图 3-34 所示。

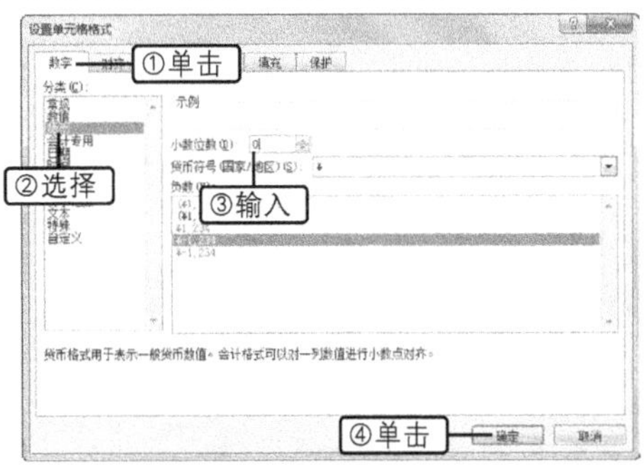

图 3-34　设置单元格格式

4.【解题步骤】

步骤 1：选择 M3 单元格，输入“=SUM(B3:L3)”，按【Ctrl+Enter】组合键确认，拖动 M3 单元格的填充柄填充至 M15 单元格；选择 B15 单元格，输入“=AVERAGE(B3:B14)”，按【Ctrl+Enter】组合键确认，拖动 B15 单元格的填充柄填充至 L15 单元格。

步骤 2：选择 A2:M14 单元格区域，在【数据】→【排序和筛选】组中单击“排序”按钮，打开“排序”对话框，在“主要关键字”下拉列表框中选择“总支出”选项，在“次序”下拉列表框中选择“升序”选项，单击“确定”按钮。

5.【解题步骤】

步骤 1：选择 B3:L14 单元格区域，①在【开始】→【样式】组中单击“条件格式”下拉按钮；②在弹出的下拉列表中选择“突出显示单元格规则”选项；③在弹出的子列表中选择“大于”选项，如图 3-35 所示。

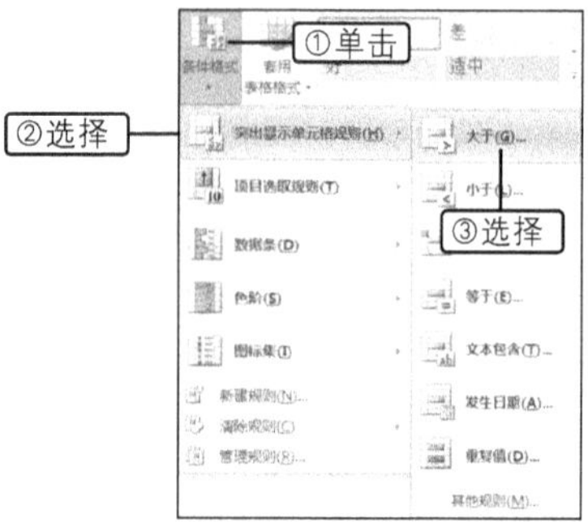

图 3-35　选择操作

步骤 2：打开“大于”对话框，①在“为大于以下值的单元格设置格式”文本框中输入“1000”；②在“设置为”下拉列表框中选择“自定义格式”选项；③打开“设置单元格格式”对话框，在“字体”选项卡的“字形”列表框中选择“加粗倾斜”选项；④在“颜色”下拉列表框的“标准色”栏中选择“红色”选项；⑤单击“填充”选项卡；⑥选择“橙色”选项；⑦单击“确定”按钮，返回“大于”对话框；⑧单击“确定”按钮，如图 3-36 所示。

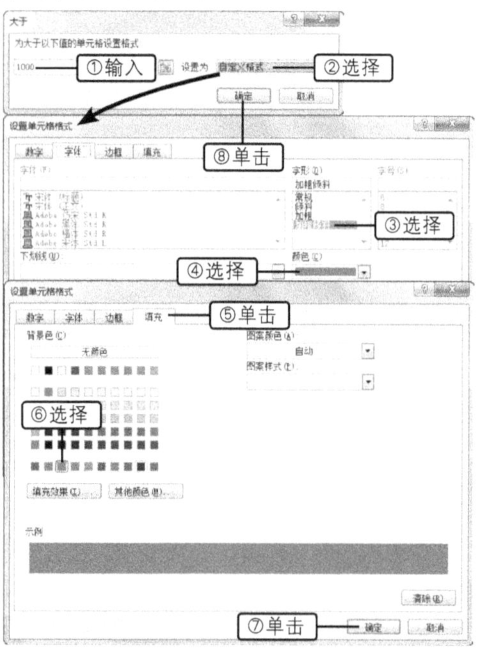

图 3-36　设置条件格式

步骤 3：选择 M3:M14 单元格区域，在【开始】→【样式】组中单击“条件格式”下拉按钮，在弹出的下拉列表中选择“突出显示单元格规则”选项，在弹出的子列表中选择“大于”选项。

步骤 4：打开“大于”对话框，在“为大于以下值的单元格设置格式”文本框中输入“=$M$15*110%”，在“设置为”下拉列表框中选择“黄填充色深黄色文本”选项，依次单击“确定”按钮。

6.【解题步骤】

步骤 1：选择 B 列，在【开始】→【单元格】组中单击“插入”按钮，插入一列，选择 B2 单元格，输入“季度”。

步骤 2：选择 B3 单元格，输入“=INT(1+(MONTH(A3)-1)/3)&" 季度 "”，按【Ctrl+Enter】组合键，拖动 B3 单元格的填充柄至 B14 单元格。

7.【解题步骤】

步骤 1：在工作表标签处单击鼠标右键，在弹出的快捷菜单中选择“移动或复制”选项，打开“移动或复制工作表”对话框，单击选中“建立副本”复选框，在“下列选定工作表之前”列表框中选择“（移至最后）”选项，单击“确定”按钮。

步骤 2：在新建的工作表标签处单击鼠标右键，在弹出的快捷菜单中选择“工作表标签颜色”命令，在弹出的子菜单中的“标准色”栏中选择“红色”选项。

步骤 3：在新建的工作表标签处双击，输入文本“按季度汇总”，按【Enter】键；选择“按季度汇总”工作表的第 15 行，在“单元格”组中单击“删除”按钮。

8.【解题步骤】

步骤 1：在“按季度汇总”工作表中选择 B 列，在“编辑”组中单击“排序和筛选”下拉按钮，在弹出的下拉列表中选择“升序”选项，打开“排序提醒”对话框，单击“排序”按钮。

步骤 2：选择 A2:N14 单元格区域，在【数据】→【分级显示】组中单击“分类汇总”按钮，打开“分类汇总”对话框。①在“分类字段”下拉列表框中选择“季度”选项；②在“汇总方式”下拉列表框中选择“平均值”选项；③在“选定汇总项”列表框中单击选中除“年月”“季度”“总支出”外的其他所有复选框；④单击“确定”按钮，如图 3-37 所示。

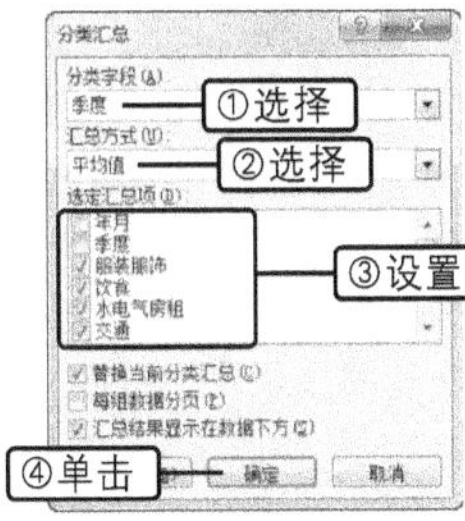

图 3-37 设置分类汇总

9.【解题步骤】

步骤 1：在“按季度汇总”工作表左侧单击标签数字“2”（在全选按钮左侧），隐藏数据明细。

步骤 2：选择 B2:M18 单元格区域，在【插入】→【图表】组中单击“折线图”下拉按钮，在弹出的下拉列表的“二维折线图”栏中选择“带数据标记的折线图”选项。

步骤 3：选择插入的图表，在【图表工具 设计】→【数据】组中单击“切换行 / 列”按钮。

步骤 4：在“位置”组中单击“移动图表”按钮，打开“移动图表”对话框。①单击选中“新工作表”单选项；②在右侧的文本框中输入“折线图”；③单击“确定”按钮，如图 3-38 所示。

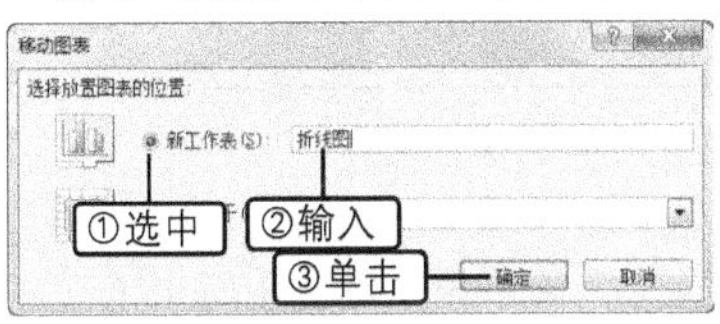

图 3-38 移动图表

步骤 5：在服装服饰对应的 1 季度平均值折线图结点单击 2 次，在【图表工具 布局】→【标签】组中单击“数据标签”下拉按钮，在弹出的下拉列表中选择“其他数据标签选项”选项。

步骤 6：打开“设置数据标签格式”对话框，①在“标签包括”栏中单击选中“系列名称”复选框；②单击“关闭”按钮，如图 3-39 所示。

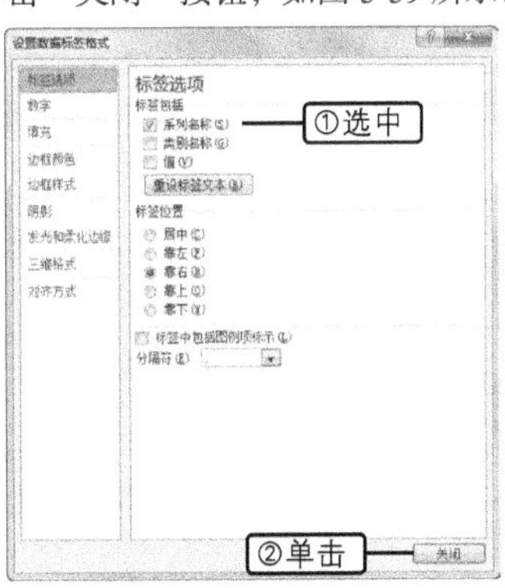

图 3-39 设置数据标签格式

步骤 7：单击 2 次饮食对应的 4 季度平均值折线图结点，在“标签”组中单击“数据标签”下拉按钮，在弹出的下拉列表中选择“其他数据标签选项”选项。

步骤 8：打开“设置数据标签格式”对话框，在“标签包括”栏中单击选中“系列名称”复选框，单击“关闭”按钮。

步骤 9：用同样的方法，分别选择水电气房租对应的 3 季度平均值折线图结点、交通对应的 1 季度平均值折线图结点、通信对应的 3 季度平均值折线图结点、阅读培训对应的 3 季度平均值折线图结点、社交应酬对应的 1 季度平均值折线图结点、医疗保健对应的 2 季度平均值折线图结点、休闲旅游对应的 1 季度平均值折线图结点、个人兴趣对应的 3 季度平均值折线图结点、公益活动对应的 4 季度平均值折线图结点，显示这些结点的系列名称。

步骤 10：通过拖动的方式将“折线图”工作表标签移至最右侧。

步骤 11：在快速访问工具栏中单击“保存”按钮，保存“开支明细表 .xlsx”工作簿。

四、演示文稿题

素材：考生文件夹 \ 全真模拟题（3）\ PPT 素材及设计要求 .docx
效果：效果文件夹 \ 全真模拟题（3）\ PPT.pptx
视频演示

1.【解题步骤】

步骤 1：打开 Microsoft PowerPoint 2010 软件，新建一个空白演示文稿。按 5 次【Ctrl+M】组合键新建 5 张幻灯片，使演示文稿中有 6 张幻灯片。

步骤 2：在【设计】→【主题】组中单击列表框右下角的下拉按钮，在弹出的下拉列表框的“内置”栏中选择“暗香扑面”选项。

2.【解题步骤】

步骤 1：选择第 1 张幻灯片，在【开始】→【幻灯片】组中单击“版式”下拉按钮，在弹出的下拉列表中选择“标题幻灯片”选项。

步骤 2：将光标定位到“单击此处添加标题”占位符中，输入文本“学习型社会的学习理念”；将光标定位到“单击此处添加副标题”占位符中，输入文本“计算机教研室”，按【Enter】键，继续输入制作日期（格式：×××× 年 ×× 月 ×× 日）。

3.【解题步骤】

步骤 1：选择第 2 张幻灯片，在标题占位符中输入“目录”，打开“PPT 素材及设计要求 .docx”

文档，将对应素材文档中序号 2 对应的内容复制到第 2 张幻灯片的内容占位符中。

步骤 2：选择第 3 张幻灯片，将素材文档中序号 3 对应的第 1 行内容复制到标题占位符中，然后选择复制的内容文本，在【开始】→【字体】组的“字号”下拉列表框中选择“24”选项；将素材文档中序号 3 对应的第 2 行内容复制到内容占位符中，选择后 3 行文本，在“段落”组中单击“提高列表级别”按钮。

步骤 3：选择第 4 张幻灯片，在“幻灯片”组中单击“版式”下拉按钮，在弹出的下拉列表框中选择“比较”选项；将素材文档中序号 4 对应的第 1 行内容复制到标题占位符中，然后选择复制的内容文本，在【开始】→【字体】组的“字号”下拉列表框中选择“24”选项；在幻灯片左上方“单击此处添加文本”内容占位符中输入“‘学海无涯’”，然后在“段落”组中单击“居中”按钮；在幻灯片右上方的“单击此处添加文本”内容占位符中输入“‘学无止境’”，然后在“段落”组中单击“居中”按钮；在幻灯片左下方“单击此处添加文本”内容占位符中输入“二、现代文盲——功能性文盲”，将素材文档中序号 4 对应的第 3 行中的图片复制到幻灯片中，并适当调整图片的大小和位置，使其放置在输入文本的下面；将素材文档中序号 4 对应的第 3 行中的其他文本复制到幻灯片右下方的内容占位符中。

步骤 4：选择第 5 张幻灯片，在“幻灯片”组中单击“版式”下拉按钮，在弹出的下拉列表框中选择“内容与标题”选项；将素材文档中序号 5 对应的第 1 行内容复制到幻灯片左侧的内容占位符中；在右侧的标题占位符中输入“三、学习的三重目的”，然后将素材文档中序号 5 对应的第 2 行中剩余的内容复制到幻灯片右侧的内容占位符中。

4.【解题步骤】

步骤 1:选择第 3 张幻灯片，选择标题占位符，在【动画】→【动画】组的单击列表框右下角的下拉按钮,在弹出的下拉列表框的“退出”栏中选择“飞出”选项;选择内容占位符，在【动画】→【动画】组单击列表框右下角的下拉按钮，在弹出的下拉列表框的“进入”栏中选择“飞入”选项;在“计时”组中单击“向前移动”按钮，调整动画效果的顺序。

步骤 2:选择第 4 张幻灯片，选择标题占位符，在【动画】→【动画】组单击列表框右下角的下拉按钮,在弹出的下拉列表框的“退出”栏中选择“飞出”选项；选择左上方的内容占位符，在【动画】→【动画】组单击列表框右下角的下拉按钮，在弹出的下拉列表框的“进入”栏中选择“飞入”选项;选择右上方的内容占位符，在【动画】→【动画】组单击列表框右下角的下拉按钮，在弹出的下拉列表框的“退出”栏中选择“飞出”选项;按住【Ctrl】键选择其他两个内容占位符和图片，在【动画】→【动画】组单击列表框右下角的下拉按钮，在弹出的下拉列表框的“进入”栏中选择“浮入”选项；选择标题占位符，在“计时”组中单击多次“向后移动”按钮，使其播放顺序为最后。

步骤 3：选择第 5 张幻灯片，选择左侧的内容占位符，在【动画】→【动画】组单击列表框右下角的下拉按钮，在弹出的下拉列表框的“退出”栏中选择“飞出”选项；按住【Ctrl】键选择右侧的标题占位符和内容占位符，在【动画】→【动画】组单击列表框右侧右下角的下拉按钮，在弹出的下拉列表框的“进入”栏中选择“飞入”选项；选择左侧的内容占位符,在“计时”组中单击“向后移动”按钮，调整动画效果的顺序。

5.【解题步骤】

步骤 1:选择第 4 张幻灯片,选择“‘学海无涯’”文本，在【开始】→【字体】组中单击“加粗”按钮,选择“‘学无止境’”文本,在【开始】→【字体】组中单击“加粗”按钮。

步骤 2：选择“不能使用计算机进行学习、交流和管理信息的人。”文本,在“字体”组中单击“字体颜色”按钮右侧的下拉按钮，在弹出的下拉列表的“标准色”栏中选择“浅绿”选项。

6.【解题步骤】

步骤 1：选择第 2 张幻灯片，选择内容文本框，在【开始】→【段落】组中单击“转换为 SmartArt”下拉按钮,在弹出的下拉列表中选择“其他 SmartArt 图形”选项。

步骤 2：打开“选择 SmartArt 图形”对话框，①在左侧的列表框中单击“列表”选项卡；②在中间的列表框中选择“垂直框列表”选项;③单击“确定”按钮，如图 3-40 所示，关闭“选择 SmartArt 图形”对话框。

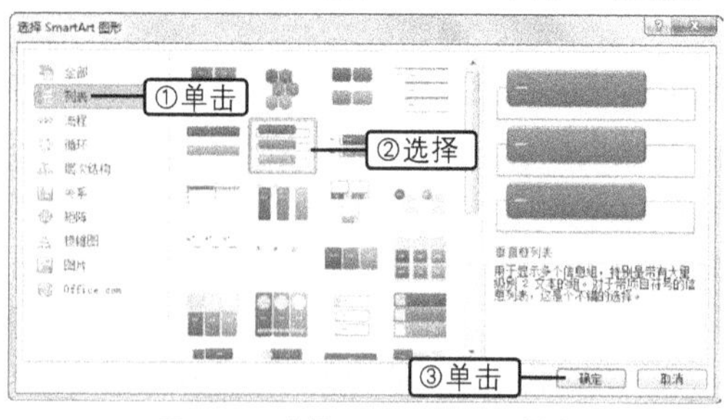

图 3-40　选择 SmartArt 图形样式

步骤 3:选择“一、现代社会知识更新的特点”文本，在【插入】→【链接】组中单击“超链接”按钮，打开“插入超链接”对话框，在“链接到”列表框中单击“本文档中的位置”按钮，在“请选择文档中的位置”列表框中选择“3. 知识的更新速度实在太快，……”选项，单击“确定”按钮。

步骤 4：用同样的方法，将“二、现代文盲——功能性文盲”文本链接到“4. 知识就像产品一样频繁地更新……”幻灯片；将“三、学习的三重目的”文本链接到“5. 三、学习的三重目的”幻灯片。

7.【解题步骤】

步骤 1：选择第 6 张幻灯片，在【开始】→【幻灯片】组中单击“版式”下拉按钮，在弹出的下拉列表中选择“空白”选项。

步骤 2：在幻灯片上单击鼠标右键，在弹出的快捷菜单中选择“设置背景格式”选项，打开“设置背景格式”对话框。①在左侧列表框中单击“填充”选项卡；②在右侧对应的列表框中单击选中“纯色填充”单选项；③在“填充颜色”栏中单击“颜色”按钮；④在弹出的下拉列表的“标准色”栏中选择“浅绿”选项；⑤单击“关闭”按钮，如图 3-41 所示，关闭“设置背景格式”对话框。

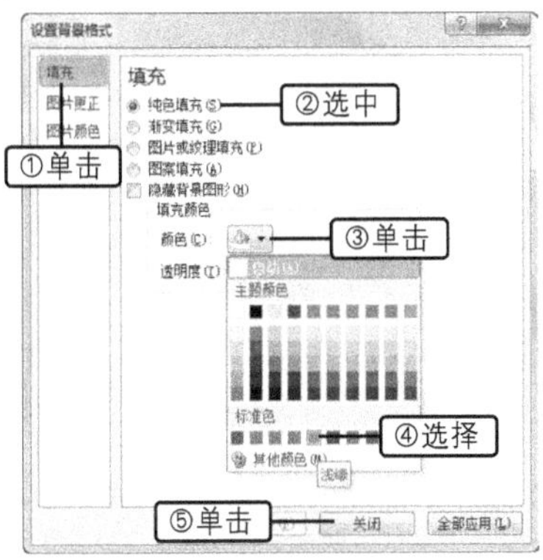

图 3-41 设置背景样式

8.【解题步骤】

步骤 1：选择第 6 张幻灯片，在【插入】→【文本】组中单击“艺术字”下拉按钮，在弹出的下拉列表中选择“填充—茶色，强调文字颜色 2，粗糙棱台”选项，此时会插入一个艺术字文本框，将光标定位到艺术字文本框中，输入“结束”。

步骤 2：选择新建的艺术字，在【动画】→【动画】组中单击列表框右下角的下拉按钮，在弹出的下拉列表框的“动作路径”栏中选择“循环”选项，并在幻灯片中选择路径曲线，适当拖动调整路径的大小。

步骤 3：选择【文件】→【另存为】选项，在打开的“另存为”对话框的“文件名”文本框中输入“PPT”，单击“保存”按钮，即可将演示文稿保存为文件名为“PPT.pptx”的文件。

无纸化全真模拟题套卷（4）参考答案及解析

一、选择题

1. D【解析】本题考查链表与线性结构的综合知识。双向链表结点具有两个指针域，属于线性结构，A 选项错误；循环链表所有结点的指针域都为非空，属于线性结构，B 选项错误；循环链表是链表，循环队列属于队列，队列只能在队尾入队，在排头退队，链表可以在任何位置插入、删除，C 选项错误；双向链表是线性链接，其结点具有多个指针域，D 选项正确。

2. B【解析】本题考查线性表及其顺序存储结构。链式存储结构与顺序存储结构相比，链式存储在进行插入和删除运算时，只需要改变指针即可，不需要移动元素；链表的存储空间易于扩充并方便空间的动态分配，插入与删除运算效率高，故 B 选项符合题意。

3. C【解析】本题考查栈及其基本运算。栈是一种特殊的线性表，它的插入与删除运算都限定在线性表的同一端进行，而另一端是封闭的。队列是允许在一端插入，而在另一端删除的线性表。将 A、B、C、D、E、F 入栈后，栈中元素为 ABCDEF，退出 3 个元素入队，队列元素为 FED，将 X、Y、Z 入栈后栈中元素为 ABCXYZ，全部入队后，队列元素为 FEDZYXCBA。C 选项正确。

4. C【解析】本题考查队列及其基本运算。入队运算时，队尾指针进 1（即 rear+1），然后在 rear 指针指向的位置插入新元素；退队运算时，排头指针进 1（即 front+1），然后删除 front 指针指向的位置上的元素。当 front=rear=50 时可知队列空或者队列满，此后又经过操作，front−1=rear 时，则队列里有 49 个元素，循环队列寻找最大值最坏情况下比较 n−1 次，即 48 次。C 选项正确。

5. C【解析】本题考查线性链表的基本概念。通常在线性表的链式存储结构中，各数据结点的存储序号是不连续的，并且各结点在存储空间中的位置关系与逻辑关系也不一致，A、B、D 选项叙述错误；线性链表中数据的插入和删除都不需要移动表中的元素，只需改变结点的指针域即可，C 选项叙述正确。

6. A【解析】本题考查循环链表的基本概念。

在循环链表中，只要指出表中任何一个结点的位置，就可以从它出发访问到表中其他所有的结点，A 选项符合题意。

7. C【解析】本题考查树与二叉树的前序遍历运算。前序遍历是指在访问根结点、遍历左子树与遍历右子树这三者中，首先访问根结点，然后遍历左子树，最后遍历右子树；并且，在遍历左右子树时，仍然先访问根结点，然后遍历左子树，最后遍历右子树。因此进行前序遍历时，先访问 A，再访问 A 的左子树 B，访问 B 左子树 D，D 没有左子树，则访问 D 的右子树 Y，访问 B 的右子树 E，访问 A 的右子树 C，访问 C 的左子树 F，访问 C 的右字数 X，访问 X 的左子树 Z，则遍历的结果为 ABDYECFXZ。C 选项正确。

8. A【解析】本题考查二分查找的比较次数。对长度为 n 的线性表排序，最坏情况下时间复杂度，二分法查找为 $\log_2 n$，A 选项符合题意；顺序查找法为 $O(n)$；分块查找时间复杂度与分块规则有关；散列查找时间复杂度为 $O(1)$，B、C、D 选项不符合题意。

9. D【解析】本题考查冒泡排序的比较次数。对长度为 n 的线性表排序，在最坏情况下，冒泡排序需要比较的次数为 $n(n-1)/2$。将本题中的 $n=20$ 代入公式，即可得到 $20\times(20-1)/2=190$。D 选项正确。

10. A【解析】本题考查结构化程序的设计原则。结构化程序设计的思想包括：自顶向下、逐步求精、模块化、限制使用 goto 语句，A 选项符合题意，B、C、D 选项不符合题意。

11. A【解析】计算机中的所有信息都采用二进制来存储，故选 A。

12. C【解析】微处理器由运算器和控制器组成。运算器是计算机处理数据形成信息的加工厂，它的主要功能是对数据进行算术运算和逻辑运算。控制器是计算机的指挥中心，它统一控制计算机的各个部件，故选 C。

13. D【解析】常见的系统软件主要有：各类操作系统，如 DOS 操作系统、Windows 操作系统、UNIX 操作系统和 Linux、Netware 等；程序语言；处理程序；辅助程序以及数据库管理等，故选 D。

14. C【解析】防病毒软件是一种计算机程序，可进行检测、防护，并采取行动来解除或删除恶意软件程序，如病毒和蠕虫，故选 C。

15. B【解析】文档中内容较多的表格，难免会跨越两页或更多页面。此时，如果希望表格的标题可以自动出现在每个页面的表格上方，可以利用“重复标题行”功能。具体操作方法如下：将光标定位在表格标题的行中，在【表格工具 布局】→【数据】组单击“重复标题行”按钮，故选 B。

16. B【解析】A 选项中使用 A3 纸进行排版，打印时使用 A4 纸，并不能将最后一行文字上提；C 选项将纸张方向更改，是不符合论文格式要求的；D 选项缩小字体，不符合论文格式要求；故只有 B 选项中修改页边距，从而使最后一行上提符合题意，故选 B。

17. D【解析】本题需要将工资列的值统一增加 50，可以在工作表数据区域之外的任意单元格中输入 50，复制该单元格，然后选择 E3:E39 单元格区域，单击鼠标右键，使用“选择性粘贴 - 加”命令，故选 D。

18. B【解析】相对引用地址表示为“列标行号”，不能表示为“行号列标”，故选 B。

19. C【解析】用户可以根据自己的需要，建立多种放映方案，在不同的方案中选择不同的幻灯片放映。可通过单击【幻灯片放映】→【开始幻灯片放映】组中的“自定义幻灯片放映”按钮，在打开的“自定义放映”对话框中进行设置，故选 C。

20. D【解析】单击节标题，可选择该节中的所有幻灯片，然后在【切换】→【切换到此幻灯片】组中选择一种切换方式，则该节中的所有幻灯片均使用该切换方式，故选 D。

二、字处理题

视频演示

素材：考生文件夹 \ 全真模拟题（4）\ Word 素材 1.docx、Word 素材 2.xlsx、结算单样例 .jpg

效果：效果文件夹 \ 全真模拟题（4）\ 结算单模板 .docx、批量结算单 .docx

1.【解题步骤】

打开考生文件夹中的“Word 素材 1.docx”文档，选择【文件】→【另存为】选项，打开“另存为”对话框，在“文件名”文本框中输入“结算单模板”，单击“保存”按钮。

2.【解题步骤】

步骤 1：在【页面布局】→【页面设置】组中单击对话框启动器按钮，打开“页面设置”对话框。单击“纸张”选项卡，在“纸张大小”栏的“纸张大小”下拉列表框中选择“A4”选项。

步骤 2：单击“页边距”选项卡，在“页边距”栏的“上”“下”“左”“右”数值框中都输入“1 厘米”，在“纸张方向”栏中选择“横向”选项，单击“确定”按钮。

步骤 3：将光标定位到表格下方的空白回车符前，在“页面设置”组中单击“分栏”下拉按钮，在弹出的下拉列表中选择“更多分栏”选项。

步骤 4：打开“分栏”对话框，①在“预设”栏中选择“两栏”选项；②在“宽度和间距”栏的“间距”数值框中输入“2 字符”；③单击“确定”按钮，如图 3-42 所示。

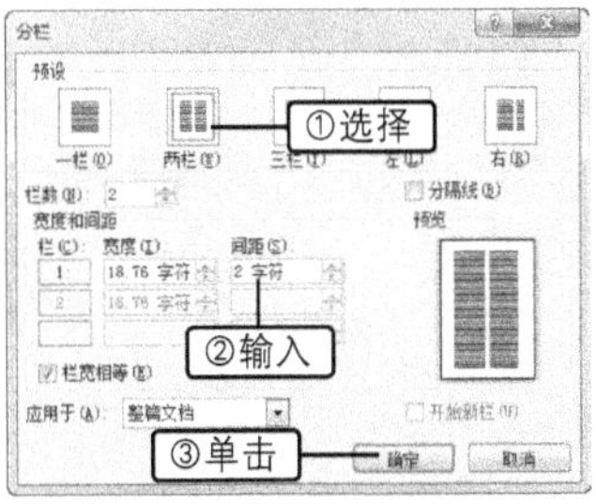

图 3-42　设置分栏

步骤 5：在“页面设置”组中单击“分隔符”下拉按钮，在弹出的下拉列表框的“分页符”栏中选择“分栏符”选项。

3.【解题步骤】

步骤 1：选择整个表格对象，在【表格工具 布局】→【表】组中单击“属性”按钮，打开“表格属性”对话框，在“表格”选项卡的“对齐方式”栏中选择“居中”选项；单击“单元格”选项卡，在“垂直对齐方式”栏中选择“居中”选项，单击“确定”按钮。

步骤 2：在“单元格大小”组的“表格行高”数值框中输入“0.9 厘米”；然后在表格中选择“经办单位意见”和“财务部门意见”所在的行，在“单元格大小”组的“表格行高”数值框中输入“2.5 厘米”。

步骤 3：选择表格第 1、2 行，在【表格工具 设计】→【表格样式】组中单击“边框”按钮右侧的下拉按钮，在弹出的下拉列表中选择“无框线”选项。

步骤 4：选择表格中除第 1、2 行以外的所有行，在“绘图边框”组的“笔划粗细”下拉列表框中选择“2.25 磅”选项，在“表格样式”组中单击“边框”按钮右侧的下拉按钮，在弹出的下拉列表中选择“外侧框线”选项；然后在“绘图边框”组的“笔划粗细”下拉列表框中选择“0.5 磅”选项，在“表格样式”组中单击“边框”按钮右侧的下拉按钮，在弹出的下拉列表中选择“内部框线”选项，继续在“表格样式”组中单击“边框”按钮右侧的下拉按钮，在弹出的下拉列表中选择“内部框线”选项。

4.【解题步骤】

步骤 1：选择表格第 1 行文字，在【开始】→【段落】组中单击“居中”按钮，在“字体”组的“字体”下拉列表框中选择“华文中宋”选项，在“字号”下拉列表框中选择“小二”选项；选择表格中的其他文本，在“字体”组的“字体”下拉列表框中选择“仿宋”选项，在“字号”下拉列表框中选择“小四”选项，单击“加粗”按钮。

步骤 2：选择表格中除第 1、2 行以外的所有行，在“段落”组中单击“居中”按钮。

步骤 3：选择表格第 2 行的最后 1 个空白单元格，在“字体”组的“字体”下拉列表框中选择“楷体”选项，在“字号”下拉列表框中选择“四号”选项，在“段落”组中单击“文本右对齐”按钮；选择其他空白单元格，在“字体”组的“字体”下拉列表框中选择“楷体”选项，在“字号”下拉列表框中选择“四号”选项，在“段落”组中单击“文本左对齐”按钮。

5.【解题步骤】

步骤 1：选择分栏右侧的文本，在【插入】→【文本】组中单击“文本框”下拉按钮，在弹出的下拉列表中选择“绘制文本框”选项。

步骤 2：选择绘制后的文本框，在【绘图工具 格式】→【排列】组中单击“旋转”下拉按钮，在弹出的下拉列表中选择“向左旋转 90°”选项。

6.【解题步骤】

步骤 1：选择文本框中的第 1 行文本，在【开始】→【字体】组中的“字体”下拉列表框中选择“黑体”选项，在“字号”下拉列表框中选择“小三”选项，单击“加粗”按钮，并在“段落”组中单击“居中”按钮；选择文本框中的第 2 行文本，在“字体”组的“字体”下拉列表框中选择“黑体”选项，在“字号”下拉列表框中选择“小四”选项，并在“段落”组中单击“居中”按钮。

步骤 2：选择除第 1、2 行外的其他内容，在“字体”组的“字体”下拉列表框中选择“仿宋”选项，在“字号”下拉列表框中选择“小四”选项；在“段落”组中单击对话框启动器按钮，打开“段落”对话框，单击“缩进和间距”选项卡，在“常规”栏的“对齐方式”下拉列表框中选择“两端对齐”选项，在“缩进”栏的“特殊格式”下拉列表框中选择“首行缩进”选项，在“磅值”数值框中输入“2 字符”，单击“确定”按钮。

7.【解题步骤】

步骤 1：将光标定位到文本框中的“科研经费

报账基本流程”文本右侧，按【Enter】键，在【插入】→【插图】组中单击“SmartArt”按钮。

步骤 2：打开“选择 SmartArt 图形”对话框，①在左侧的列表框中单击“流程”选项卡；②在中间的列表框中选择“垂直流程”选项；③单击“确定”按钮，如图 3-43 所示。

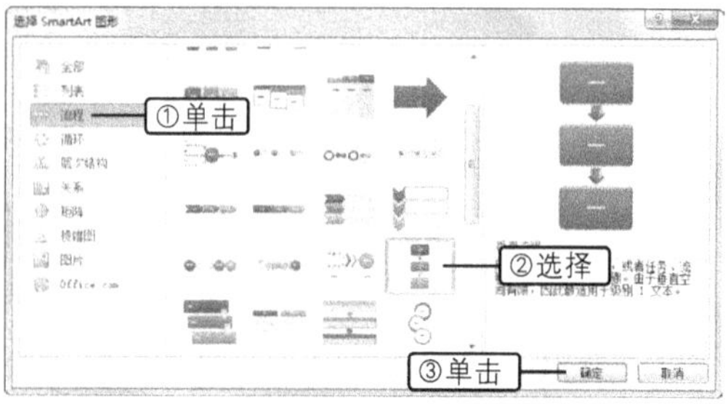

图 3-43　选择 SmartArt 图形样式

步骤 3:选择插入的 SmartArt 图形，在【SmartArt 工具 设计】→【SmartArt 样式】组中单击“更改颜色”下拉按钮，在弹出的下拉列表框的“主题颜色（主色）”栏中选择“彩色轮廓 - 强调文字颜色 1”选项，在样式列表框中单击右下角的下拉按钮，在弹出的下拉列表框的“文档的最佳匹配对象”栏中选择“简单填充”选项。

步骤 4：选择文本框中倒数第 4 行的文本，按【Ctrl+X】组合键，将光标定位到 SmartArt 图形的最上面的形状中，按【Ctrl+V】组合键；选择文本框中倒数第 3 行的文本，按【Ctrl+X】组合键，将光标定位到 SmartArt 图形的第 2 行的形状中，按【Ctrl+V】组合键；选择文本框中倒数第 2 行的文本，按【Ctrl+X】组合键，将光标定位到 SmartArt 图形的第 3 行的形状中，按【Ctrl+V】组合键。

步骤 5：选择 SmartArt 图形第 3 行的形状，在“创建图形”组中单击“添加形状”按钮，选择文本框中最后一行的文本，按【Ctrl+X】组合键，将光标定位到 SmartArt 图形新添加的形状中，单击鼠标右键，在弹出的快捷菜单中选择“编辑文字”命令，按【Ctrl+V】组合键。

步骤 6：适当调整 SmartArt 图形的大小。

8.【解题步骤】

步骤 1：在【邮件】→【开始邮件合并】组中单击“开始邮件合并”下拉按钮，在弹出的下拉列表中选择“邮件合并分步向导”选项，打开“邮件合并”任务窗格。

步骤 2：在“邮件合并”任务窗格的“选择文档类型”栏中保持默认设置，单击“下一步：正在启动文档”超链接。

步骤 3：在“邮件合并”任务窗格的“选择开始文档”栏中保持默认设置，单击“下一步：选取收件人”超链接。

步骤 4：在“邮件合并”任务窗格的“选择收件人”栏中保持默认设置，在“使用现有列表”栏中单击“浏览”超链接；打开“选取数据源”对话框，选择考生文件夹中的“Word 素材 2.xlsx”文档，单击“打开”按钮。

步骤 5：打开“选择表格”对话框，①单击“确定”按钮；打开“邮件合并收件人”对话框，保持默认设置（勾选所有收件人）；②单击“确定”按钮，如图 3-44 所示；返回到 Word 文档后，在“邮件合并”任务窗格中单击“下一步：撰写信函”超链接。

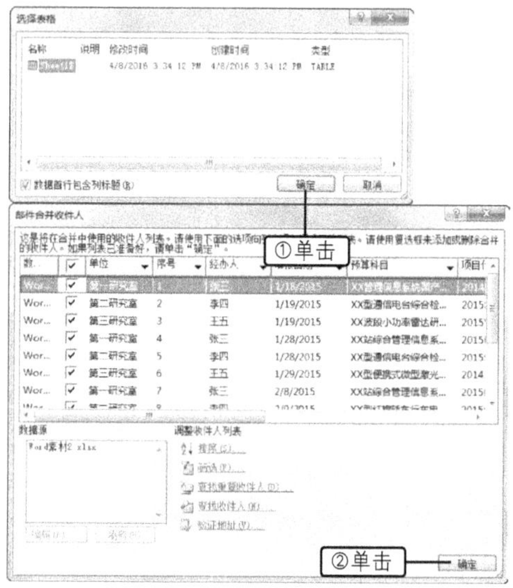

图 3-44　设置邮件合并收件人

步骤 6：将光标定位到“单位：”右侧的单元格中，在【邮件】→【编写和插入域】组中单击“插入合并域”下拉按钮，在弹出的下拉列表中选择“单位”选项。

步骤 7：用同样的方法，在“经办人：”右侧的单元格中插入“经办人”；在第 2 行的最后 1 个单元格中插入“填报日期”；在“预算科目”右侧的单元格中插入“预算科目”；在“项目代码”右侧的单元格中插入“项目代码”；在“单据张数”右侧的单元格中插入“单据张数”；在“开支内容”右侧的单元格中插入“开支内容”；在“金额（小写）”右侧的单元格中插入“金额（小写）”；在“金额（大写）”右侧的单元格中插入“金额（大写）”。

步骤 8：将光标定位到“经办单位意见”右侧的单元格中，在“编写和插入域”组中单击“规则”下拉按钮，在弹出的下拉列表中选择“如果……那么……否则”选项。

步骤 9：打开“插入 Word 域：IF”对话框，①在“如果”栏的“域名”下拉列表框中选择“金额（小写）”选项；②在“比较条件”下拉列表框中选择“小于等于”选项；③在“比较对象”文本框中输入“5000”；④在“则插入此文字”文本框中输入“同意，送财务审核”；⑤在“否则插入此文字”文本框中输入“情况属实，拟同意，请领导审批”；⑥单击“确定”按钮，如图 3-45 所示。

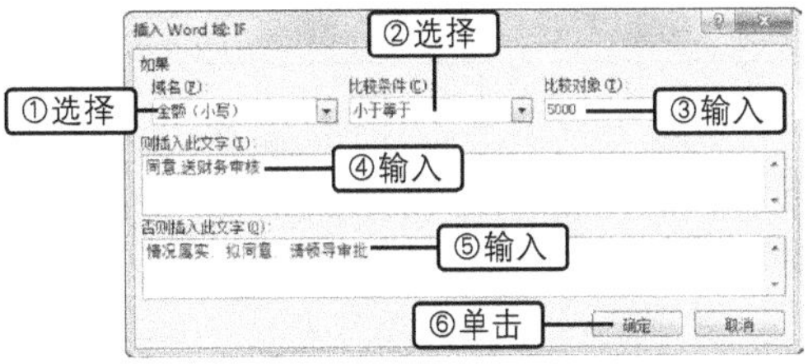

图 3-45　设置 Word 格式

步骤 10：在“编写和插入域”组中单击“规则”下拉按钮，在弹出的下拉列表中选择“跳过记录条件”选项，打开“插入 Word 域：Skip Record If”对话框，在“域名”下拉列表框中选择“金额（小写）”选项，在“比较条件”下拉列表框中选择“小于”选项，在“比较对象”文本框中输入“500”，单击“确定”按钮。

步骤 11：在“邮件合并”任务窗格中单击“下一步：预览信函”超链接；在“邮件合并”任务窗格中单击“下一步：完成合并”超链接，在“邮件合并”任务窗格的“合并”栏中单击“编辑单个信函”超链接。

步骤 12：打开“合并到新文档”对话框，①在“合并记录”栏中单击选中“全部”单选项；②单击“确定”按钮，如图 3-46 所示。

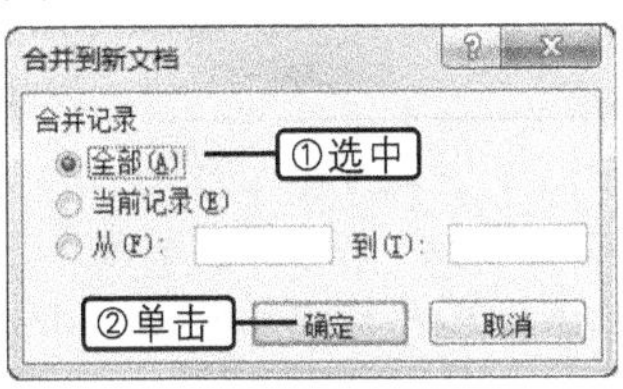

图 3-46　编辑单个信函

步骤 13：新生成一个“信函 1”文档，选择【文件】→【另存为】选项，打开“另存为”对话框，在“文件名”文本框中输入“批量结算单”，单击“保存”按钮。

步骤 14：返回“结算单模板 .docx”文档，在快速访问工具栏中单击“保存”按钮，关闭 Word 2010。

三、电子表格题

视频演示

素材：考生文件夹 \ 全真模拟题（4）\ 素材 .xlsx

效果：效果文件夹 \ 全真模拟题（4）\ 滨海市 2015 年春高二物理统考情况分析 .xlsx

1.【解题步骤】

打开考生文件夹下的“素材 .xlsx”素材文件，选择【文件】→【另存为】选项，打开“另存为”对话框，在“文件名”文本框中输入“滨海市 2015 年春高二物理统考情况分析”，设置保存位置为考生文件夹，单击“保存”按钮。

2.【解题步骤】

步骤 1：在“按班级汇总”工作表中，选择 C2 单元格，输入“=COUNTIFS(成绩单 !$A$2:$A$950, 按班级汇总 !$A2, 成绩单 !$B$2:$B$950, 按班级汇总 !$B2)”，按【Ctrl+Enter】组合键，然后双击 C2 单元格右下角的填充柄填充数据。

步骤 2：选择 D2 单元格，输入“=MAX((成绩单 !$A$2:$A$950= 按班级汇总 !$A2)*(成绩单 !$B$2:$B$950= 按班级汇总 !$B2)* 成绩单 !$D$2:$D$950)”，按【Ctrl+Shift+Enter】组合键，然后双击 D2 单元格右下角的填充柄填充数据。

步骤 3：选择 E2 单元格，输入“=MIN(IF((成绩单 !$A$2:$A$950= 按班级汇总 !$A2)*(成绩单 !$B$2:$B$950= 按班级汇总 !$B2), 成绩单 !$D$2:$D$950))”，按【Ctrl+Shift+Enter】组合键，然后双击 E2 单元格右下角的填充柄填充数据。

步骤 4：选择 F2 单元格，输入“=AVERAGEIFS(成绩单 !$D$2:$D$950, 成绩单 !$A$2:$A$950, 按班级汇总 !$A2, 成绩单 !$B$2:$B$950, 按班级汇总 !$B2)”，按【Ctrl+Enter】组合键，然后双击 F2 单元格右下角的填充柄填充数据。

步骤 5：选择 G2 单元格，输入“=SUM(小分统计 !$C2:$AP2)”，按【Ctrl+Enter】组合键，然后双击 G2 单元格右下角的填充柄填充数据。

步骤 6：选择 H2 单元格，在该单元格中输入公式“=SUM(小分统计 !$AQ2:$AZ2)”，按【Ctrl+Enter】组合键，然后双击 H2 单元格右下角的填充柄填充数据。

步骤 7：选择 C、D、E 列，在【开始】→【单元格】组中单击“格式”下拉按钮，在弹出的下拉列表中选择“设置单元格格式”选项，打开“设置单元格格式”对话框，在“分类”列表框中选择“数值”选项，在“小数位数”数值框中输入“0”，单击“确定”按钮。

步骤 8： 选择 F、G、H 列，在“单元格”组中单击“格式”下拉按钮，在弹出的下拉列表中选择“设置单元格格式”选项，打开“设置单元格格式”对话框，在“分类”列表框中选择“数值”选项，单击“确定”按钮。

步骤 9： 单击“按学校汇总”工作表标签，选择 B2 单元格，输入“=COUNTIF(成绩单 !$A$2:$A$950, 按学校汇总 !$A2)”，按【Ctrl+Enter】组合键，然后双击 B2 单元格右下角的填充柄填充数据。

步骤10： 选择C2单元格，输入“=MAX((成绩单!$A$2:$A$950=按学校汇总!$A2)*成绩单!$D$2:$D$950)”，按【Ctrl+Shift+Enter】组合键，然后双击C2单元格右下角的填充柄填充数据；选择D2单元格，输入“=MIN(IF(成绩单!$A$2:$A$950=按学校汇总!$A2,成绩单!$D$2:$D$950))”，按【Ctrl+Shift+Enter】组合键，然后双击D2单元格右下角的填充柄填充数据。

步骤 11： 选择 E2 单元格，输入“=AVERAGEIFS(成绩单 !$D$2:$D$950, 成绩单 !$A$2:$A$950, 按学校汇总 !$A2)”，按【Ctrl+Enter】组合键，然后双击 E2 单元格右下角的填充柄填充数据；选择 F2 单元格，输入“=SUM((按班级汇总 !$A$2:$A$33= 按学校汇总 !$A2)*(按班级汇总 !$C$2:$C$33)*(按班级汇总 !$G$2:$G$33))/$B2”，按【Ctrl+Shift+Enter】组合键，然后双击 F2 单元格右下角的填充柄填充数据；选择 G2 单元格，输入“=SUM((按班级汇总 !$A$2:$A$33= 按学校汇总 !$A2)*(按班级汇总 !$C$2:$C$33)*(按班级汇总 !$H$2:$H$33))/$B2”，按【Ctrl+Shift+Enter】组合键，然后双击 G2 单元格右下角的填充柄填充数据。

步骤 12： 选择 H2 单元格，输入“=SUM((小分统计 !$A$2:$A$33=$A2)* 小分统计 !C$2:C$33* 按班级汇总 !$C$2:$C$33)/$B2/ 分值表 !B$3”，按【Ctrl+Shift+Enter】组合键，在 H2 单元格中拖动右下角填充柄，横向填充到 BE2 单元格，紧接着从 BE2 单元格拖动填充柄，纵向填充到 BE5 单元格。

步骤 13： 选择 B、C、D 列，在【开始】→【单元格】组中单击“格式”下拉按钮，在弹出的下拉列表中选择“设置单元格格式”选项，打开“设置单元格格式”对话框，在“分类”列表框中选择“数值”选项，在“小数位数”数值框中输入“0”，单击“确定”按钮；选择 E、F、G 列，在“单元格”组中单击“格式”下拉按钮，在弹出的下拉列表中选择“设置单元格格式”选项，打开“设置单元格格式”对话框，在“分类”列表框中选择“数值”选项，单击“确定”按钮。

步骤 14： 选择 H ～ BE 列，在“单元格”组中单击“格式”下拉按钮，在弹出的下拉列表中选择“设置单元格格式”选项，打开“设置单元格格式”对话框，在“分类”列表框中选择“百分比”选项，单击“确定”按钮。

3.【解题步骤】

步骤 1： 在工作表标签的右侧单击“插入工作表”按钮，在新建的工作表标签上双击，输入“按学校汇总 2”，按【Enter】键。

步骤 2： 选择“按学校汇总”工作表中的 A1:BE5 单元格区域，在【开始】→【剪贴板】组中单击“复制”按钮；单击“按学校汇总 2”工作表标签，选择 A1 单元格，单击“粘贴”按钮下面的下拉按钮，在弹出的下拉列表中选择“选择性粘贴”选项。

步骤 3： 打开“选择性粘贴”对话框，①在“粘贴”栏中单击选中“数值”单选项；②在最下面的栏中单击选中“转置”复选框；③单击“确定”按钮，如图 3-47 所示。

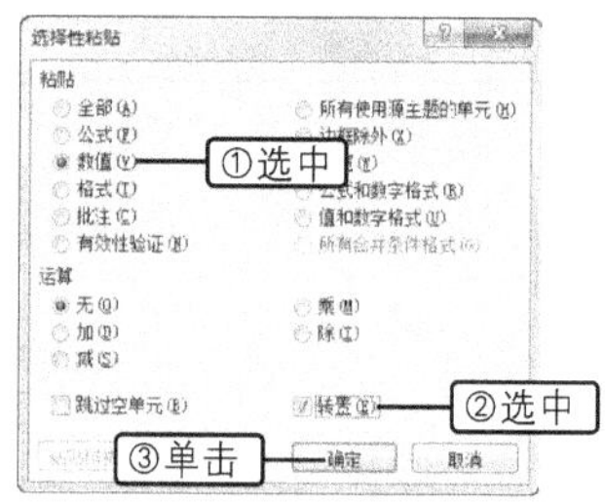

图 3-47　选择性粘贴

4.【解题步骤】

步骤 1： 在“按学校汇总 2”工作表中选择 A1:E57 单元格区域，在【开始】→【样式】组中单击“套用表格格式”下拉按钮，在弹出列表的“中等深浅”栏中选择“表样式中等深浅 12”选项，打开“套用表格格式”对话框，单击“确定”按钮。

步骤 2： 选择 A8:E57 单元格区域，在【开始】→【单元格】组中单击“格式”下拉按钮，在弹出的下拉列表中选择“设置单元格格式”选项，打开“设置单元格格式”对话框，在“分类”列表框中选择“百分比”选项，单击“确定”按钮；在“样式”组中单击“条件格式”下拉按钮，在弹出的下拉列表中选择“突出显示单元格规则”选项，在弹出的子列表中选择“小于”选项。

步骤 3：打开“小于”对话框，在“为小于以下值的单元格设置格式”文本框中输入“80%”，在“设置为”下拉列表框中选择“浅红填充色深红色文本”选项，单击“确定”按钮。

步骤 4：在“样式”组中单击“条件格式”下拉按钮，在弹出的下拉列表中选择“突出显示单元格规则”选项，在弹出的子列表中选择“介于”选项。

步骤 5：打开“介于”对话框，①在“为介于以下值之间的单元格设置格式”左侧的文本框中输入“80%”；②在右侧的文本框中输入“90%”；③在“设置为”下拉列表框中选择“黄填充色深黄色文本”选项；④单击“确定”按钮，如图 3-48 所示。

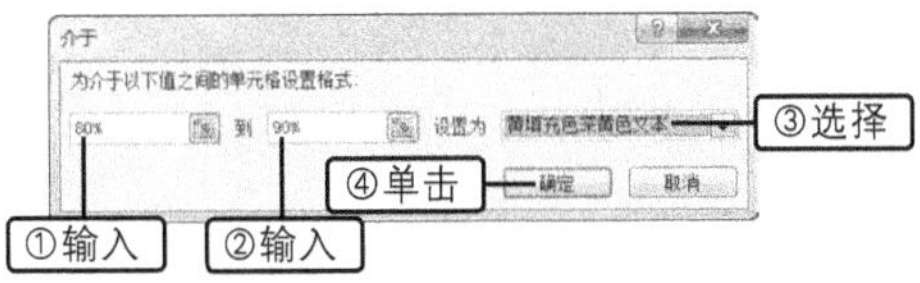

图 3-48　设置条件格式

步骤 6：在快速访问工具栏中单击“保存”按钮。

四、演示文稿题

视频演示

素材：考生文件夹 \ 全真模拟题（4）\ PPT_素材.docx、业务报告签发稿纸.xlsx、封面备考表模板.docx、Logo1.png

效果：效果文件夹 \ 全真模拟题（4）\ PPT.pptx

1.【解题步骤】

步骤 1：启动 PowerPoint 2010，选择【文件】→【另存为】命令，打开“另存为”对话框，将保存位置设置为考生文件夹，在“文件名”文本框中输入“PPT”，单击“保存”按钮。

步骤 2：在【开始】→【幻灯片】组中单击 10 次“新建幻灯片”按钮，新建 10 张幻灯片。

步骤 3：打开“PPT_素材.docx”文档，将文中的红色文本复制粘贴到每页幻灯片的标题占位符中，将绿色和蓝色的文本复制粘贴到每页幻灯片的内容占位符中。

步骤 4：在幻灯片窗格中选择第 6 张幻灯片，选择“PPT_素材.docx”文档中蓝色文本对应的文本，在【开始】→【段落】组中单击“提高列表级别”按钮，降低所选文本的大纲级别。按照同样的方法，在第 7、9、10 和 11 张幻灯片中，将“PPT_素材.docx”文档中蓝色文本对应的文本降低大纲级别。

2.【解题步骤】

步骤 1：选择【插入】→【图像】组，单击“剪贴画”按钮，打开“剪贴画”任务窗格。①在“搜索文字”文本框中输入“纸”；②单击“搜索”按钮；③在下面的列表框中选择“作文纸”剪贴画，如图 3-49 所示，将其插入到幻灯片中。

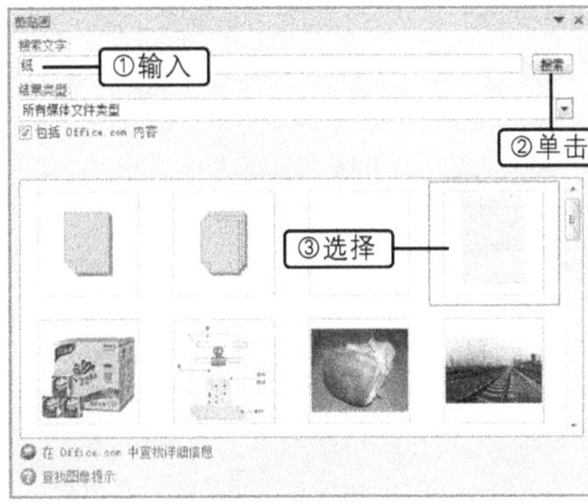

图 3-49　插入剪贴画

步骤 2：在【图片工具 格式】→【排列】组中单击“下移一层”按钮右侧的下拉按钮，在弹出的下拉列表中选择“置于底层”选项，然后调整图片的大小和位置，使其置于幻灯片的右下角。

步骤 3：选择标题文本框，在【动画】→【动画】组的样式列表框中单击右下角的下拉按钮，在弹出的下拉列表框的“进入”栏中选择“淡出”选项；在“计时”组的“开始”下拉列表框中选择“上一动画之后”选项。

步骤 4：用同样的方法，为副标题文本框设置动画“飞入”；在“动画”组中单击“效果选项”下拉按钮，在弹出的下拉列表框的“序列”栏中选择“作为一个对象”选项；在“计时”组的“开始”下拉列表框中选择“上一动画之后”选项。

步骤 5：为剪贴画设置动画“浮入”，计时为“上一动画之后”。

步骤 6：在“高级动画”组中单击“动画窗格”按钮，打开“动画窗格”任务窗格，在下面的列表框中选择“剪贴画”对应的选项，在“计时”组中单击 2 次“向前移动”按钮；然后在列表框中选择“副标题”对应的选项，在“计时”组中单击“向前移动”按钮；完成后单击“关闭”按钮，关闭“动画窗格”任务窗格。

3.【解题步骤】

步骤 1：在幻灯片窗格中选择第 3 张幻灯片，在【开始】→【幻灯片】组中单击“版式”下拉按钮，在弹出的下拉列表框的“Office 主题”栏中选择“两栏内容”选项。

步骤2：打开考生文件夹中的“业务报告签发稿纸.xlsx”工作簿，选择B1:E19单元格区域，按【Ctrl+C】组合键，对其进行复制，返回PowerPoint演示文稿，在【开始】→【剪贴板】组中单击“粘贴”按钮下面的下拉按钮，在弹出的下拉列表框中选择“选择性粘贴”选项。

步骤3：打开“选择性粘贴”对话框，①单击选中“粘贴链接”单选项；②单击“确定”按钮，如图3-50所示，即可插入模板表格。

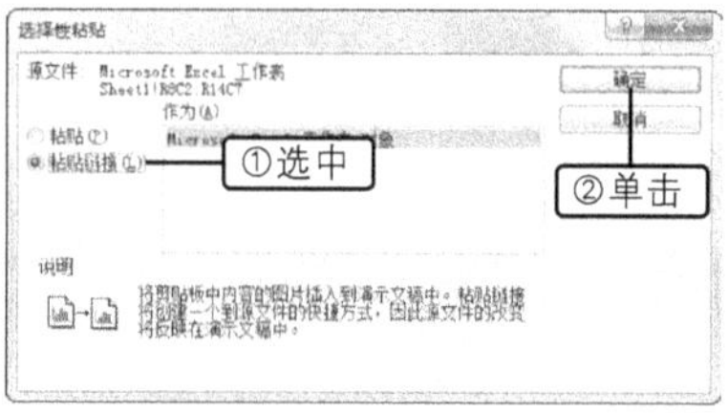

图3-50　插入工作表

步骤4：将右侧的内容占位符删除，然后将插入的表格移动到幻灯片右侧的合适位置，并适当调整表格的大小。

4.【解题步骤】

步骤1：选择第4张幻灯片，在内容文本框中选择除“业务部门”和“档案管理部门”文本外的其他文本，在【开始】→【段落】组中单击“提高列表级别”按钮，降低这些文本的大纲级别；然后将降低级别的且设置了缩进的文本再降低一次大纲级别。

步骤2：选择内容文本框，在【段落】组中单击“转换为SmartArt”下拉按钮，在弹出的下拉列表框中选择“其他SmartArt图形”选项。

步骤3：打开“选择SmartArt图形”对话框，①在左侧的列表框中单击“流程”选项卡；②在中间的列表框中选择“分阶段流程”选项；③单击“确定”按钮，如图3-51所示，插入完成后，将多余的无法显示的文本删除。

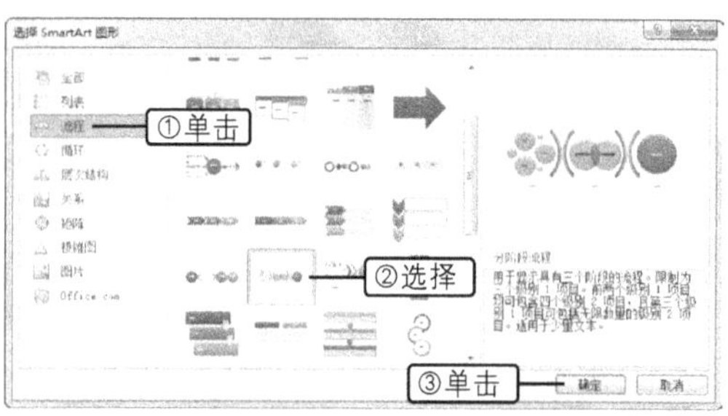

图3-51　选择SmartArt图形样式

步骤4：选择SmartArt图形，在【SmartArt工具 设计】→【SmartArt样式】组中单击“更改颜色”下拉按钮，在弹出的下拉列表框的“彩色”栏中选择“彩色范围－强调文字颜色2至3”选项。

步骤5：①在“SmartArt样式”组的样式列表框中单击右下角的下拉按钮；②在弹出的下拉列表框的“文档的最佳匹配对象”栏中选择“强烈效果”选项，如图3-52所示。

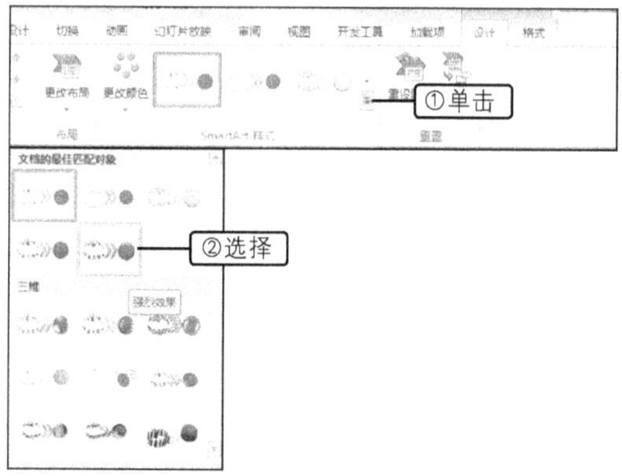

图3-52　设置SmartArt样式

步骤6：选择标题文本框，在【动画】→【动画】组的样式列表框中单击右下角的下拉按钮，在弹出的下拉列表框的“进入”栏中选择“劈裂”选项；在“计时”组的“开始”下拉列表框中选择“上一动画之后”选项。

步骤7：选择SmartArt图形，在【动画】组的样式列表框中单击右下角的下拉按钮，在弹出的下拉列表框的“进入”栏中选择“擦除”选项；单击“效果选项”下拉按钮，在弹出的下拉列表框的“序列”栏中选择“逐个”选项；在“计时”组的“开始”下拉列表框中选择“上一动画之后”选项。

步骤8：在“高级动画”组中单击“动画窗格”按钮，打开“动画窗格”任务窗格，在“内容占位符”右侧单击下拉按钮，在弹出的下拉列表中选择“效果选项”选项。

步骤9：打开“擦除”对话框，①单击“效果”选项，在“增强”栏的“声音”下拉列表框中选择“风铃”选项；②单击“确定”按钮，如图3-53所示。

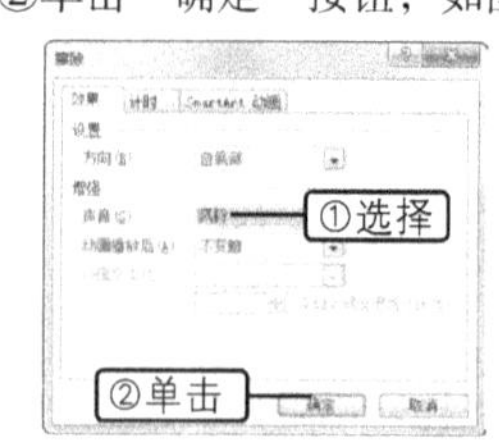

图3-53　设置动画选项

步骤 10：在 SmartArt 图形左下角的图形中选择"建立业务档案"下面的文本"案卷封面、备考表"，在【插入】→【超链接】组中单击"超链接"按钮，打开"插入超链接"对话框，选择考生文件夹中的"封面备考表模板 .docx"文档，单击"确定"按钮。

5.【解题步骤】

步骤 1：在幻灯片窗格中选择第 9 张幻灯片，按【Ctrl+C】组合键复制幻灯片，按 2 次【Ctrl+V】组合键粘贴两张幻灯片；选择第 9 张幻灯片，在内容文本框中删除除前 3 行内容以外的所有文本；选择第 10 张幻灯片，在内容文本框中删除除"（四）业务票据……"及其下属内容外的其他文本；选择第 11 张幻灯片，在内容文本框中删除除"（五）电子票据……"及其下属内容外的其他文本。

步骤 2：在幻灯片窗格中选择第 10 张幻灯片，将"备注内容："后面的文本复制到下面的"备注"栏中，然后删除幻灯片中的备注内容。

6.【解题步骤】

步骤 1：在幻灯片窗格中选择第 1 张幻灯片，在【插入】→【图像】组中单击"图片"按钮，在考生文件夹中选择"Logo1.png"图片，单击"插入"按钮；调整图片的大小，并将其移动到幻灯片的左上角；然后在【图片工具 格式】→【排列】组中单击"下移一层"按钮右侧的下拉按钮，在弹出的下拉列表中选择"置于底层"选项。

步骤 2：使用同样的方法，为其他幻灯片的左上角添加图片 Logo1.png，并将其置于底层以免遮挡标题文字。

步骤 3：在幻灯片窗格中选择第一张幻灯片，在【插入】→【文本】组中单击"页眉和页脚"按钮。

步骤 4：打开"页眉和页脚"对话框，①在"幻灯片"选项卡的"幻灯片包含内容"栏中单击选中"日期和时间"复选框；②单击选中下面的"自动更新"单选项；③在下面的下拉列表框中选择"××××年××月××日"样式的选项；④单击选中"幻灯片编号"和"标题幻灯片中不显示"两个复选框；⑤单击"全部应用"按钮，如图 3-54 所示。

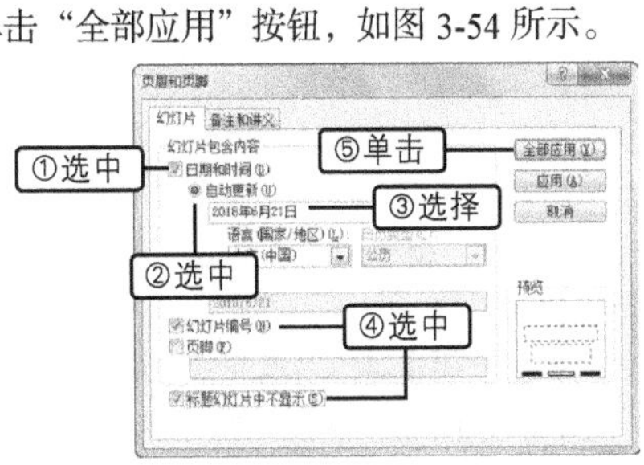

图 3-54　设置幻灯片的页眉和页脚

7.【解题步骤】

步骤 1：在幻灯片窗格中选择第 1 张幻灯片，在【开始】→【幻灯片】组中单击"节"下拉按钮，在弹出的下拉列表中选择"新增节"选项，然后继续在"幻灯片"组中单击"节"下拉按钮，在弹出的下拉列表中选择"重命名节"选项，打开"重命名节"对话框，在"节名称"文本框中输入"档案管理概述"，单击"重命名"按钮。

步骤 2：用同样的方法，为第 5 张幻灯片新增节，并命名为"归档和整理"；为第 9 张幻灯片新增节，并命名为"档案保管和销毁"。

步骤 3：在幻灯片窗格中单击"档案管理概述"节，在【设计】→【主题】组的样式列表框中单击右下角的下拉按钮，在弹出的下拉列表框的"内置"栏中选择"基本"选项；用同样的方法，为"归档和整理"节应用"波形"主题；为"档案保管和销毁"节应用"奥斯汀"主题。

步骤 4：在幻灯片窗格中单击"档案管理概述"节，在【切换】→【切换到此幻灯片】组的样式列表框中单击右下角的下拉按钮，在弹出的下拉列表框的"华丽型"栏中选择"溶解"选项。

步骤 5：用同样的方法，为"归档和整理"节设置"棋盘"切换动画；为"档案保管和销毁"节设置"时钟"切换动画。

步骤 6：在快速访问工具栏中单击"保存"按钮，关闭 PowerPoint 2010。

无纸化全真模拟题套卷（5）参考答案及解析

一、选择题

1. B【解析】本题考查面向对象方法的相关知识。对象的基本特点有标识唯一性、分类性、多态性、封装性、模块独立性好，其中封装是指隐藏对象的属性和实现细节，将数据和操作结合于统一体，仅对外提供访问方式，B 选项符合题意。

2. A【解析】本题考查面向对象方法的基本概念。对象之间进行通信的构造叫作消息，A 选项叙述正确；封装性是指从外面看只能看到对象的外部特征，而不知道也无须知道数据的具体结构及实现操作，B 选项叙述错误；对象不一定必须有继承性，C 选项叙述错误；多态性是指同一个操作可以是不同对象的行为，D 选项叙述错误。

3. C【解析】本题考查软件定义与软件特点。软件在运行使用期间不存在磨损、老化问题，A 选项叙述错误；软件是一种逻辑实体，而不是物理实体，具有抽象性，B 选项叙述错误，C 选项叙述正确；软件的开发、运行对计算机系统具有依赖性，受计算机系统的限制，D 选项叙述错误。

4. D【解析】本题考查软件过程与软件生命周期。软件过程是为了获得高质量软件所需要完成的一系列任务的框架，它规定了完成各项任务的工作步骤。软件过程所进行的基本活动主要有软件规格说明、软件开发、软件确认、软件演进。在过程结束时，将用户要求转化为软件产品，A、B、C 选项叙述错误；软件过程是把输入转化为输出的一组彼此相关的资源和活动，D 选项叙述正确。

5. B【解析】本题考查需求分析与需求分析方法。需求分析阶段的工作可以分为 4 个方面：需求获取、需求分析、编写需求规格说明书和需求评审，B 选项符合题意，A、C、D 选项不符合题意。

6. D【解析】本题考查数据流图。数据流图中带箭头的线段表示的是数据流，即沿箭头方向传送数据的通道，一般在旁边标注数据流名。D 选项正确。

7. B【解析】本题考查模块的内聚性与耦合性。软件设计中模块划分应遵循的准则是高内聚低偶合、模块大小规模适当、模块的依赖关系适当等。一个模块的内聚性越高则该模块的独立性越强，耦合性越高则该模块的独立性越弱，B 选项符合题意。

8. C【解析】本题考查软件设计工具。系统结构图是对软件系统结构的总体设计的图形显示，在概要设计阶段使用，A 选项不符合题意；PAD 图在详细设计阶段使用，B 选项不符合题意；数据流图是结构化分析方法中使用的工具，在可行性研究阶段使用，而非软件设计时使用，C 选项符合题意；程序流程图是对程序流程的图形表示，在详细设计过程中使用，D 选项不符合题意。

9. D【解析】本题考查软件测试的目的。软件测试不是为了评估软件或发现并改正错误，A、B、C 选项不符合题意；软件测试是为了发现错误而执行程序的过程，测试要以查找错误为中心，而不是为了演示软件的正确功能，D 选项符合题意。

10. A【解析】本题考核黑盒测试的方法。黑盒测试方法也称功能测试或数据驱动测试。黑盒测试是对软件已经实现的功能是否满足需求进行测试和验证。它完全不考虑程序内部的逻辑结构和内部特征，只依据程序的需求和功能规格说明，检查程序的功能是否符合它的功能要求，A 选项符合题意。

11. B【解析】1943 年美国宾夕法尼亚大学的教授莫克利和他的研究生埃克特开始研制电子数字积分计算机（ENIAC），于 1946 年研制成功，B 选项符合题意。

12. D【解析】计算机操作系统常具备的 5 大功能：处理机管理主要控制和管理 CPU 的工作；存储管理主要进行内存的分配和管理；设备管理主要管理基本的输入 / 输出设备；文件管理负责对计算机文件的组织、存储、操作和保护等；进程管理也称为作业管理，是指对计算机所进行的操作进行管理，故选 D。

13. B【解析】磁盘清理的目的是清理磁盘中的垃圾，释放磁盘空间，故选 B。

14. C【解析】Guest 账号即所谓的来宾账号，它可以访问计算机，但受到限制，Guest 也为黑客入侵打开了方便之门。如果不需要使用 Guest 账号，最好禁用它，故选 C。

15. B【解析】在 Word 中选中目录，然后按【Ctrl+Shift+F9】组合键，将特定格式的目录转化成静态文本，这样目录就会随着正文变化而变化，故选 B。

16. B【解析】Word 提供了 5 种视图方式，分别为页面视图、阅读版式视图、Web 版式视图、大纲视图和草稿，不包括放映视图，故选 B。

17. D【解析】在 Excel 表格中计算班级成绩总分可以使用 SUM 函数计算平均分可以使用 AVERAGE 函数，计算排名可以使用 RANK 函数，IF 函数是条件函数，在本题中无法使用，D 选项符合题意。

18. A【解析】本题考查多字段排序，因为需要统计单位各科室人员的工资情况，所以排序的主要关键字应设置为“科室”，使同一科室人员信息集中在一起，然后设置次要关键字为“工资”，第二次要关键字设置为“工龄”，故选 A。

19. C【解析】本题考查如何批量删除文档中的备注信息，其操作步骤为选择【文件】→【信息】命令，单击“检查问题”按钮，从弹出的下拉列表中选择“检查文档”选项，打开“文档检查器”对话框，单击选中“演示文稿备注”复选框，然后单击“检查”按钮。检查完成后单击“演示文稿备注”右侧的“全部删除”按钮，故 C 选项正确。

20. D【解析】本题考查自定义幻灯片的节的创建和重命名，以及切换动画的设置，B 和 C 选项操作正确，但不符合题目的要求，A 选项操作错误，故 D 选项正确。

二、字处理题

视频演示

素材：考生文件夹 \ 全真模拟题（5）\ Word.docx、通讯录 .xlsx

效果：效果文件夹 \ 全真模拟题（5）\ Word.docx、Word-邀请函 .docx

1.【解题步骤】

步骤 1：打开考生文件夹中的“Word.docx”文件，选择“会议议程”文字下方的 7 行文本，在【插入】→【表格】组中单击“表格”下拉按钮，在弹出的下拉列表中选择“文本转换成表格”选项。

步骤 2：打开“将文字转换成表格”对话框，软件已经默认设置了列数和行数，单击选中“根据窗口调整表格”单选项，单击“确定”按钮，如图 3-55 所示，关闭“将文字转换成表格”对话框，在 Word 中插入了一个表格。

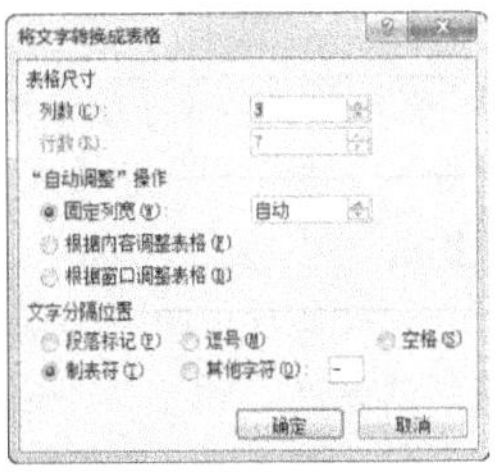

图 3-55　将文本转换成表格

2.【解题步骤】

选择插入的表格，①在【表格工具 设计】→【表格样式】组中单击列表框右下角的下拉按钮；②在弹出的下拉列表框的“内置”栏中选择“中等深浅底纹 1- 强调文字颜色 6”选项，如图 3-56 所示。

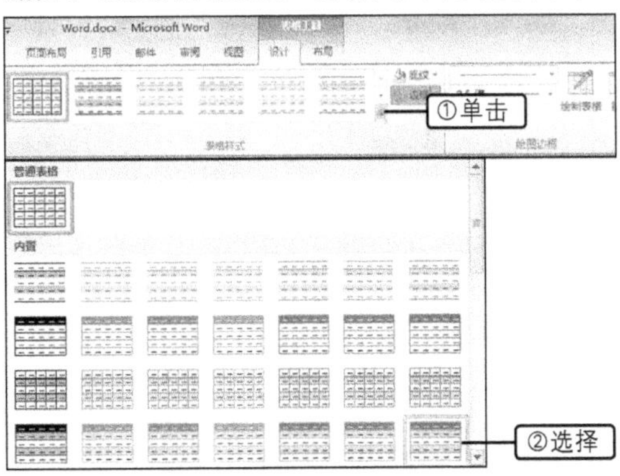

图 3-56　设置表格样式

3.【解题步骤】

步骤 1：选择表格，在【插入】→【文本】组中单击“文档部件”下拉按钮，在弹出的下拉列表中选择“将所选内容保存到文档部件库”选项，打开“新建构建基块”对话框。

步骤 2：①在“名称”文本框中输入“会议议程”；②在“库”下拉列表中选择“表格”选项；③单击“确定”按钮，如图 3-57 所示，关闭“新建构建模块”对话框。

图 3-57　新建构建基块

4.【解题步骤】

选择“2014 年 4 月 20 日”文本，在【插入】→【文本】组中单击“日期和时间”按钮，打开“日期和时间”对话框。①在“语言（国家 / 地区）”下拉列表中选择“中文（中国）”选项；②在“可用格式”列表框中选择“×××× 年 ×× 月 ×× 日”样式对应的选项；③单击选中“自动更新”复选框；④单击“确定”按钮，如图 3-58 所示，关闭“日期和时间”对话框。

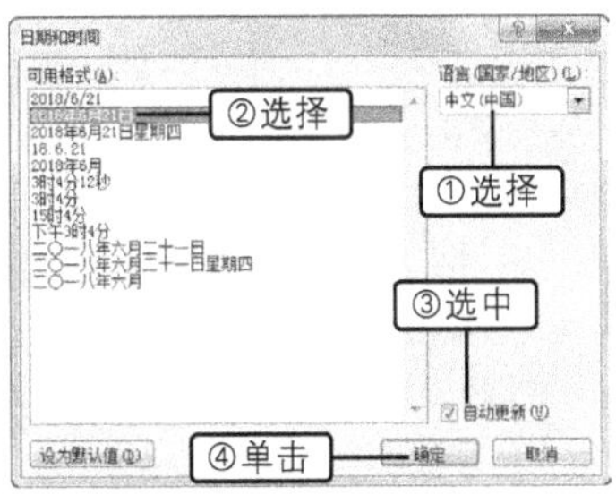

图 3-58　设置日期和时间

5.【解题步骤】

步骤 1：把光标定位在“尊敬的”文本右侧，在【邮件】→【开始邮件合并】组中单击“开始邮件合并”按钮，在弹出的下拉列表中选择“邮件合并分步向导”选项。打开“邮件合并”任务窗格。

步骤 2：在“邮件合并”任务窗格的“选择文档类型”栏中单击选中“信函”单选项，单击“下一步：正在启动文档”超链接。

步骤 3：在“邮件合并”任务窗格的“选择开始文档”栏中单击选中“使用当前文档”单选项，单击“下一步：选取收件人”超链接。

步骤 4：在“邮件合并”任务窗格的“选择收件人”栏中单击选中“使用现有列表”单选项，在“使用现有列表”栏中单击“浏览”超链接。

步骤 5：打开“选取数据源”对话框。选择考生文件夹中的“通讯录 .xlsx”工作簿，单击“打开”按钮，打开“选择表格”对话框，选择“通讯录”选项，单击“确定”按钮，关闭“选择表格”对话框。

步骤 6：打开“邮件合并收件人”对话框，单击选中所有收件人左侧的复选框，单击“确定”按钮，关闭“邮件合并收件人”对话框，单击“下一步：撰写信函”超链接。

步骤 7：在“撰写信函”栏中单击“其他项目”超链接，打开“插入合并域”对话框。①在“插入”栏中单击选中“数据库域”单选项；②在“域”列表框中选择“姓名”选项；③单击“插入”按钮；④然后单击“关闭”按钮，如图 3-59 所示，关闭“插入合并域”对话框。

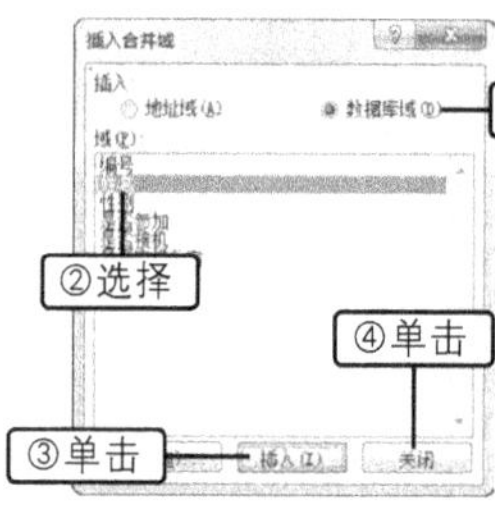

图 3-59 插入合并域

步骤 8：在插入的“姓名”域后输入“( )”，将光标定位到圆括号中，在“撰写信函”栏中单击“其他项目”超链接，打开“插入合并域”对话框，在“域”列表框中选择“性别”选项，单击“插入”按钮。插入完所需的域后，单击“关闭”按钮，关闭“插入合并域”对话框。单击“下一步：预览信函”超链接。

步骤 9：在“预览信函”选项区域中，通过单击“<<“或”>>”按钮可查看具有不同邀请的姓名和称谓的信函。单击“下一步：完成合并”超链接。

步骤 10：在“邮件合并”任务窗格中单击“编辑单个信函”超链接，打开“合并到新文档”对话框。在“合并到新文档”对话框的“合并记录”栏中单击选中“全部”单选项，单击“确定”按钮，即可生成一个具有不同邀请人的姓名和称谓的多页文档。

步骤 11：在生成的“信函 1”文档中选择【文件】→【另存为】选项，打开“另存为”对话框，在“文件名”文本框中输入“Word-邀请函”，单击“保存”按钮。

6.【解题步骤】

单击“关闭”按钮，关闭“Word-邀请函”文档，返回“Word”文档，在快速访问工具栏中单击“保存”按钮，保存“Word.docx”文件。

三、电子表格题

视频演示

素材：考生文件夹 \ 全真模拟题（5）\ Excel 素材 .xlsx、数据透视表和数据透视图 .jpg、数据源 .txt

效果：效果文件夹 \ 全真模拟题（5）\ Excel.xlsx

1.【解题步骤】

打开考生文件夹中的“Excel 素材 .xlsx”工作簿。选择【文件】→【另存为】选项，打开“另存为”对话框，在“文件名”下拉列表框中输入“Excel”，单击“保存”按钮将其保存于考生文件夹中。

2.【解题步骤】

步骤 1：在“Sheet1”工作表中选择 B3 单元格，在【数据】→【获取外部数据】组中单击“自文本”按钮，打开“导入文本文件”对话框，选择考生文件夹中的“数据源 .txt”文件，单击“导入”按钮。

步骤 2：打开“文本导入向导 - 第 1 步，共 3 步”对话框，保持默认设置，单击“下一步”按钮；打开“文本导入向导 - 第 2 步，共 3 步”对话框，继续保持默认设置，单击“下一步”按钮。

步骤 3：打开“文本导入向导 - 第 3 步，共 3 步”对话框。①在“数据预览”栏中选择“日期”列；②在“列数据格式”栏中单击选中“日期”单选项；③在右侧的下拉列表框中选择“YMD”选项，如图 3-60 所示。

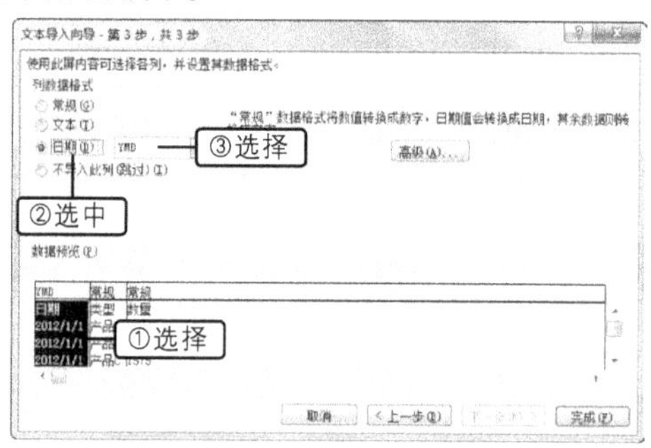

图 3-60 在 Excel 中导入文本数据

步骤 4：在“数据预览”栏中选择“类型”列，在“列数据格式”栏中单击选中“文本”单选项；

在“数据预览”栏中选择“数量”列，在“列数据格式”栏中单击选中“常规”单选项，单击“完成”按钮。

步骤 5：打开“导入数据”对话框，保持默认设置，单击“确定”按钮，然后在“Sheet1”工作表标签上双击，输入“销售记录”，按【Enter】键。

3.【解题步骤】

步骤 1：在“销售记录”工作表中选择 A3 单元格，在单元格中输入“序号”。

步骤 2：选择 A4 单元格，在单元格中输入“’001”，拖动 A4 单元格右下角的填充柄填充到 A891 单元格。

步骤 3：选择 B3:B891 单元格区域，单击鼠标右键，在弹出的快捷菜单中选择“设置单元格格式”选项，打开“设置单元格格式”对话框，在“数字”选项卡的“分类”列表框中选择“日期”选项，在右侧的“类型”列表框中选择“3/14”选项，单击“确定”按钮。

步骤 4：选择 E3 单元格，输入“价格”；选择 F3 单元格，输入“金额”。

步骤 5：选择 A3:F3 单元格区域，在【开始】→【字体】组中单击“框线”按钮右侧的下拉按钮，在弹出的下拉列表框的“边框”栏中选择“上下框线”选项。

步骤 6：选择 A891:F891 单元格区域，在【开始】→【字体】组中单击“框线”按钮右侧的下拉按钮，在弹出的下拉列表框的“边框”栏中选择“下框线”选项。

步骤 7：在【视图】→【显示】组中取消选中“网格线”复选框。

4.【解题步骤】

步骤 1：在“销售记录”工作表中选择 A1 单元格，输入文本“2012 年销售数据”。

步骤 2：选择 A1:F1 单元格区域，单击鼠标右键，在弹出的快捷菜单中选择“设置单元格格式”选项，打开“设置单元格格式”对话框，单击“对齐”选项卡，在“文本对齐方式”栏的“水平对齐”下拉列表框中选择“跨列居中”选项，单击“确定”按钮。

步骤 3：继续选择 A1:F1 单元格区域，在【开始】→【字体】组的“字体”下拉列表框中选择“微软雅黑”选项。

步骤 4:使用鼠标选择第 2 行，单击鼠标右键，在弹出的快捷菜单中执行“隐藏”命令。

5.【解题步骤】

步骤 1：在“销售记录”工作表中选择 E4 单元格，在单元格中输入公式“=VLOOKUP(C4,价格表!$B$2:$C$5,2,0)”，输入完成后按【Enter】键确认。

步骤 2：拖动 E4 单元格的填充柄，填充到 E891 单元格。

步骤 3：选择 E4:E891 单元格区域，单击鼠标右键，在弹出的快捷菜单中选择“设置单元格格式”选项，打开“设置单元格格式”对话框，单击“数字”选项卡，在“分类”列表框中选择“货币”选项，在“小数位数”数值框中输入“0”,单击“确定”按钮。

6.【解题步骤】

步骤 1：在“折扣表”工作表中选择 B2:E6 单元格区域，按【Ctrl+C】组合键复制该区域。

步骤 2：选择 B8 单元格，单击鼠标右键，在弹出的快捷菜单中选择“选择性粘贴”选项，在弹出的子菜单的“粘贴”组中选择“转置”选项，将原表格行列进行转置。

步骤 3：在“销售记录”工作表中选择 F4 单元格，在单元格中输入公式“=D4*E4*(1-VLOOKUP(C4,折扣表!$B$9:$F$11,IF(D4<1000,2,IF(D4<1500,3,IF(D4<2000,4,5)))))”，输入完成后按【Enter】键确认输入。

步骤 4：拖动 F4 单元格的填充柄，填充到 F891 单元格。

步骤 5：选择 F4:F891 单元格区域，单击鼠标右键，在弹出的快捷菜单中选择“设置单元格格式”选项，打开“设置单元格格式”对话框，单击“数字”选项卡，在“分类”列表框中选择“货币”选项，在“小数位数”数值框中输入“0”,单击“确定”按钮。

7.【解题步骤】

步骤 1:在“销售记录”工作表中选择 A3:F891 单元格区域，在【开始】→【对齐方式】组中单击“居中”按钮。

步骤 2:选择 A4:F891 单元格区域，在【开始】→【样式】组中单击“条件格式”下拉按钮，在弹出的下拉列表中选择“新建规则”选项。

步骤 3：打开“新建格式规则”对话框，①在“选择规则类型”列表框中选择“使用公式确定要设置格式的单元格”选项；②在“编辑规则说明”栏的“为符合此公式的值设置格式”文本框中输入公式“=OR(WEEKDAY($B4,2)=6,WEEKDAY

($B4,2)=7)”；③单击“格式”按钮，如图 3-61 所示。

图 3-61　新建格式规则

步骤 4：打开“设置单元格格式”对话框，单击“填充”选项卡，在“背景颜色”栏中选择“黄色”选项，单击“确定”按钮。

8.【解题步骤】

步骤 1：在工作表标签栏的右侧单击“插入工作表”按钮，添加一张新的“Sheet1”工作表，双击“Sheet1”工作表标签，输入“销售量汇总”，按【Enter】键。

步骤 2：在“销售量汇总”工作表中选择 A3 单元格。

步骤 3：在【插入】→【表格】组中单击“数据透视表”按钮，打开“创建数据透视表”对话框，在“请选择要分析的数据”栏的“表 / 区域”文本框中输入“销售记录 !$A$3:$F$891”，其余采用默认设置，单击“确定”按钮。

步骤 4：弹出“数据透视表字段列表”窗格，在“选择要添加到报表的字段”列表框中将“日期”字段拖动到“行标签”字段框中，将“类型”字段拖动到“列标签”字段框中，将“数量”字段拖动到“数值”字段框中，单击“关闭”按钮，关闭“数据透视表字段列表”窗格。

步骤 5：选择 A7 单元格，单击鼠标右键，在弹出的快捷菜单中选择“创建组”选项。

步骤 6：打开“分组”对话框，①在“步长”列表框中选择“月”和“季度”选项；②单击“确定”按钮，如图 3-62 所示。

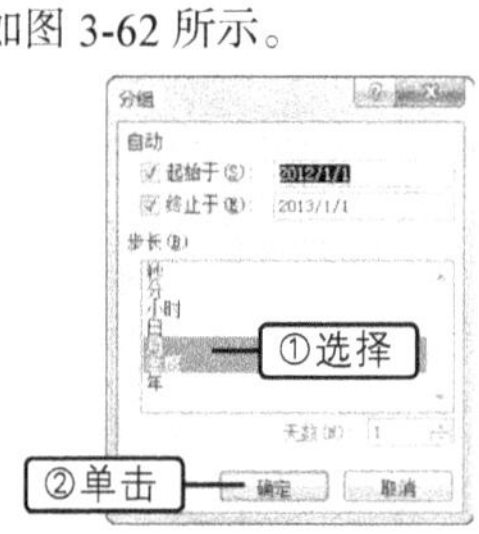

图 3-62　创建组

步骤 7：在【插入】→【图表】组中单击“折线图”下拉按钮，在弹出的下拉列表的“二维折线图”栏中选择“带数据标记的折线图”选项。

步骤 8：在【数据透视图工具 设计】→【图表布局】组中单击列表框右下角的下拉按钮，在弹出的下拉列表框中选择“布局 4”选项。

步骤 9：在图表绘图区中选择“产品 B”的销售量曲线，在【数据透视图工具 布局】→【分析】组中单击“趋势线”下拉按钮，在弹出的下拉列表中选择“其他趋势线选项”选项。

步骤 10：打开“设置趋势线格式”对话框，①在右侧的“趋势线选项”列表框中单击选中“显示公式”和“显示 R 平方值”复选框；②单击“关闭”按钮，如图 3-63 所示。

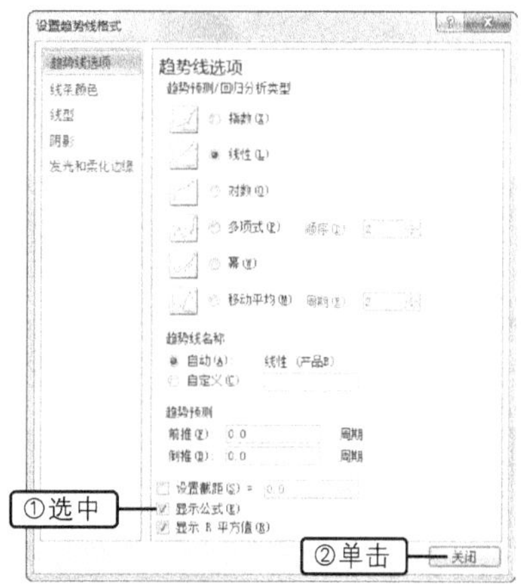

图 3-63　设置趋势线格式

步骤 11：选择折线图左侧的纵坐标轴数据，单击鼠标右键，在弹出的快捷菜单中选择“设置坐标轴格式”选项。

步骤 12：打开“设置坐标轴格式”对话框，在右侧的“坐标轴选项”列表框中单击选中“最小值”右侧的“固定”单选项，并在其右侧的文本框中输入“20000”，单击选中“最大值”右侧的“固定”单选项，并在其右侧的文本框中输入“50000”，单击选中“主要刻度单位”右侧的“固定”单选项，并在其右侧的文本框中输入“10000”，单击“关闭”按钮。

步骤 13:参照“数据透视表和数据透视图 .jpg”示例文件，适当调整公式的位置以及图表的大小，移动图表到 F3:M17 单元格区域。

步骤 14：在工作表标签栏中选择“销售量汇总”工作表标签，按住鼠标左键不放，拖动到“销售记录”工作表右侧位置，释放鼠标。

9.【解题步骤】

步骤 1：在工作表标签栏的右侧单击“插入工作表”按钮，添加一张新的“Sheet2”工作表，双击“Sheet2”工作表标签，输入“大额订单”，按【Enter】键，并将其移动到“销售汇总”工作表的右侧。

步骤 2：在“大额订单”工作表的 A1 单元格中输入“类型”，在 B1 单元格中输入“数量”条件，在 A2 单元格中输入“产品 A”，在 B2 单元格中输入“>1550”，在 A3 单元格中输入“产品 B”，在 B3 单元格中输入“>1900”，在 A4 单元格中输入“产品 C”，B4 单元格中输入“>1500”。

步骤 3：选择其他任意空白单元格，在【数据】→【排序和筛选】组中单击“高级”按钮，打开“高级筛选”对话框，在“方式”栏中单击选中“将筛选结果复制到其他位置”单选项，在“列表区域”文本框中输入“销售记录！ $A$3:$F$891”，在“条件区域”文本框中输入“$A$1:$B$4”，在“复制到”文本框中输入“A6”，单击“确定”按钮。

步骤 4：选择 A ～ F 列，在【开始】→【单元格】组中单击“格式”下拉按钮，在弹出的下拉列表的“单元格大小”栏中选择“自动调整列宽”选项。

步骤 5：在快速访问工具栏中单击“保存”按钮，然后关闭文档。

四、演示文稿题

视频演示

素材：考生文件夹 \ 全真模拟题（5）\ PPT 素材及设计要求 .docx、母版背景图片 1.jpg、母版背景图片 2.jpg

效果：效果文件夹 \ 全真模拟题（5）\ PPT.pptx

1.【解题步骤】

启动 PowerPoint2010，自动新建一个演示文稿，单击快速访问工具栏的“保存”按钮，在打开的“另存为”对话框中选择考生文件夹，在“文件名”文本框中输入“PPT.pptx”（.pptx 可省略），单击“保存”按钮。

2.【解题步骤】

步骤 1：在【视图】→【母版视图】组中单击“幻灯片母版”按钮，切换到幻灯片母版视图。在幻灯片母版视图左侧的窗格中选择第 1 张幻灯片，然后在【幻灯片母版】→【编辑母版】组中单击“重命名”按钮。

步骤 2：打开“重命名版式”对话框，在“版式名称”文本框中输入“员工关系管理母版 1”，单击“重命名”按钮。

步骤 3：继续选择第 1 张幻灯片，在“背景”组中单击“背景样式”下拉按钮，在弹出的下拉列表中选择“设置背景格式”选项。

步骤 4：打开“设置背景格式”对话框，①在左侧的列表框中单击“填充”选项；②在右侧的列表框中单击选中“图片或纹理填充”单选项；③再在下面的“插入自：”栏中单击“文件”按钮；④打开“插入图片”对话框，选择考生文件夹中的“母版背景图片 1.jpg”图片文件；⑤单击“插入”按钮；⑥再单击“关闭”按钮，如图 3-64 所示，关闭“设置背景格式”对话框。

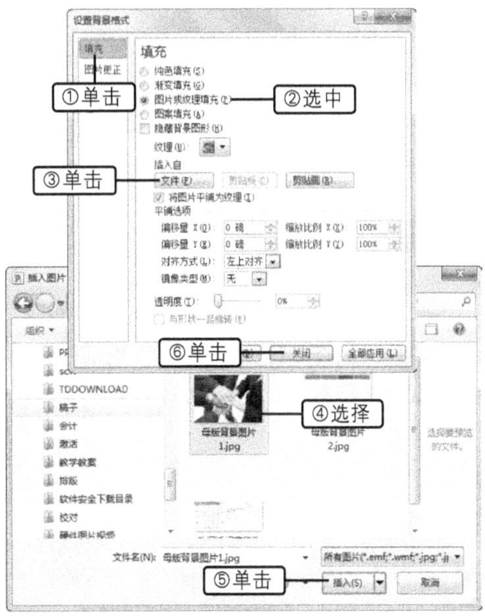

图 3-64 设置背景格式

步骤 5：在“关闭”组中单击“关闭母版视图”按钮，切换回普通视图。选择第 1 张幻灯片，在【开始】→【幻灯片】组中单击“版式”下拉按钮，在弹出的下拉列表的“员工关系管理母版 1”栏中选择“空白”选项。

3.【解题步骤】

步骤 1：选择第 1 张幻灯片，在【插入】→【媒体】组中单击“音频”下拉按钮，在弹出的下拉列表中选择“剪贴画音频”选项。

步骤 2：打开“剪贴画”任务窗格，在下面的列表框中选择左侧的“Claps Cheers, 鼓掌欢迎”音频选项，将该音频插入到第 1 页幻灯片中，单击“关闭”按钮，关闭“剪贴画”任务窗格。

步骤 3：选择插入到幻灯片中的“小喇叭”图标，在【音频工具 播放】→【编辑】组中单击“剪裁音频”按钮；打开“剪裁音频”对话框，在“结束时间”数值框中输入“00:00.500”，单击数值框左侧的“播放”按钮，然后单击“确定”按钮；再在“音频选项”组的“开始”下拉列表框中选择“自动”选项，单击选中“循环播放，直到停止”复选框和“放映时隐藏”复选框。

4.【解题步骤】

步骤 1：在【视图】→【母版视图】组中单击“幻灯片母版”按钮，切换到幻灯片母版视图。在【幻灯片母版】→【编辑母版】组中单击“插入幻灯片母版”按钮，在左侧的列表框中将显示新增的所有幻灯片版式。

步骤 2：选择新插入的幻灯片母版中的第 1 张幻灯片，单击【幻灯片母版】→【编辑母版】工具组的“重命名”按钮。打开“重命名版式”对话框，在“版式名称”文本框中输入“员工关系管理母版 2”，单击“重命名”按钮。

步骤 3：在“背景”组中单击“背景样式”下拉按钮，在弹出的下拉列表中选择“设置背景格式”选项。

步骤 4：打开“设置背景格式”对话框，在左侧的列表框中单击“填充”选项卡，在右侧的列表框中单击选中“图片或纹理填充”单选项；再在下面的“插入自：”栏中单击“文件”按钮；打开“插入图片”对话框，选择考生文件夹中的“母版背景图片 2.jpg”图片文件，单击“插入”按钮；返回“设置背景格式”对话框，在“文件”按钮下面单击选中“将图片平铺为纹理”复选框，再单击“关闭”按钮，关闭“设置背景格式”对话框。

步骤 5：在“关闭”组中单击“关闭母版视图”按钮，切换回普通视图。在【开始】→【幻灯片】组中单击“新建幻灯片”按钮下面的下拉按钮，在弹出的下拉列表的“员工关系管理母版 2”栏中选择“垂直排列标题与文本”选项，新建的第 2 页幻灯片为该版式的幻灯片。

5.【解题步骤】

步骤 1：在第 2 张幻灯片的标题占位符中输入“目录”。然后复制“PPT 素材及设计要求 .docx”文档中的第 3 ～ 7 页的标题文本，将其粘贴到第 2 张幻灯片的内容占位符中，每粘贴一个标题后按【Enter】键另起一段。

步骤 2：选择内容占位符中的所有文本，在“段落”组中单击“转换为 SmartArt”下拉按钮，在弹出的下拉列表中选择“其他 SmartArt 图形”选项。

步骤 3：打开“选择 SmartArt 图形”对话框，①在左侧的列表框中单击“列表”选项卡；②在中间的列表框中选择“垂直曲形列表”选项；③单击“确定”按钮，如图 3-65 所示。此时，这 5 段标题文字被转换为了 SmartArt 图形。

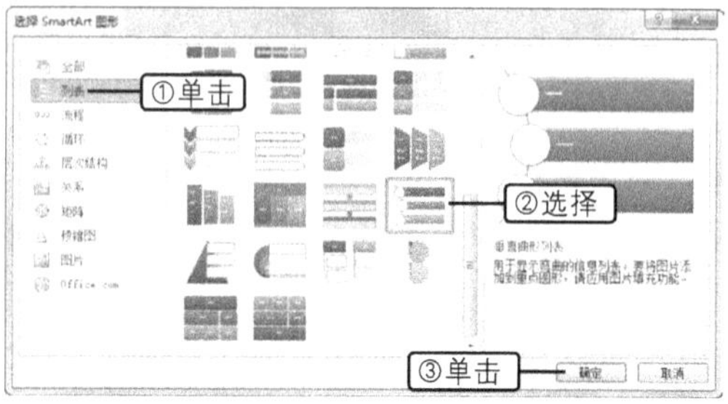

图 3-65 选择 SmartArt 图形样式

步骤 4：选择该 SmartArt 图形，适当调整大小和位置，在【SmartArt 工具 设计】→【SmartArt 样式】组中单击“更改颜色”下拉按钮，在弹出的下拉列表框的“强调文字颜色 2”栏中选择“彩色填充 - 强调文字颜色 2”选项。

步骤 5：在“SmartArt 样式”组的列表框中单击右下角的下拉按钮，在弹出的下拉列表框的“三维”栏中选择“优雅”选项。

6.【解题步骤】

步骤 1：在【开始】→【幻灯片】组中单击“新建幻灯片”按钮下面的下拉按钮，在弹出的下拉列表的“员工关系管理母版 2”栏中选择“两栏内容”选项，新建第 3 张幻灯片。继续在“幻灯片”组中单击“新建幻灯片”按钮下面的下拉按钮，在弹出的下拉列表的“员工关系管理母版 2”栏中选择“标题和内容”选项，新建第 4 张幻灯片；在幻灯片窗格中单击第 4 张幻灯片，按 3 次【Enter】键，创建第 5 ～ 7 张幻灯片。

步骤 2：分别将 Word 文档“PPT 素材及设计要求 .docx”中第 3 ～ 7 页的内容复制到对应的幻灯片中（注意：红色的文本都不复制）。将“PPT 素材及设计要求 .docx”文档第 3 页中的图片复制到第 3 张幻灯片中，适当调整图片的大小和位置。

步骤 3：在第 3 张幻灯片中选择带引号的文本“员工关系”，在【开始】→【字体】组的“字体”下拉列表框中选择“微软雅黑”选项，单击“字体颜色”按钮右侧的下拉按钮，在弹出的下拉列表的“标准色”栏中选择“红色”选项，在“字体”组中单击“加粗”按钮使其高亮；使用相同的方法，设置第 3 ～ 7 张幻灯片中带双引号的文本。

步骤 4：选择第 7 张幻灯片，在“幻灯片”组中单击“新建幻灯片”按钮下面的下拉按钮，在弹出的下拉列表的“员工关系管理母版 1”栏中选择“仅标题”选项，然后在幻灯片的标题占位符中输入“谢谢！”。

7.【解题步骤】

步骤 1：选择第 4 张幻灯片，选择内容占位符中的所有文本，在“段落”组中单击“项目符号”按钮右侧的下拉按钮，在弹出的下拉列表框中选择“对勾”选项。

步骤 2：选择第 5 张幻灯片，选择内容占位符中的所有文本，在“段落”组中单击“项目符号”按钮，使按钮为非高亮状态，取消项目符号。

步骤 3：将“PPT 素材及设计要求 .docx”文档中所有的红色文本，分别复制并粘贴到对应幻灯片的“单击此处添加备注”的“备注”窗格中。

8.【解题步骤】

步骤 1：选择第 6 张幻灯片，在【插入】→【表格】组中单击“表格”下拉按钮，在弹出的下拉列表中选择“插入表格”选项，打开“插入表格”对话框，在“列数”数值框中输入“2”，在“行数”数值框中输入“3”，单击“确定”按钮。

步骤 2：然后分别将文本框中的文本粘贴到表格中。表格第 1 列内容分别为“认同企业愿景”“完善激励约束机制”“心理契约”，第 2 列为对应的文字，然后选择内容占位符，按【Delete】键删除文本内容。拖动表格边框线，适当调整表格大小。

步骤 3:选择表格，在【表格工具 设计】→【表格样式】组中，单击列表框右下角的“其他”按钮，在弹出的下拉列表框的“浅”栏中选择“浅色样式 3- 强调 2”选项。

步骤 4:在“表格样式选项”组中取消选中“标题行”复选框，在“表格样式”组中单击“效果”下拉按钮，在弹出的下拉列表中选择“单元格凹凸效果”选项，在弹出的子列表的“棱台”栏中选择“圆”选项。

9.【解题步骤】

步骤 1：选择第 7 张幻灯片，选择内容占位符中的所有文文本，在“段落”组中单击“转换为 SmartArt 图形”下拉按钮，在弹出的下拉列表中选择“其他 SmartArt 图形”选项。

步骤 2：打开“选择 SmartArt 图形”对话框，①在左侧的列表框中单击“流程”选项卡；②在中间的列表框中选择“向上箭头”选项；③单击“确定”按钮，如图 3-66 所示。

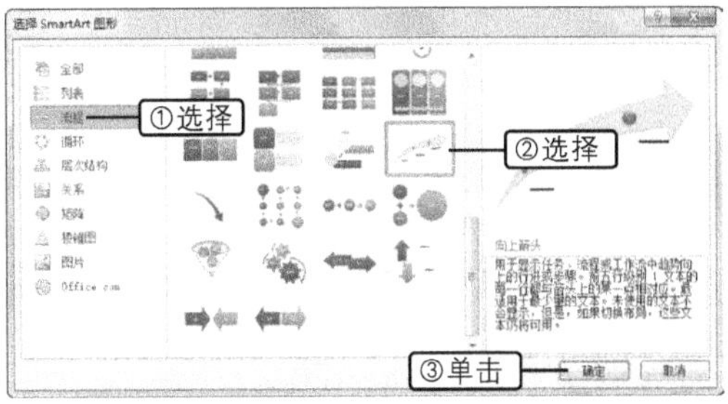

图 3-66　选择 SmartArt 图形样式

步骤 3：选择该 SmartArt 图形，适当调整大小和位置，在【SmartArt 工具 设计】→【SmartArt 样式】组中单击“更改颜色”下拉按钮，在弹出的下拉列表框的“强调文字颜色 2”栏中选择“彩色填充 - 强调文字颜色 2”选项；在“SmartArt 样式”组的列表框中单击右下角的下拉按钮，在弹出的下拉列表框的“三维”栏中选择“优雅”选项。

10.【解题步骤】

步骤 1：选择第 2 张幻灯片，单击 SmartArt 图形中“一、员工关系解读”文本所在的文本框的边框，选择该形状，然后在【插入】→【链接】组中单击“超链接”按钮。

步骤 2：打开“插入超链接”对话框，①在左侧的“链接到”列表框中单击“本文档中的位置”按钮；②在“请选择文档中的位置”列表框中选择“3. 一、员工关系解读”选项；③单击“确定”按钮，如图 3-67 所示。

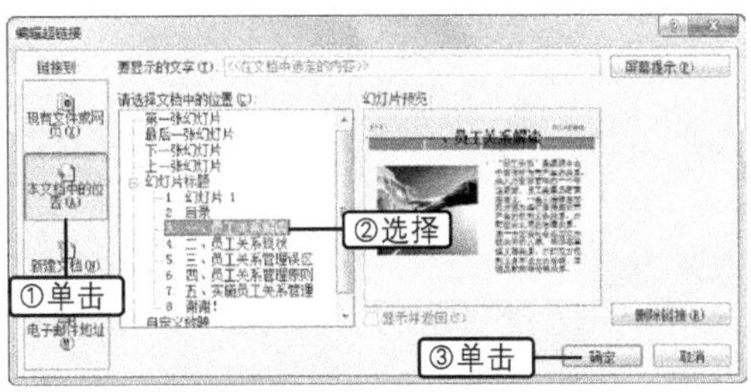

图 3-67　插入超链接

步骤 3：用相同的方法，选择“二、员工关系现状”形状，将其链接到“4. 二、员工关系现状”幻灯片；选择“三、员工关系管理误区”形状，将其链接到“5. 三、员工关系管理误区”幻灯片；选择“四、员工关系管理原则”形状，将其链接到“6. 四、员工关系管理原则”幻灯片；选择“五、实施员工关系管理”形状，将其链接到“7. 五、实施员工关系管理”幻灯片。

11.【解题步骤】

步骤 1:选择第 1 张幻灯片,在【切换】→【切换到此幻灯片】组中单击列表框右下角的下拉按钮,在弹出的下拉列表框的“华丽型”栏中选择“溶解”选项。

步骤 2:使用同样的方法,为第 2 张幻灯片设置切换动画为“棋盘”;为第 3 张幻灯片设置切换动画为“百叶窗”;为第 4 张幻灯片设置切换动画为“时钟”;为第 5 张幻灯片设置切换动画为“涟漪”;为第 6 张幻灯片设置切换动画为“蜂巢”;为第 7 张幻灯片设置切换动画为“闪耀”;为第 8 张幻灯片设置切换动画为“涡流”。

步骤 3:切换到第 2 张幻灯片中,选择标题占位符,在【动画】→【动画】组中单击列表框右下角的下拉按钮,在弹出的下拉列表框的“进入”栏中选择“飞入”选项。

步骤 4:用同样的方法,为其中的 SmartArt 图形添加“浮入”动画;选择第 3 张幻灯片中的内容占位符,添加“擦除”动画;选择第 4 张幻灯片中的内容占位符,添加“陀螺旋”动画;选择第 5 张幻灯片中的内容占位符,添加“形状”动画;选择第 6 张幻灯片中的表格,添加“放大 / 缩小”动画;选择第 7 张幻灯片中的 SmartArt 图形,添加“彩色脉冲”动画;选择第 8 张幻灯片中的标题占位符,添加“弹跳”动画,并将其移动到幻灯片中部。

步骤 5:在快速访问工具栏中单击“保存”按钮,保存文档。

第 4 部分　无纸化新增真题套卷

无纸化新增真题套卷（1）

（考试时间 120 分钟，满分 100 分）

一、选择题（每小题 1 分，共 20 分；下列各题 4 个选项中只有一个选项是正确的）

1. 代码编写阶段可进行的软件测试是（　　）。

A. 集成测试　　B. 单元测试

C. 确认测试　　D. 系统测试

2. 数据库管理系统是（　　）。

A. 操作系统的一部分　　B. 在操作系统支持下的系统软件

C. 一种编译系统　　D. 一种操作系统

3. 下列叙述中正确的是（　　）。

A. 数据库系统减少了数据冗余

B. 经规范化后的数据库系统避免了一切冗余

C. 数据库系统中数据的一致性是指数据类型一致

D. 数据库系统比文件系统能管理更多的数据

4. 当数据库中数据总体逻辑结构发生变化，而应用程序不受影响，称为数据的（　　）。

A. 逻辑独立性　　B. 物理独立性

C. 应用独立性　　D. 空间独立性

5. 在下列模式中，能够给出数据库物理存储结构与物理存取方法的是（　　）。

A. 外模式　　B. 内模式　　C. 概念模式　　D. 逻辑模式

6. 下列模型中属于概念模型的是（　　）。

A. 实体 - 联系模型　　B. 层次模型　　C. 关系模型　　D. 网状模型

7. 有 3 个关系 R、S 和 T 如下：

R

A	B
m	1
n	2

S

B	C
1	3
3	5

T

A	B	C
m	1	3

由关系 R 和 S 通过运算得到关系 T，则所使用的运算为（　　）。

A. 笛卡儿积　　B. 交　　C. 并　　D. 自然连接

8. 公司的开发人员可以同时参加多个项目的开发，则实体开发人员和实体项目间的联系是（　　）。

A. 一对一　　B. 一对多　　C. 多对一　　D. 多对多

9. 关系模型中的关系模式至少应是（　　）。

A. 1NF　　B. 2NF　　C. 3NF　　D. BCNF

10. 有 3 个关系 R、S 和 T 如下：

R

A	B	C
a	1	2
b	2	1
c	3	1
e	4	5
d	3	2

S

A	B	C
d	3	2
c	3	1
f	4	7

T

A	B	C
c	3	1
d	3	2

则由关系 R 和 S 得到关系 T 的操作是（　　）。

A. 交　　B. 差　　C. 并　　D. 选择

11. 计算机对汉字信息的处理过程实际上是各种汉字编码间的转换过程，这些编码不包括（　　）。

A. 汉字输入码　　B. 汉字内码　　C. 汉字字形码　　D. 汉字状态码

12. 字长作为 CPU 的主要性能指标之一，主要表现在（　　）。

A. CPU 计算结果的有效数字长度　　B. CPU 一次能处理的二进制数据的位数

C. CPU 最长的十进制整数的位数　　D. CPU 最大的有效数字位数

13. 数字媒体已经广泛使用，属于视频文件格式的是（　　）。

A. MP3 格式　　B. WAV 格式　　C. RM 格式　　D. PNG 格式

14. 计算机染上病毒后可能出现的现象是（　　）。

A. 系统出现异常启动或经常“死机”　　B. 程序或数据突然丢失

C. 磁盘空间突然变小　　D. 以上都是

15. 在 Word 文档中，不可直接操作的是（　　）。

A. 录制屏幕操作视频　　B. 插入 Excel 图表

C. 插入 SmartArt　　D. 屏幕截图

16. 小李正在 Word 中编辑一篇包含 12 个章节的书稿，他希望每一章都能自动从新的一页开始，最优的操作方法是（　　）。

A. 在每一章最后插入分页符

B. 在每一章最后连续按【Enter】键，直到下一页面开始处

C. 将每一章标题的段落格式设为“段前分页”

D. 将每一章标题指定为标题样式，并将样式的段落格式修改为“段前分页”

17. 李老师是初三年级的辅导员，现在到了期末考试，考试结束后初三年级的 3 个班由各班的班主任统计本班级的学生各科考试成绩，李老师需要对 3 个班级的学生成绩进行汇总，以下最优的操作方法是（　　）。

A. 李老师可以将班级成绩统计表打印出来，交给 3 个班级的班主任，让他们手工填上学生的各科考试成绩并计算出总成绩，收回后自己汇总

B. 李老师可以建立一个 Excel 工作簿，为每个班级建立一个工作表，传给 3 个班级的班主任，让他们在自己班级的工作表上录入学生的各科考试成绩并计算总成绩，最后李老师可以使用“合并计算”功能汇总 3 个班级的考试成绩

C. 李老师可以建立一个 Excel 工作簿，为每个班级建立一个工作表，传给 3 个班级的班主任，让他们在自己班级的工作表上录入学生的各科考试成绩并计算总成绩，最后李老师可以将每个班级的数据复制粘贴到新工作表中进行汇总

D. 李老师可以建立一个 Excel 工作簿，只制作一个工作表，3 个班级的班主任依次分别录入各班的学生考试成绩，最后李老师根据录入的数据进行汇总

18. 不可以在 Excel 工作表中插入的迷你图类型是（　　）。

A. 迷你折线图　　B. 迷你柱形图　　C. 迷你散点图　　D. 迷你盈亏图

19. 如需在 PowerPoint 演示文稿的一张幻灯片后增加一张新幻灯片，最优的操作方法是（　　）。

A. 执行“文件”后台视图的“新建”命令

B. 执行“插入”选项卡中的“插入幻灯片”命令

C. 执行“视图”选项卡中的“新建窗口”命令

D. 在普通视图左侧的幻灯片缩略图中按“Enter”键

20. 在 PowerPoint 中为所有的幻灯片设置不同的切换效果，下列做法错误的是（　　）。

A. 选择不同的幻灯片，然后在“切换”→“切换到此幻灯片”组中单击右下角的下拉按钮，在弹出的下拉列表框中选择不同的切换方式

B. 选择幻灯片，在“计时”组的“声音”下拉列表框中可以为幻灯片选择一种切换声音

C. 如果要为所有的幻灯片设置同一种切换声音，可以在设置了一张幻灯片的切换声音后，在“计时”组中单击“全部应用”按钮

D. 在“计时”组还可以设置自动切换幻灯片的时间

二、字处理题（共 30 分）

晓云是企业人力资源部工作人员，现需要将上一年度的员工考核成绩发给每一位员工，按照如下要求，帮助她完成此项工作。

1. 在考生文件夹下，将“Word 素材 .docx”文件另存为“Word.docx”（“.docx”为文件扩展名），后续操作均基于此文件，否则不得分。

2. 设置文档纸张方向为横向，上、下、左、右页边距都调整为 2.5 厘米，并添加“阴影”型页面边框。

3. 参考样例效果（“参考效果 .png”文件），按照如下要求设置标题格式：

（1）将文字“员工绩效考核成绩报告 2015 年度”字体修改为微软雅黑，文字颜色修改为“红色，强调文字颜色 2”，并应用加粗效果。

（2）在文字“员工绩效考核”后插入一个竖线符号。

（3）对文字“成绩报告 2015 年度”应用双行合一的排版格式，“2015 年度”显示在第 2 行。

（4）适当调整上述所有文字的大小，使其合理显示。

4. 参考样例效果（“参考效果 .png”文件），按照如下要求修改表格样式：

（1）设置表格宽度为页面宽度的 100%，表格可选文字属性的标题为“员工绩效考核成绩单”。

（2）合并第 3 行和第 7 行的单元格，设置其垂直框线为无；合并第 4 ～ 6 行、第 3 列的单元格以及第 4 ～ 6 行、第 4 列的单元格。

（3）将表格中第 1 列和第 3 列包含文字的单元格底纹设置为“蓝色 , 强调文字颜色 1, 淡色 80%”。

（4）将表格中所有单元格中的内容都设置为水平居中对齐。

（5）适当调整表格中文字的大小、段落格式以及表格行高，使其能够在一个页面中显示。

5. 为文档插入“空白（三栏）”式页脚，左侧文字为“MicroMacro”，中间文字为“电话：010-123456789”，右侧文字为可自动更新的当前日期；在页眉的左侧插入图片“Logo.png”，适当调整图片大小，使所有内容保持在一个页面中，如果页眉中包含水平横线则应删除。

6. 打开表格右下角单元格中所插入的文件对象“员工绩效考核管理办法 .docx”，按照如下要求进行设置：

（1）设置“MicroMacro 公司人力资源部文件”文字颜色为标准红色，字号为 32，中文字体为微软雅黑，英文字体为 Times New Roman，并应用加粗效果；在该文字下方插入水平横线（注意：不要使用形状中的直线），将横线的颜色设置为标准红色；将以上文字和下方水平横线都设置为左侧和右侧各缩进 -1.5 字符。

（2）设置标题文字“员工绩效考核管理办法”为“标题”样式。

（3）设置所有蓝色的文本为“标题 1”样式，将手工输入的编号（如“第一章”）替换为自动编号（如“第 1 章”）；设置所有绿色的文本为“标题 2”样式，并修改样式字号为小四，将手工输入的编号（如“第一条”）替换为自动编号（如“第 1 条”），在每一章中重新开始编号；各级自动编号后以空格代替制表符与编号后的文本隔开。

（4）将第 2 章中标记为红色的文本转换为 4 行 3 列的表格，并合并最右一列第 2 ～ 4 行的 3 个单

元格；将第 4 章中标记为红色的文本转换为 2 行 6 列的表格；将两个表格中的文字颜色都设置为“黑色，文字 1”。

（5）删除文档中所有空行。

（6）保存此文件；将其在考生文件夹中另存一份副本，文件名为“管理办法 .docx”（“.docx”为文件扩展名），然后关闭该文档。

7. 修改“Word.docx”文件中表格右下角所插入的文件对象下方的题注文字为“指标说明”。

8. 使用文件“员工考核成绩 .xlsx”中的数据创建邮件合并，并在“员工姓名”“员工编号”“员工性别”“出生日期”“业绩考核”“能力考核”“态度考核”和“综合成绩”右侧的单元格中插入对应的合并域，其中“综合成绩”保留 1 位小数。

9. 在“是否达标”右侧单元格中插入域，判断成绩是否达到标准，如果综合成绩大于或等于 70 分，则显示“合格”，否则显示“不合格”。

10. 编辑单个文档，完成邮件合并，将合并的结果文件另存为“合并文档 .docx”（“.docx”为文件扩展名）。

三、电子表格题（共 30 分）

采购部助理小何负责统计本公司各个销售部本月销售数据，按照下列要求帮助小何完成相关数据的整理、统计和分析工作。

1. 在考生文件夹下，将“Excel_ 素材 .xlsx”文件另存为“Excel.xlsx”（“.xlsx”为文件扩展名），后续操作均基于此文件，否则不得分。操作过程中，不可以随意改变原工作表素材数据的顺序。

2. 按照下列要求对素材“Excel.xlsx”中的 4 个工作表“第 1 周”～“第 4 周”中的原始数据进行完善：

（1）在每个工作表中 C、D、E、F 这 4 个销量列的空白单元格中输入数字 0。

（2）分别计算每个工作表中这四个销售部的周销量合计值，并填入 G 列。

（3）分别计算每个工作表中的周销售总额，并填入 H 列。

（4）分别将每个工作表中的数据区域定义为与工作表相同的名称。

（5）将 4 个工作表中的数据以求和方式合并到新工作表“月销售合计”中，合并数据自工作表“月销售合计”的 A1 单元格开始填列。

3. 按照下列要求对新工作表“月销售合计”中的数据进行调整、完善：

（1）依据下表输入或修改列标题，并按“名称”升序排列数据区域。

单元格	列标题内容
A1	名称
B1	平均单价
G1	月销量
H1	月销售额

（2）将数据区域中月销量为零的菜品行删除。

（3）删除 B 列中的合并单价，根据合并后的月销量及月销售总额重新计算平均单价。

（4）在 A、B 两列之间插入一个空行，列标题输入“类别”。

（5）为整个数据区域套用一个表格格式，适当加大行高，并自动调整各列列宽至合适的大小。

（6）锁定工作表的第 1 行和第 1 列，使之始终可见。

4. 在工作簿“Excel.xlsx”的最右侧创建一个名为“品种目录”的工作表，工作表标签颜色设为标准红色。将考生文件夹下以制表符分隔的文本文件“蔬菜主要品种目录 .txt”自 A1 单元格开始导入到工作表“品种目录”中，“编号”列保持原格式。

5. 根据工作表“品种目录”中的数据，在工作表“月销售合计”的 B 列中为每个菜品填入相应的“类别”，如果某一菜品不属于“品种目录”的任何一个类别，则填入文本“其他”。

6. 以“月销售合计”为数据源，参照工作表“示例”中的图示，自新工作表“数据透视”的 A3 单元格开始生成数据透视表，要求如下：

（1）列标题应与示例相同。

（2）按月销售额由高到低进行排序，仅“茄果类“展开。

（3）设置销售额和销售量的数字格式，适当改变透视表样式。

四、演示文稿题（共 20 分）

中国注册税务师协会宣传处王干事正在准备一份介绍本协会的演示文稿，按照下列要求帮助王干事组织材料完成演示文稿的整合制作，完成后的演示文稿共包含 15 张幻灯片，且没有空白幻灯片。

1. 在考生文件夹下，打开空白演示文稿“PPT.pptx”，根据 Word 文档“PPT 素材 .docx”中提供的大纲内容新建 10 张幻灯片，其对应关系如下表所列（“. docx”、“. pptx”均为文件扩展名）。要求新建幻灯片中不包含原素材中的任何格式，之后所有的操作均基于“PPT.pptx”文件，否则不得分。

Word 大纲中的文本颜色	对应的 PPT 内容
红色	标题
蓝色	第一级文本
黑色	第二级文本

2. 为演示文稿应用考生文件夹下的设计主题“五彩缤纷 .thmx”（“.thmx”为文件扩展名）。将该设计主题下的 3 个版式“两栏内容”“比较”“内容”删除。令每张幻灯片的右上角同一位置均显示图片“Logo.png”，将其置于底层且不遮挡其他对象内容。

3. 为第 1 张幻灯片应用“标题幻灯片”版式。为其中的标题和副标题分别指定动画效果，顺序如下：单击时标题在 5 秒内自左侧“擦除”进入，同时副标题以相同的速度自右侧“擦除”进入，4 秒钟后标题与副标题同时自动在 3 秒内以“加粗闪烁”方式进行强调。

4. 在第 2 张幻灯片中，将文本框中的目录内容设为水平垂直均居中排列，并为每项内容添加超链接，令其分别链接到相应的幻灯片。为第 3 张幻灯片应用版式“节标题”。

5. 首先在第 6、7 张幻灯片之间插入两张幻灯片，然后进行下列操作：

（1）为新插入的第 7 张幻灯片应用版式“空白”，在其中插入对象文档“中国注册税务师协会章程 .docx”，令其仅显示第 1 页内容，并与原文档保持修改同步。当放映幻灯片时，用鼠标单击对象即可打开原文档。

（2）为新插入的第 8 张幻灯片应用版式“标题和内容”，标题为“组织结构”，在下方的内容框中插入一个 SmartArt 图，文字素材及完成效果可参见文档“组织机构素材及参考效果 .docx”，要求结构与样例图完全一致，并更改其默认的颜色及样式。

（3）为 SmartArt 图形设置以下动画效果：按一次一个级别的方式自底部飞入，然后再按倒序一次一个级别地向底部飞出。

6. 分别为第 9 和第 11 张幻灯片应用版式“仅标题”。之后利用相册功能，将考生文件夹下的图片 1.png ～ 12.png 生成每页包含 4 张图片、不含标题的幻灯片，将其中包含图片的 3 张幻灯片插入到第 9 张幻灯片之后。

7. 将第 15 张幻灯片的版式设为“图片与标题”。在右侧的图片框中插入图片“图片 .jpg”，图片样式设为“剪裁对角线，白色”。

8. 将第 3 ～ 8 张、第 9 ～ 12 张幻灯片分别组织为一节，节名依次为“概况”“服务”。为演示文稿中所有的节应用不同的切换方式。

无纸化新增真题套卷（2）

（考试时间 120 分钟，满分 100 分）

一、选择题（每小题 1 分，共 20 分；下列各题 4 个选项中只有一个选项是正确的）

1. 下列叙述中错误的是（　　）。

A. 算法的时间复杂度与算法所处理数据的存储结构有直接关系

B. 算法的空间复杂度与算法所处理数据的存储结构有直接关系

C. 算法的时间复杂度与空间复杂度有直接关系

D. 算法的时间复杂度与算法程序执行的具体时间是不一致的

2. 带链栈为空的条件是（　　）。

A. top=bottom=NULL　　B. top=-1 且 bottom=NULL

C. top=NULL 且 bottom=-1　　D. top=bottom=-1

3. 下列叙述中正确的是（　　）。

A. 循环队列是队列的链式存储结构　　B. 能采用顺序存储的必定是线性结构

C. 所有的线性结构都可以采用顺序存储结构　　D. 具有两个以上指针的链表必定是非线性结构

4. 下列叙述中错误的是（　　）。

A. 在带链队列中，队头指针和队尾指针都是在动态变化的

B. 在带链栈中，栈顶指针和栈底指针都是在动态变化的

C. 在带链栈中，栈顶指针是在动态变化的，但栈底指针是不变的

D. 在带链队列中，队头指针和队尾指针可以指向同一个位置

5. 设某二叉树中共有 140 个结点，其中有 40 个度为 1 的结点，则（　　）。

A. 该二叉树中有 51 个叶子结点　　B. 该二叉树中有 50 个叶子结点

C. 该二叉树中有 51 个度为 2 的结点　　D. 不可能有这样的二叉树

6. 下列叙述中错误的是（　　）。

A. 系统总体结构图支持软件系统的详细设计　　B. 软件设计是将软件需求转换为软件表示的过程

C. 数据结构与数据库设计是软件设计的任务之一　　D. PAD 图是软件详细设计的表示工具

7. 负责数据库中查询操作的数据库语言是（　　）。

A. 数据定义语言　　B. 数据管理语言　　C. 数据操纵语言　　D. 数据控制语言

8. 下面对软件测试描述错误的是（　　）。

A. 严格执行测试计划，排除测试的随意性　　B. 随机地选取测试数据

C. 发现软件中存在的错误　　D. 软件测试是保证软件质量的重要手段

9. 有 3 个关系 R、S 和 T 如下：

R

A	B	C
a	1	2
b	2	1
c	3	1

S

A	D
c	4

T

A	B	C	D
c	3	1	4

则由关系 R 和 S 得到关系 T 的操作是（　　）。

A. 自然连接　　B. 交　　C. 投影　　D. 并

10. 关系数据模型（　　）。

A. 只能表示实体间 1:1 联系　　B. 只能表示实体间 1:m 联系

C. 可以表示实体间 m:n 联系　　D. 能表示实体间 1:n 联系而不能表示实体间 n:1 联系

11. 在计算机内部，大写字母“G”的 ASCII 码为“1000111”，大写字母“K”的 ASCII 码为（　　）。

A. 1001001　　B. 1001100　　C. 1001010　　D. 1001011

12. 20GB 的硬盘表示容量约为（　　）。

A. 20 亿个字节　　B. 20 亿个二进制位

C. 200 亿个字节　　D. 200 亿个二进制位

13. 现代计算机普遍采用总线结构，包括数据总线、地址总线、控制总线，通常与数据总线位数对应相同的部件是（　　）。

A. CPU　　B. 存储器　　C. 地址总线　　D. 控制总线

14. 从本质上讲，计算机病毒是一种（　　）。

A. 细菌　　B. 文本　　C. 程序　　D. 微生物

15. 在 Word 文档编辑状态下，将光标定位于任一段落位置，设置 1.5 倍行距后，结果将是（　　）。

A. 全部文档没有任何改变　　B. 全部文档按 1.5 倍行距调整段落格式

C. 光标所在行按 1.5 倍行距调整格式　　D. 光标所在段落按 1.5 倍行距调整格式

16. 办公室小刘希望将一篇在 Word 中编辑好的论文连续打印在 A4 纸的正反两面上，但是办公室里的打印机不支持自动双面打印，最优的操作方法是（　　）。

A. 先单面打印一份论文，然后找复印机进行双面复印

B. 打印时先指定打印所有奇数页，将纸张翻过来后，再指定打印偶数页

C. 打印时先设置“手动双面打印”，等 Word 提示打印第二面时将纸张翻过来继续打印

D. 先选择所有奇数页并在打印时设置“打印所选内容”，将纸张翻过来后，再选择打印偶数页

17. 以下对 Excel 排序功能，说法错误的是（　　）。

A. 排序功能只针对数字　　B. 排序可以不选择排序的所有数据

C. 高级筛选之前必须对数据进行排序　　D. 除了升序和降序外，还可以自定义排序的规则

18. 小王需要在 Excel 中输入大量的数据，她希望只要是利用 Excel 新建工作簿，其中的字体、字号总能自动设为微软雅黑、8 磅，最优的操作方法是（　　）。

A. 先输入数据，然后选中这些数据并设置其字体、字号

B. 先选中整个工作表，设置字体、字号后再输入数据

C. 先选中整个工作表并设置字体、字号，之后将其保存为模板，再依据该模板创建新工作簿并输入数据

D. 通过后台视图的常规选项，设置新建工作簿时默认的字体、字号，然后再新建工作簿并输入数据

19. 在 PowerPoint 演示文稿普通视图的幻灯片缩略图窗格中，需要复制第 6 张幻灯片并放置在其后，最快捷的操作方法是（　　）。

A. 用鼠标拖动第 6 张幻灯片到第 6、7 张幻灯片之间时按下【Ctrl】键并释放鼠标

B. 按住【Ctrl】键再用鼠标拖动第 6 张幻灯片到第 6、7 张幻灯片之间

C. 用右键单击第 6 张幻灯片并选择“复制幻灯片”命令

D. 选择第 6 张幻灯片并通过复制、粘贴功能实现复制

20. 小张创建了一个 PowerPoint 演示文稿，现在需要将幻灯片的起始编号设置为从 101 开始，以下最优的操作方法是（　　）。

A. 通过【插入】→【文本】组中的“幻灯片编号”按钮进行设置

B. 通过【设计】→【页面设置】组中的“页面设置”按钮进行设置

C. 通过【幻灯片放映】→【设置】组中的“设置幻灯片放映”按钮进行设置

D. 通过【插入】→【文本】组中的“页眉和页脚”按钮进行设置

二、字处理题（共 30 分）

某编辑部收到了一篇科技论文的译文审校稿，并希望将其发表在内部刊物上。现需要根据专家意见进行文档修订与排版，具体要求如下。

1. 在考生文件夹下，为“Word 素材 .docx”文件中全部译文内容创建一个名为“Word.docx”的文件（“.docx”为文件扩展名），并保留原素材文档中的所有译文内容、格式设置、修订批注等，后续操作均基

于此文件，否则不得分。

2. 设置文档的标题属性为“语义网格的研究现状与展望”。

3. 设置文档的纸张大小为“信纸”(宽 27.94 厘米 × 高 21.59 厘米)，纸张方向为“纵向”，页码范围为多页的“对称页边距”;设置页边距上、下均为 2 厘米，内侧页边距为 2 厘米，外侧页边距为 2.5 厘米;页眉和页脚距边界均为 1.2 厘米；设置仅指定文档行网格，每页 41 行。

4. 删除文档中所有空行和以黄色突出显示的注释性文字，将文档中所有标记为红色字体的文字修改为黑色。

5. 根据文档批注中指出的引注缺失或引注错误修订文档，并确保文档中所有引注的方括号均为半角的“[]”，修订结束后将文档中的批注全部删除。

6. 将文档中“关键词”段落之后的所有段落分为两栏，栏间距为 2 字符，并带有分隔线。

7. 设置文档中的紫色字体文本为论文标题，作者行为副标题，黄色字体文本为节标题，绿色字体文本为小节标题，蓝色字体文本为原文引用内容。依据文章层次，将节标题和小节标题设置为对应的多级标题编号(例如，第 4 节的编号为 4，第 4 节第 2 小节的编号为 4.2)。上述各部分格式设置如表 4-1 所示。

表 4-1　部分格式的具体需求

内容	大纲级别	字体	字形	字号	字体颜色	对齐方式	段落缩进	段落间距
论文标题	1 级(样式：标题)	宋体(中文) Cambria(西文)	加粗	四号	黑色	居中对齐	无	段前 0.5 行 段后 0.5 行
副标题	正文文本	微软雅黑(中文) Cambria(西文)	常规	五号	黑色	居中对齐	无	
节标题	1 级(样式:标题 1)	微软雅黑(中文) Cambria(西文)	加粗	小四	黑色	左对齐	无	段前 0.5 行 段后 0.5 行
小节标题	2 级(样式:标题 2)	楷体(中文) Cambria(西文)	加粗	五号	黑色	左对齐	无	段前 0.2 行 段后 0.2 行
原文引用	正文文本	仿宋(中文) Times New Roman(西文)	常规	小五	黑色	两端对齐	首行缩进 2 字符 左侧 0.2 厘米 右侧 0.2 厘米	段前 0.2 行 段后 0.2 行

三、电子表格题(共 30 分)

陈颖是某环境科学院的研究人员，现在需要使用 Excel 来分析我国主要城市的降水量。根据下列要求，帮助她完成这项工作。

1. 在考生文件夹下，将“Excel_素材 .xlsx”文件另存为“Excel.xlsx”(“.xlsx”为扩展名)，后续操作均基于此文件，否则不得分。

2. 在“主要城市降水量”工作表中，将 A 列数据中城市名称的汉语拼音删除，并在城市名后面添加文本“市”，如“北京市”。

3. 将单元格区域 A1:P32 转换为表，为其套用一种恰当的表格格式，取消筛选和镶边行，将表的名称修改为“降水量统计”。

4. 将单元格区域 B2:M32 中所有的空单元格都填入数值 0；然后修改该区域的单元格数字格式，使得值小于 15 的单元格仅显示文本“干旱”；再为这一区域应用条件格式，将值小于 15 的单元格设置为“黄色填充深黄色文本”。(注意：不要修改单元格中的数值本身)

5. 在单元格区域 N2:N32 中计算各城市全年的合计降水量，对其应用实心填充的数据条条件格式，并且不显示数值本身。

6. 在单元格区域 O2:O32 中，根据“合计降水量”列中的数值进行降序排名。

7. 在单元格区域 P2:P32 中，插入迷你柱形图，数据范围为 B2:M32 中的数值，并将高点设置为标准红色。

8. 在 R3 单元格中建立数据有效性，仅允许在该单元格中填入单元格区域 A2:A32 中的城市名称；在 S2 单元格中建立数据有效性，仅允许在该单元格中填入单元格区域 B1:M1 中的月份名称；在 S3 单元格中建立公式，使用 Index 函数和 Match 函数，根据 R3 单元格中的城市名称和 S2 单元格中的月份名称，查询对应的降水量；以上 3 个单元格最终显示的结果为广州市 7 月的降水量。

9. 按照如下要求统计每个城市各月降水量以及在全年中的比重，并为其创建单独报告，报告的标题和结构等完成效果可参考考生文件夹下的图片“城市报告 .png”。

（1）每个城市的数据位于一张独立的工作表中，工作表标签名为城市名称，如“北京市”。

（2）如参考图片“城市报告 .png”所示，各月份降水量数据位于单元格区域 A3:C16 中，A 列中的月份按照 1 ～ 12 月顺序排列，B 列中为对应城市和月份的降水量，C 列为该月降水量占该城市全年降水量的比重。

（3）不限制计算方法，可使用中间表格辅助计算，中间表格可保留在最终完成的文档中。

10. 在“主要城市降水量”工作表中，将纸张方向设置为横向，并适当调整其中数据的列宽，以便可以将所有数据都打印在一页 A4 纸内。

11. 为文档添加名称为“类别”，类型为文本，值为“水资源”的自定义属性。

四、演示文稿题（共 20 分）

在某公司人力资源部就职的张晓鸣需要制作一份供新员工培训时使用的 PowerPoint 演示文稿。按照下列要求，并参考“完成效果 .docx”文件中样例的效果，完成演示文稿的制作。

1. 在考生文件夹下，将“PPT_ 素材 .pptx”文件另存为“PPT.pptx”（“.pptx”为扩展名），后续操作均基于此文件，否则不得分。

2. 为演示文稿应用考生文件夹下的主题“员工培训主题 .thmx”,然后再应用“暗香扑面”的主题字体。

3. 在幻灯片 2 中插入考生文件夹下的图片“欢迎图片 .jpg”，并应用“棱台形椭圆 , 黑色”的图片样式，参考“完成效果 .docx”文件中的样例效果将图片和文本置于适合的位置。

4. 将幻灯片 3 中的项目符号列表转换为 SmartArt 图形，布局为“降序基本块列表”，为每个形状添加超链接，链接到相应的幻灯片 4、5、6、7、8、9、11。

5. 在幻灯片 5 中，参考样例效果，将项目符号列表转换为 SmartArt 图形，布局为“组织结构图”，将文本“监事会”和“总经理”的级别调整为“助理”；在采购部下方添加“北区”和“南区”两个形状，分支布局为“标准”；为 SmartArt 图形添加“淡出”的进入动画效果，效果选项为“一次级别”。

6. 在幻灯片 9 中，使用考生文件夹下的“学习曲线 .xlsx”文档中的数据，参考样例效果创建图表，不显示图表标题和图例，垂直轴的主要刻度单位为 1，不显示垂直轴；在图表数据系列的右上方插入正五角星形状，并应用“强烈效果 - 橙色，强调颜色 3”的形状样式（注意：正五角星形状为图表的一部分，无法拖曳到图表区以外）。

7. 在幻灯片 9 中，为图表添加“擦除”的进入动画效果，方向为“自左侧”，序列为“按系列”，并删除图表背景部分的动画。

8. 在幻灯片 10 中，参考样例效果，适当调整各形状的位置与大小，将“了解”“开始熟悉”“达到精通”3 个文本框的形状更改为“对角圆角矩形”，但不要改变这些形状原先的样式与效果；为 3 个对角圆角矩形添加“淡出”的进入动画，持续时间都为 0.5 秒，“了解”形状首先自动出现，“开始熟悉”和“达到精通”两个形状在前一个形状的动画完成之后，依次自动出现。为弧形箭头形状添加“擦除”的进入动画效果，方向为“自底部”，持续时间为 1.5 秒，要求和“了解”形状的动画同时开始，和“达到精通”形状的动画同时结束。

9. 将幻灯片 11 的版式修改为“图片与标题”，在右侧的图片占位符中插入图片“员工照片 .jpg”，并应用一种恰当的图片样式；为幻灯片左侧下方的文本占位符和右侧的图片添加“淡出”的进入动画效果，要求两部分动画同时出现并同时结束。

10. 在幻灯片 13 中，将文本设置为在文本框内水平和垂直都居中对齐，将文本框设置为在幻灯片中水平和垂直都居中；为文本添加一种适当的艺术字效果，设置“陀螺旋”的强调动画效果，并重复到下一次单击为止。

11. 为演示文稿添加幻灯片编号，且标题幻灯片中不显示；为除了首张幻灯片之外的其他幻灯片设置一种恰当的切换效果。

12. 插入图片“公司 Logo.jpg”于所有幻灯片的右下角，并适当调整其大小。

无纸化新增真题套卷（1）参考答案及解析

一、选择题

1. B【解析】本题考查软件测试的策略。集成测试是测试和组装软件的过程，它是把模块在按照设计要求组装起来的同时进行测试，A选项不符合题意；单元测试是对软件设计最小单位——模块（程序单元）进行正确性检验的测试，属于代码编写阶段进行的测试，B选项符合题意；确认测试是验证软件的功能和性能及其他特性是否满足了规格说明中确定的各种需求，以及软件配置是否完全、正确，C选项不符合题意；系统测试是实际使用环境下对计算机系统进行的一系列集成测试和确认测试，D选项不符合题意。

2. B【解析】本题考查数据库管理系统。数据库管理系统负责数据库中数据组织、数据操纵、数据维护、控制及保护和数据服务等，它是一种在操作系统之上的系统软件，B选项符合题意；数据库管理系统是数据库的机构，它是一种系统软件，A、C、D选项不符合题意。

3. A【解析】本题考查数据库发展阶段。数据库系统共享性大、冗余度小，即减少了数据冗余，A选项叙述正确；冗余度小并非避免了一切冗余，B选项叙述错误；数据的一致性是指在系统中同一数据在不同位置的出现应保持相同的值，而不是数据类型的一致，C选项叙述错误；数据库系统比文件系统有更强的管理控制能力，而不是管理更多的数据，D选项叙述错误。

4. A【解析】本题考查数据库系统的基本特点。逻辑独立性指数据库的总体逻辑结构的改变，不会导致相应的应用程序的改变，A选项符合题意；物理独立性、应用独立性和空间独立性。不会影响数据库的逻辑结构，也不会引起应用程序的改动，B、C、D选项不符合题意。

5. B【解析】本题考查数据库系统的内部结构体系。数据库系统的三级模式是概念模式、外模式和内模式。外模式也称子模式或用户模式，它是用户的数据视图，给出了每个用户的局部数据描述，A选项不符合题意；内模式又称物理模式，它给出了数据库物理存储结构与物理存取方法，B选项符合题意；概念模式是数据库系统中全局数据逻辑结构的描述，是全体用户的公共数据视图，C选项不符合题意；逻辑模式不能给出数据库物理存储结构与物理存取方法，D选项不符合题意。

6. A【解析】本题考查概念模型的基础知识。概念数据模型有实体联系模型（E-R模型）、面向对象模型及谓词模型。层次模型、网状模型、关系模型和面向对象模型都属于逻辑数据模型。

7. D【解析】本题考查关系模型的基本概念。常用的扩充运算有交、除、连接及自然连接等。笛卡儿积中，用R集合中的元素为第一元素，S集合中的元素为第二元素构成的有序对，A选项不符合题意；R交S的结果是既属于R又属于S的记录组成的集合，B选项不符合题意；R并S是将S中的记录追加到R后面，C选项不符合题意；自然连接是指去掉重复属性的等值连接，D选项符合题意。

8. D【解析】本题考查实体间的联系。开发人员可以参加多个项目，而项目开发人员不止一个，则其对应的联系为多对多(m:n)联系。D选项正确。

9. A【解析】本题考查关系模型的基本概念。在任何一个关系数据库中，第一范式（1NF）是对关系模式的基本要求，不满足第一范式（1NF）的数据库就不是关系数据库，A选项符合题意。

10. A【解析】本题考查关系模型的基本概念。用于查询的3个操作无法用传统的集合运算表示，引入的运算为投影运算、选择运算、笛卡儿积。常用的扩充运算有交、除、连接及自然连接等。交：R交S的结果是既属于R又属于S的记录组成的集合，A选项符合题意；差运算：从关系R中除去与关系S中相同元组后得到的关系T，B选项不符合题意；并：R并S是将S中的记录追加到R后面，C选项不符合题意；选择，从关系中找出满足给定条件的元组的操作称为选择，题目中无给定条件，D选项不符合题意。

11. D【解析】汉字的输入、输出和处理的过程，实际上是汉字的各种编码之间的转换过程。这些编码包括汉字输入码、汉字内码、汉字地址码和汉字字形码，故选D。

12. B【解析】字长作为CPU的主要性能指标之一，主要表现在CPU一次能处理的二进制数据的位数，故选B。

13. C【解析】WAV、MP3格式是音频文件格式，PNG格式是图像文件格式，RM格式是RealNetworks公司开发的一种流媒体视频文件格式，可以根据网络数据传输的不同速率制订不同的压缩比率，从而实现在Internet上进行低速率视频文件的实时传送和播放，故选C。

14. D【解析】计算机染上病毒后，会出现程序或数据突然丢失、磁盘空间突然变小及系统出现异常启动或经常“死机”等现象，故选 D。

15. A【解析】在 Word 文档的【插入】→【插图】组中可以执行插入 Excel 图表、插入 SmartArt、屏幕截图等操作，但不能录制屏幕操作视频，故选 A。

16. A【解析】一般情况下，Word 文档是自动分页的，文档内容到页尾时会自动排布到下一页。但如果为了排版布局的需要，可能会单纯地将文档内容从中间划分为上下两页，这时可以在文档中插入分页符，故选 A。

17. B【解析】由于 3 个工作表的格式相同，汇总这 3 个工作表中的数据可以使用“合并计算”功能，在新工作表中单击【数据】→【数据工具】组中的“合并计算”按钮，在打开的“合并计算”对话框中依次选择 3 个工作表，将数据合并汇总到新工作表中，故选 B。

18. C【解析】可以在 Excel 工作表中插入的迷你图类型有折线图、柱形图和盈亏图，故选 C。

19. D【解析】在普通视图左侧的幻灯片缩略图中按【Enter】键，可在该幻灯片后增加一张新幻灯片。A 选项和 C 选项执行后，会新建一个演示文稿，不会增加新幻灯片；B 选项“插入”选项卡下没有“插入幻灯片”命令，故选 D。

20. C【解析】本题要求为所有的幻灯片设置不同的切换动画，C 选项操作正确，可以为所有的幻灯片设置切换声音，但所有的幻灯片将应用同一种切换动画，故选 C。

二、字处理题

视频演示

素材：考生文件夹\新增真题（1）\Word 素材 .docx、Logo.png、参考效果 .png、员工考核成绩 .xlsx

效果：效果文件夹\新增真题（1）\Word.docx、管理办法 .docx、合并文档 .docx

1.【解题步骤】

打开“Word 素材 .docx”文档，选择【文件】→【另存为】选项，打开“另存为”对话框，将保存位置设置为考生文件夹，在“文件名”文本框中输入“Word”，单击“保存”按钮。

2.【解题步骤】

步骤 1：在【页面布局】→【页面设置】组中单击右下角的对话框启动器按钮，打开“页面设置”对话框。①单击“页边距”选项卡；②在“纸张方向”栏中选择“横向”选项；③在“页边距”栏的“上”“下”“左”“右”数值框中都输入“2.5 厘米”；④单击“确定”按钮，如图 4-1 所示。

图 4-1　设置页边距

步骤 2：在“页面背景”组中单击“页面边框”按钮，打开“边框和底纹”对话框，在“页面边框”选项卡的“设置”栏中选择“阴影”选项，单击“确定”按钮。

3.【解题步骤】

步骤 1：选择文本“员工绩效考核成绩报告 2015 年度”，在【开始】→【字体】组的“字体”下拉列表框中选择“微软雅黑”选项，单击“字体颜色”按钮右侧的下拉按钮，在弹出的下拉列表框的“主题颜色”栏中选择“红色，强调文字颜色 2”选项，单击“加粗”按钮。

步骤 2：将光标定位到文本“……绩效考核”和“成绩报告……”之间，输入一个竖线符号“|”。选择文本“成绩报告 2015 年度”，在【开始】→【段落】组中单击“中文版式”下拉按钮，在弹出的下拉列表中选择“双行合一”选项，打开“双行合一”对话框，保持默认设置，单击“确定”按钮。

步骤 3：选择文本“员工绩效考核成绩报告 2015 年度”，在【开始】→【字体】组的“字号”下拉列表框中选择“二号”选项。

4.【解题步骤】

步骤 1：选择下面的表格，单击鼠标右键，在弹出的快捷菜单中选择“表格属性”选项，打开“表格属性”对话框。①单击“表格”选项卡；②在“尺寸”栏中单击选中“指定宽度”复选框；③在其后的数值框中输入“100%”；④在“度量单位”

下拉列表框中选择“百分比”选项；⑤单击“可选文字”选项卡；⑥在“标题”文本框中输入“员工绩效考核成绩单”；⑦单击“确定”按钮，如图 4-2 所示。

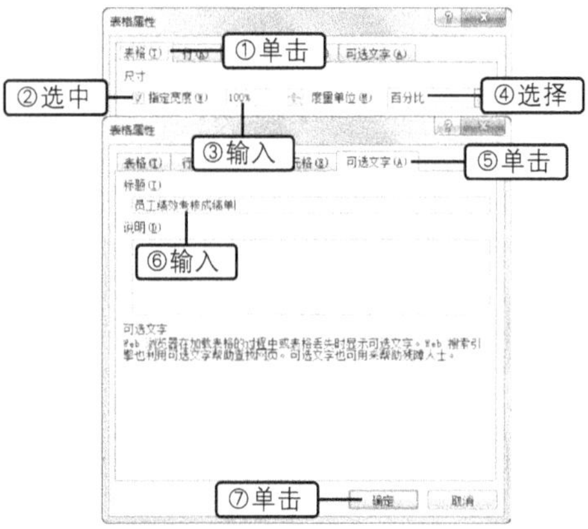

图 4-2　设置表格属性

步骤 2：选择第 3 行的所有单元格，单击鼠标右键，在弹出的快捷菜单中执行“合并单元格”命令,然后在【表格工具 设计】→【表格样式】组中单击“边框”按钮右侧的下拉按钮，在弹出的下拉列表中选择“左框线”选项，取消该单元格的左框线，继续单击“边框”按钮右侧的下拉按钮，在弹出的下拉列表中选择“右框线”选项，取消该单元格的右框线。

步骤 3：选择第 7 行的所有单元格，单击鼠标右键，在弹出的快捷菜单中执行“合并单元格”命令，然后在【表格工具 设计】→【表格样式】组中单击“边框”按钮右侧的下拉按钮，在弹出的下拉列表中选择“左框线”选项，取消该单元格的左框线，继续单击“边框”按钮右侧的下拉按钮，在弹出的下拉列表中选择“右框线”选项，取消该单元格的右框线。

步骤 4:选择第 4 ～ 6 行第 3 列的所有单元格，单击鼠标右键，在弹出的快捷菜单中执行“合并单元格”命令；选择第 4 ～ 6 行第 4 列的所有单元格，单击鼠标右键，在弹出的快捷菜单中执行“合并单元格”命令。

步骤 5：按住【Ctrl】键，选择表格中第 1 列和第 3 列所有包含文本的单元格。①在【表格工具 设计】→【表格样式】组中单击“底纹”按钮右侧的下拉按钮；②在弹出的下拉列表框的“主题颜色”栏中选择“蓝色，强调文字颜色 1，淡色 80%”选项，如图 4-3 所示。

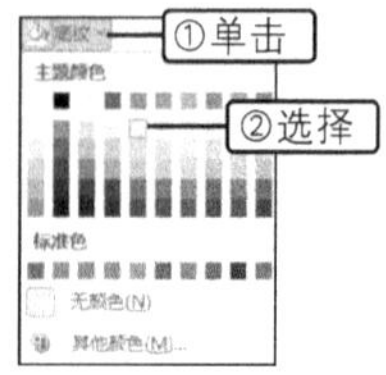

图 4-3　设置表格的底纹样式

步骤 6：选择整个表格，在【表格工具 布局】→【对齐方式】组中单击“水平居中”按钮。

步骤 7:选择第 3 行,在【表格工具 布局】→【单元格大小】组的“高度”数值框中输入“0.5 厘米”，选择第 7 行,在【表格工具 布局】→【单元格大小】组的“高度”数值框中输入“0.5 厘米”，使整个表格能够在一个页面中显示。

5.【解题步骤】

步骤 1：在【插入】→【页眉和页脚】组中单击“页脚”按钮，在弹出的下拉列表框的“内置”栏中选择“空白(三栏)”选项,插入这种形式的页脚。

步骤 2：在页脚左侧“键入文字”控件框中输入“MicroMacro”，在中间“键入文字”控件框中输入“电话：010-123456789”。

步骤 3：将光标定位到右侧“键入文字”控件框中,在【插入】→【文本】组中单击“日期和时间”按钮，打开“日期和时间”对话框，在“语言”下拉列表框中选择“英语(美国)”选项,单击选中“自动更新”复选框，在“可用格式”栏中选择与“参考效果”相同的日期格式，这里保持默认设置，单击“确定”按钮。

步骤 4：将光标定位到页眉位置，在【开始】→【段落】组中单击“文本左对齐”按钮，使页眉段落左对齐。在【插入】→【插图】组中单击“图片”按钮，打开“插入图片”对话框，选择考生文件夹中的图片“Logo.png”，单击“插入”按钮。适当缩小图片，使所有内容保持在一个页面中。

步骤 5：在【开始】→【样式】组中单击右下角的对话框启动器按钮，打开“样式”任务窗格，在列表框中单击“页眉”选项右侧的下拉按钮，在弹出的下拉列表中选择“修改”选项。

步骤 6：打开“修改样式”对话框，单击左下角的“格式”下拉按钮，在弹出的下拉列表中选择“边框”选项，打开“边框”对话框，在右侧的“预览”栏中单击“下边框”按钮，取消下边框。单击“确定”按钮。回到“修改样式”对话框单击“确定”按钮，然后单击“关闭”按钮，关闭“样式”任务窗格。双击正文处任一区域，切换到正文编辑状态。

6.【解题步骤】

步骤 1：双击表格右下角单元格中所插入的文件对象“员工绩效考核管理办法 .docx”，打开该文件。

步骤 2：选择“MicroMacro 公司人力资源部文件”文本，在【开始】→【字体】组中单击“字体颜色”按钮右侧的下拉按钮，在弹出的下拉列表框的“标准色”栏中选择“红色”选项，在“字号”下拉列表框中输入“32”，按【Enter】键，单击“加粗”按钮。单击“字体”组右下角的对话框启动器按钮，打开“字体”对话框，在“中文字体”下拉列表框中选择“微软雅黑”选项，在“西文字体”下拉列表框中选择“Times New Roman”选项，单击“确定”按钮。

步骤 3：将光标定位到该文本右侧，在【开始】→【段落】组中单击“边框”按钮右侧的下拉按钮，在弹出的下拉列表中选择“横线”选项，插入横线。在所插入的横线上单击鼠标右键，在弹出的快捷菜单中选择“设置横线格式”选项。

步骤 4：打开“设置横线格式”对话框，①在“颜色”栏中单击选中“使用纯色（无底纹）”复选框；②然后在其右侧的下拉列表框的“标准色”栏中选择“红色”选项；③单击“确定”按钮，如图 4-4 所示。

图 4-4　设置横线格式

步骤 5：同时选择标题文本和横线所在的两个段落，在【开始】→【段落】组中单击右下角的对话框启动器按钮，打开“段落”对话框，在“缩进和间距”选项卡的“缩进”栏的“左侧”和“右侧”数值框中都输入“-1.5 字符”，单击“确定”按钮。

步骤 6：选择文本“员工绩效考核管理办法”，在【开始】→【样式】组的列表框中单击右下角的下拉按钮，在弹出的下拉列表框中选择“标题”选项。

步骤 7：选择文档中第 1 段蓝色文本，在【开始】→【编辑】组中单击“选择”下拉按钮，在弹出的下拉列表中选择“选定所有格式类似的文本”选项，选择所有蓝色文本，再在【开始】→【样式】组的列表框中单击右下角的下拉按钮，在弹出的下拉列表框中选择“标题 1”选项。

步骤 8：保持这些段落的选择状态，在【开始】→【段落】组单击“编号”按钮右侧的下拉按钮，在弹出的下拉列表框中选择“定义新编号格式”选项。

步骤 9：打开“定义新编号格式”对话框。①在“编号样式”下拉列表框中选择“1, 2, 3, ...”选项；②在“编号格式”文本框中选择“点”(.)，按【Delete】键删除，继续在“编号格式”文本框中的阴影文字的左侧和右侧分别输入“第”和“章”；③单击“确定”按钮，如图 4-5 所示，然后依次删除这些标题文本中原有的“第 × 章”文本。

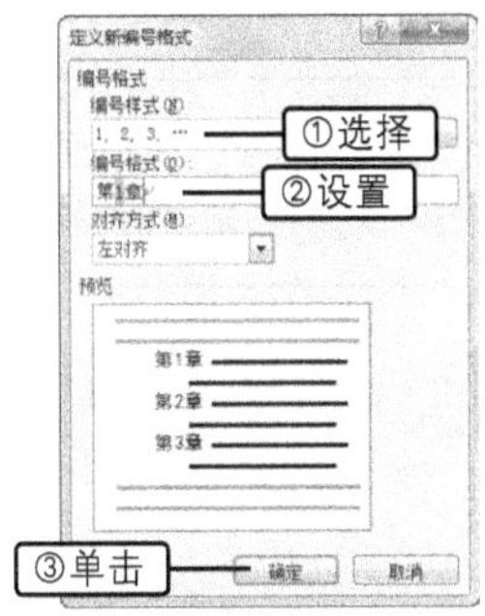

图 4-5　定义新编号格式

步骤 10：选择文档中第 1 段绿色文本，在【开始】→【编辑】组中单击“选择”下拉按钮，在弹出的下拉列表中选择“选定所有格式类似的文本”选项，选择所有绿色文本，再在【开始】→【样式】组的列表框中单击右下角的下拉按钮，在弹出的下拉列表框中选择“标题 2”选项。

步骤 11：在【开始】→【样式】组的列表框中单击右下角的下拉按钮，在弹出的下拉列表框中使用右键单击“标题 2”选项，在弹出的快捷菜单中选择“修改”选项，打开“修改样式”对话框，在“格式”栏的“字号”下拉列表框中选择“小四”选项，单击“确定”按钮。

步骤 12：将光标定位到第 1 个第 1 级的标题“第 1 章 总则”的段落中，在【开始】→【段落】组中单击“多级列表”下拉按钮，在弹出的下拉列表中选择“定义新的多级列表”选项，打开“定义新多级列表”对话框，单击左下角的“更多”按钮，展开更多选项。在左上角的“单击要修改的级别”列表框中选择“1”选项，然后在右侧“将级别链接到样式”下拉列表框中选择“标题 1”选项，在“编号格式”栏的“输入编号的格式”文本框中确认设置为“第 1 章”（其中 1 为阴影文字）。在“位置”栏的“编号之后”下拉列表框中选择“空格”选项。

步骤 13：在左上角的“单击要修改的级别”列表框中选择“2”选项，然后在右侧“将级别链接到样式”下拉列表框中选择“标题 2”选项，在“编号格式”栏的“此级别的编号样式”下拉列表框中选择“1, 2, 3, ...”选项，在“输入编号的格式”中删除带阴影的数字右侧的文本，并在带阴影的数字的左右两侧分别输入文字“第”和“条”。在“位置”栏的“编号之后”下拉列表框中选择“空格”选项，单击“确定”按钮，然后依次删除这些标题文本中原有的“第 × 条”文本。

步骤 14：选择第 2 章中标记为红色的文本，在【插入】→【表格】组中单击“表格”下拉按钮，在弹出的下拉列表中选择“文本转换成表格”选项，打开“将文字转换成表格”对话框。①在“文字分隔位置”栏中单击选中“制表符”单选项；②单击“确定”按钮，如图 4-6 所示。

图 4-6 将文字转换成表格

步骤 15：选择表格最右一列第 2 ～ 4 行的 3 个单元格，单击鼠标右键，在弹出的快捷菜单中执行“合并单元格”命令。

步骤 16：选择表格中的所有文本，在【开始】→【字体】组中单击“字体颜色”按钮右侧的下拉按钮，在弹出的下拉列表框的“主题颜色”栏中选择“黑色，文字 1”选项。

步骤 17：选择第 4 章中标记为红色的文本，在【插入】→【表格】组中单击“表格”按钮，在弹出的下拉列表中选择“文本转换成表格”选项，打开“将文字转换成表格”对话框，在“文字分隔位置”栏中单击选中“制表符”单选项，单击“确定”按钮，转换为 2 行 6 列的表格。

步骤 18：选择表格中的所有文本，在【开始】→【字体】组中单击“字体颜色”按钮右侧的下拉按钮，在弹出的下拉列表框的“主题颜色”栏中选择“黑色，文字 1”选项。

步骤 19：在【开始】→【编辑】组中单击“替换”按钮，打开“查找和替换”对话框。单击对话框左下角的“更多”按钮，展开更多选项。将光标定位到“查找内容”文本框中，然后单击对话框底部的“特殊格式”按钮，在弹出的下拉列表中选择“段落标记”选项，则在“查找内容”框中自动插入了内容“^p”。再次单击“特殊格式”按钮，在弹出的下拉列表中选择“段落标记”选项，使在“查找内容”框中再插入一个“^p”，即内容为“^p^p”。将光标定位到“替换为”文本框中，然后再单击“特殊格式”按钮，在弹出的下拉列表中选择“段落标记”选项，使“替换为”框中插入一个“^p”。单击“全部替换”按钮。在弹出的提示框中单击“确定”按钮，然后多次单击“全部替换”按钮，直到提示框报告完成 0 处替换为止。单击“关闭”按钮关闭对话框。

步骤 20：单击快速访问工具栏的“保存”按钮（由于是嵌入 Word.docx 中的文档，此按钮提示为“更新”）。再选择【文件】→【另存为】选项，打开“另存为”对话框，在“文件名”文本框中输入“管理办法”，单击“保存”按钮。然后关闭此文档，回到“Word.docx”文件中。

7.【解题步骤】

步骤 1：在“Word.docx”文件中表格右下角所插入的文件对象上单击鼠标右键，在弹出的快捷菜单中选择“‘文档’对象”选项，在弹出的子菜单中选择“转换”选项，打开“转换”对话框。

步骤 2：①单击“更改图标”按钮，打开“更改图标”对话框；②在“题注”文本框中输入“指标说明”；③单击“确定”按钮返回到“转换”对话框；④再单击“确定”按钮，如图 4-7 所示。

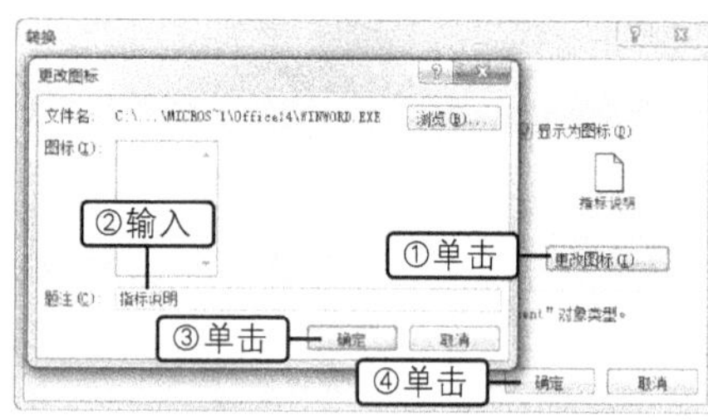

图 4-7 更改图标

8.【解题步骤】

步骤 1：在【邮件】→【开始邮件合并】组中单击“开始邮件合并”下拉按钮，在弹出的下拉列表中选择“信函”选项。然后在“开始邮件合并”组中单击“选择收件人”下拉按钮，在弹出的下拉列表中选择“使用现有列表”选项。打开“选取数据源”对话框，选择考生文件夹中的“员工考核成绩 .xlsx”工作簿，单击“打开”按钮。打开“选择表格”对话框，在列表框中选择“Sheet1$”选项，单击“确定”按钮。

步骤 2：将光标定位到第 1 行第 2 列的单元格中，在“编写和插入域”组中单击“插入合并域”按钮下方的下拉按钮，在弹出的下拉列表中选择“员工姓名”选项。

步骤 3：用同样的方法，在第 2 行第 2 列的单元格中插入合并域“员工编号”；在第 4 行第 2 列的单元格中插入合并域“业绩考核”；在第 5 行第 2 列的单元格中插入合并域“能力考核”；在第 6 行第 2 列的单元格中插入合并域“态度考核”；在第 1 行第 4 列的单元格中插入合并域“出生日期”；在第 2 行第 4 列的单元格中插入合并域“员工性别”；在第 3 行第 4 列的单元格中插入合并域“综合成绩”。

步骤 4：在插入到文档中的域“综合成绩”上单击鼠标右键，在弹出的快捷菜单中选择“编辑域”选项。打开“域”对话框，在“请选择域”栏的“域名”列表框中选择“NumChars”选项，然后在对话框右侧的“数字格式”列表框中选择“0.00”选项，然后在“数字格式”文本框中删除一个“0”使其变为“0.0”以保留 1 位小数。单击对话框左下角的“域代码”按钮，然后在对话框右侧的“高级属性”栏的“域代码”文本框中选择“\# "0.0"”部分，按【Ctrl+C】组合键复制到剪贴板。单击“取消”按钮关闭对话框。

步骤 5：继续在插入到文档中的“综合成绩”域上单击鼠标右键，在弹出的快捷菜单中选择“编辑域”选项，打开“域”对话框，直接单击对话框左下角的“域代码”按钮。在对话框右侧的“高级域属性”栏的“域代码”文本框中查看域代码“MERGEFIELD　综合成绩 ”。将光标定位到此代码右侧，按【Ctrl+V】组合键粘贴，使域代码变为“MERGEFIELD 综合成绩 \# "0.0" ”，单击“确定”按钮。

9.【解题步骤】

步骤 1：将光标定位到“是否达标”右侧的单元格中，在“编写和插入域”组中单击“规则”按钮，在弹出的下拉列表中选择“如果……那么……否则”选项，打开“插入 Word 域：IF”对话框。

步骤 2：①在“域名”下拉列表框中选择“综合成绩”选项；②在“比较条件”下拉列表框中选择“大于等于”选项；③在“比较对象”文本框中输入“70”；④在“则插入此文字”文本框中输入“合格”；⑤在“否则插入此文字”文本框中输入“不合格”；⑥单击“确定”按钮，如图 4-8 所示。

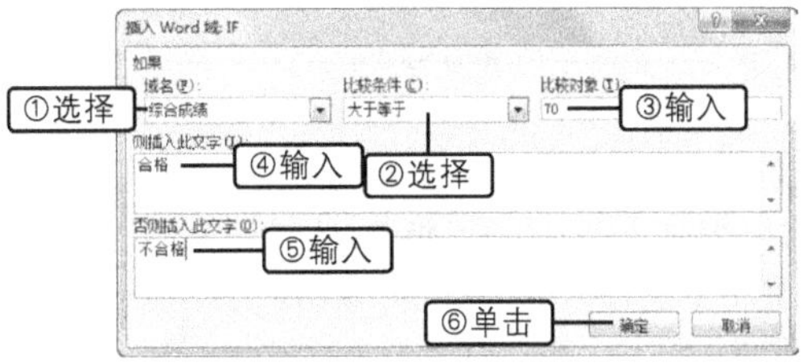

图 4-8　设置域规则

10.【解题步骤】

步骤 1：在“完成”组中单击“完成并合并”按钮，在弹出的下拉列表中选择“编辑单个文档”选项，打开“合并到新文档”对话框，保存默认设置，单击“确定”按钮。Word 弹出新生成的“信函 1”文档，在快速访问工具栏中单击“保存”按钮，打开“另存为”对话框，在“文件名”文本框中输入“合并文档”，单击“保存”按钮，将其保存到考生文件夹中。

步骤 2：关闭“合并文档 .docx”文档，回到“Word.docx”文档。单击快速访问工具栏的“保存”按钮保存“Word.docx”文档。

三、电子表格题

视频演示

素材：考生文件夹 \ 新增真题（1）\ Excel 素材 .xlsx、蔬菜主要品种目录 .txt

效果：效果文件夹 \ 新增真题（1）\ Excel.xlsx

1.【解题步骤】

在考生文件夹中双击打开“Excel 素材 .xlsx”工作簿，选择【文件】→【另存为】选项，打开“另存为”对话框，在“文件名”文本框中输入“Excel”，单击“保存”按钮。

2.【解题步骤】

步骤 1：切换到“第 1 周”工作表，选择 C2:F106 单元格区域，在【开始】→【编辑】组中单击“查找和选择”下拉按钮，在弹出的下拉列表中选择“定位条件”选项。

步骤 2：打开“定位条件”对话框，在“选择”栏中单击选中“空值”单选项，单击“确定”按钮，选择该单元格区域中的所有空白单元格，然后在编辑栏中输入“0”，按【Ctrl+Enter】组合键确认，使所有选择的空白单元格均被填充数字 0。

步骤 3：用同样的方法，在“第 2 周”工作表的 C2:F147 单元格区域中，将空值替换为“0”；在“第 3 周”工作表的 C2:F98 单元格区域中，将空值替换为“0”；在“第 4 周”工作表的 C2:F114 单元格区域中，将空值替换为“0”。

步骤 4：单击“第 1 周”的工作表标签，然后按住【Shift】键单击“第 4 周”的工作表标签，同时选择这 4 张工作表（组成工作表组）。然后在 G2 单元格中输入公式“=SUM(C2:F2)”，按【Enter】键确认输入。在 H2 单元格中输入公式“=B2*G2”，按【Enter】键确认输入。

步骤 5：在“第 1 周”～“第 4 周”工作表标签上单击鼠标右键，在弹出的快捷菜单中执行“取消组合工作表”命令。

步骤 6：切换到“第 1 周”工作表中，双击 G2 单元格的填充柄，填充本工作表的 G 列后续各行单元格；双击 H2 单元格的填充柄，填充本工作表的 H 列后续各行单元格。再分别在“第 2 周”“第 3 周”“第 4 周”工作表的 G2 单元格和 H2 单元格中双击填充柄，填充该工作表表格中 G 列和 H 列的数据。

步骤 7：切换到“第 1 周”工作表，选择 A1:H106 单元格区域，在编辑栏左侧名称框中输入“第 1 周”，按【Enter】键确认。

步骤 8：用同样的方法，将“第 2 周”工作表的 A1:H147 单元格区域命名为“第 2 周”；将“第 3 周”工作表的 A1:H98 单元格区域命名为“第 3 周”；将“第 4 周”工作表的 A1:H114 单元格区域命名为“第 4 周”。

步骤 9：单击工作表标签栏右侧的“插入工作表”按钮，新建一张工作表，双击新工作表标签，输入“月销售合计”，按【Enter】键。

步骤 10：在新工作表中选择 A1 单元格，在【数据】→【数据工具】组中单击“合并计算”按钮，打开“合并计算”对话框。①在“函数”下拉列表框中选择“求和”选项，将光标定位到“引用位置”文本框中。②在“第 1 周”工作表中选择 A1:H106 单元格区域，返回“合并计算”对话框，单击“添加”按钮；在“第 2 周”工作表中选择 A1:H147 单元格区域，返回“合并计算”对话框，单击“添加”按钮；在“第 3 周”工作表中选择 A1:H98 单元格区域，返回“合并计算”对话框，单击“添加”按钮；在“第 4 周”工作表中选择 A1:H114 单元格区域，返回“合并计算”对话框，单击“添加”按钮，在“所有引用位置”列表框中可以看到所有的引用区域。③在“标签位置”栏中单击选中“首行”和“最左列”复选框。④单击“确定”按钮，如图 4-9 所示。

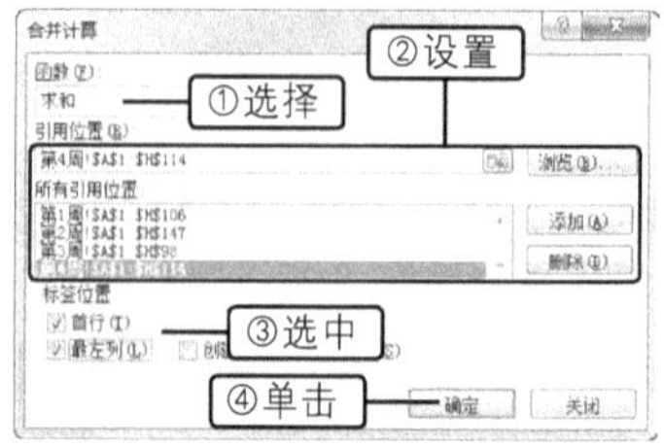

图 4-9　合并计算

步骤 11：然后在【开始】→【单元格】组中单击“格式”下拉按钮，在弹出的下拉列表的“单元格大小”栏中选择“自动调整列宽”选项，调整插入的数据各列的列宽。

3.【解题步骤】

步骤 1：选择 A1 单元格，输入“名称”，选择 B1 单元格，输入“平均单价”，选择 G1 单元格，输入“月销量”，选择 H1 单元格，输入“月销售额”。选择 A 列的任意一个单元格，在【数据】→【排序和筛选】组中单击“升序”按钮。

步骤 2：在“排序和筛选”组中单击“筛选”按钮，使按钮为高亮状态，则各列标题旁边出现下拉按钮。单击“月销量”列标题右侧的下拉按钮，在弹出的下拉列表中选择“数字筛选”选项，在弹出的子列表中选择“等于”选项，打开“自定义自动筛选方式”对话框。

步骤 3：在“月销量”栏的下拉列表框中选择“等于”选项，在右侧的下拉列表框中选择“0”选项，单击“确定”按钮，则筛选出所有“月销量”为“0”的行。在行标区拖动鼠标，选择这些“月销量”为“0”的所有行，在其中单击鼠标右键，在弹出的快捷菜单中选择“删除行”命令，将这些行删除。再次在“排序和筛选”组中单击“筛选”按钮，使按钮为非高亮状态，则取消工作表的筛选状态。

步骤 4：选择 B2:B152 单元格区域，按【Delete】键清除数据，选择 B2 单元格，输入公式“=H2/G2”，按【Enter】键确认输入；双击 B2 单元格的填充柄填充后续各行数据。

步骤 5：选择 B 列，单击鼠标右键，在弹出的快捷菜单中执行“插入”命令，则在 B 列之前插入一个空白列，选择 B1 单元格，输入“类别”。

步骤 6：选择数据区任意一个单元格，在【开始】→【样式】组中单击“套用表格格式”下拉按钮，在弹出的下拉列表的“中等深浅”栏中选择“表样式中等深浅 2”选项；打开“套用表格式”对话框，单击选中“表包含标题”复选框，单击“确定”按钮。选择 A ～ I 列，在【开始】→【单元格】组中单击“格式”下拉按钮，在弹出的下拉列表的“单元格大小”栏中选择“自动调整列宽”选项，将各列调整为合适大小。选择第 1 ～ 152 行，在行标区拖动 1 ～ 152 行任意两行间的分隔线，适当加大这些行的行高。

步骤 7：选择 B2 单元格（即它的左侧为要锁定的第 1 列、它的上方为要锁定的第 1 行），在【视图】→【窗口】组中单击“冻结窗格”按钮，在弹出的下拉列表中选择“冻结拆分窗格”选项。则拖动水平滚动条、垂直滚动条时，第 1 行、第 1 列的内容被锁定，始终可见。

4.【解题步骤】

步骤 1：在工作表标签栏的最右侧单击“插入工作表”按钮，新建一张工作表，在工作表标签上双击，输入“品种目录”，按【Enter】键确认；在新工作表标签上单击鼠标右键，在弹出的快捷菜单中选择“工作表标签颜色”选项，在弹出的子菜单的“标准色”栏中选择“红色”选项。

步骤 2：选择 A1 单元格，在【数据】→【获取外部数据】组中单击“自文本”按钮，打开“导入文本文件”对话框，选择考生文件夹中的文本文件“蔬菜主要品种目录 .txt”，单击“导入”按钮。打开“文本导入向导 - 第 1 步，共 3 步”对话框。

步骤 3：在“原始数据类型”栏中单击选中“分隔符号”单选项，单击“下一步”按钮。

步骤 4：打开“文本导入向导 - 第 2 步，共 3 步”对话框，在“分隔符号”栏中单击选中“Tab 键”复选框，单击“下一步”按钮。

步骤 5：打开“文本导入向导 - 第 3 步，共 3 步”对话框，在下方“数据预览”栏中选择“编号”列，然后在上方的“列数据格式”栏中单击选中“文本”单选项，单击“完成”按钮。

步骤 6：打开“导入数据”对话框，单击选中“现有工作表”单选项，在下面的文本框中输入“=$A$1”，单击“确定”按钮。

5.【解题步骤】

切换到“月销售合计”工作表，选择 B2 单元格，输入公式“=IFERROR(VLOOKUP([@ 名称], 品种目录 !$B$2:$D$919,3,0)," 其他 ")”，按【Enter】键确认输入，在 B2 单元格中双击填充柄，后续各行单元格被自动填充。

6.【解题步骤】

步骤 1：在“月销售合计”工作表中选择任意一个单元格，在【插入】→【表格】组中单击“数据透视表”按钮，打开“创建数据透视表”对话框，在“选择放置数据透视表的位置”栏中单击选中“新工作表”单选项，单击“确定”按钮。在新建的工作表标签上双击，输入“数据透视”，按【Enter】键。拖动工作表标签调整工作表的顺序，确保“品种目录”工作表位于所有工作表标签的最右侧。

步骤 2：在“数据透视”工作表中，确认数据透视表起始于 A3 单元格，在右侧的“数据透视表字段列表”任务窗格的“选择要添加到报表的字段”列表框中拖动“类别”字段到“行标签”字段框中，拖动“名称”字段到“行标签”字段框中，拖动“月销售额”字段到“数值”字段框中，拖动“月销量”字段到“数值”字段框中，单击“关闭”按钮，关闭“数据透视表字段列表”任务窗格。

步骤 3：选择 A3 单元格，输入“类别”，选择 B3 单元格，输入“月销售额（元）”，选择 C3 单元格，输入“月销量（斤）”。

步骤 4：在 A3 单元格中单击右侧的下拉按钮，在弹出的下拉列表中选择“其他排序选项”选项，打开“排序（类别）”对话框。①在“排序选项”栏中单击选中“降序排序（Z 到 A）依据”单选项；②在下面的下拉列表框中选择“月销售额（元）”选项；③单击“确定”按钮，如图 4-10 所示。

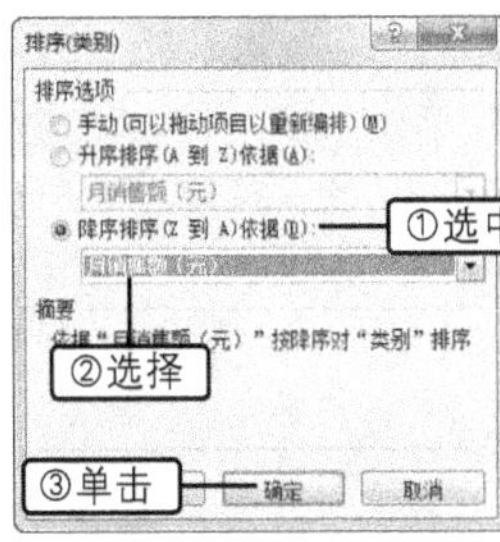

图 4-10　设置排序

步骤 5：选择 B4:C170 单元格区域，在【开始】→【数字】组中单击“千位分隔样式”按钮，使数字采用千位分隔样式；选择数据透视表的任意一个单元格，在【数据透视表工具 设计】→【数据透视表样式】组中单击列表框右下角的下拉按钮，在弹出的下拉列表框的“深色”栏中选择“数据透视表样式深色 3”选项。

步骤 6：选择数据透视表区域 A 列的任意一个单元格，在【数据透视表工具 选项】→【活动字段】组中单击“折叠整个字段”按钮，折叠所有字段；然后单击“茄果类”旁边的“+”按钮，展开“茄果类”。

步骤 7：最后在快速访问工具栏中单击“保存”按钮保存工作簿。

四、演示文稿题

视频演示

素材：考生文件夹\新增真题（1）\P\PPT.pptx、PPT 素材 .docx、中国注册税务师协会章程 .docx、组织机构素材及参考效果 .docx、五彩缤纷 .thmx、图片 .jpg、1.png ～ 12.png、Logo.png

效果：效果文件夹\新增真题（1）\PPT.pptx

1.【解题步骤】

步骤 1：打开“PPT 素材 .docx”文档，选择所有黑色文本段落，在【开始】→【样式】组的列表框中单击右下角的下拉按钮，在弹出的下拉列表框中选择“标题 3”选项，选择所有红色文本段落，在“样式”组的列表框中单击右下角的下拉按钮，在弹出的下拉列表框中选择“标题 1”选项，使这些文本应用“标题 1”样式；选择所有蓝色文本段落，在“样式”组的列表框中单击右下角的下拉按钮，在弹出的下拉列表框中选择“标题 2”选项，最后保存此文档并关闭。

步骤 2：双击打开考生文件夹下的空白演示文稿“PPT.pptx”文件，在【开始】→【幻灯片】组中单击“新建幻灯片”按钮下面的下拉按钮，在弹出的下拉列表中选择“幻灯片（从大纲）”选项。

步骤 3：打开“插入大纲”对话框。①选择考生文件夹中的“PPT 素材 .docx”文档；②单击“插入”按钮，如图 4-11 所示，则幻灯片自动创建完成。

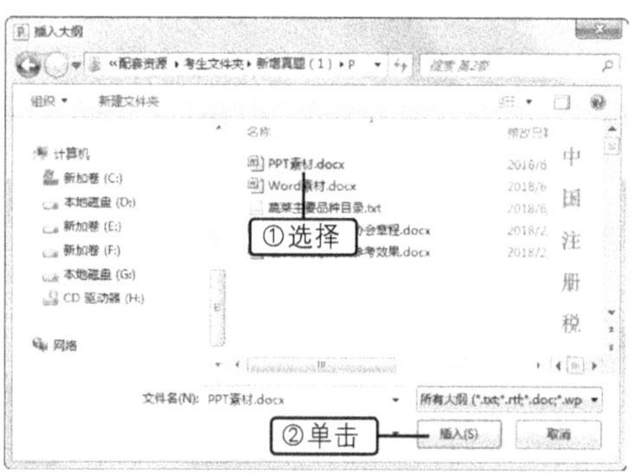

图 4-11　利用 Word 文档创建幻灯片

步骤 4：选择所有空白幻灯片，按【Delete】键删除，使演示文稿中仅含有 10 张幻灯片。

步骤 5：选择任意一张幻灯片，然后按【Ctrl+A】组合键选择所有幻灯片，单击鼠标右键，在弹出的快捷菜单中执行“重设幻灯片”命令，则清除原素材中的所有格式。

2.【解题步骤】

步骤 1：在【设计】→【主题】组中单击列表框右下角的下拉按钮，在弹出的下拉列表框中选择“浏览主题”选项，打开“选择主题或主题文档”对话框，选择考生文件夹中的“五彩缤纷 .thmx”文件，单击“应用”按钮。

步骤 2：在【视图】→【母版视图】组中单击“幻灯片母版”按钮，进入幻灯片母版视图，在左侧的列表框中选择“两栏内容”、“比较”和“内容”版式对应的幻灯片，单击鼠标右键，在弹出的快捷菜单中选择“删除版式”命令。

步骤 3：选择母版版式“五彩缤纷 幻灯片母版”幻灯片（第一张较大幻灯片），在【插入】→【图像】组中单击“图片”按钮，打开“插入图片”对话框，选择考生文件夹中的“Logo.png”图片，单击“插入”按钮。

步骤 4：适当调整新插入图片的大小，然后选择该图片，在【图片工具 格式】→【排列】组中单击“对齐”按钮，在弹出的下拉列表中选择“右对齐”选项，再单击“对齐”按钮，在弹出的下拉列表中选择“顶端对齐”选项；在图片上单击鼠标右键，在弹出的快捷菜单中执行“置于底层”命令。

步骤 5：在【幻灯片母版】→【关闭】组中单击“关闭母版视图”按钮。

3.【解题步骤】

步骤 1：选择第 1 张幻灯片，在【开始】→【幻灯片】组中单击“版式”下拉按钮，在弹出的下拉列表的“五彩缤纷”栏中选择“标题幻灯片”选项。

步骤 2：选择标题文本框，在【动画】→【动画】组中单击列表框右下角的下拉按钮，在弹出的下拉列表框的“进入”栏中选择“擦除”选项，单击“效果选项”下拉按钮，在弹出的下拉列表的“方向”栏中选择“自左侧”选项，在“计时”组的“持续时间”数值框中输入“05.00”。

步骤 3：选择副标题文本框，单击“动画”组中列表框右下角的下拉按钮，在弹出的下拉列表框的“进入”栏中选择“擦除”选项，单击“效果选项”下拉按钮，在弹出的下拉列表的“方向”栏中选择“自右侧”选项，在“计时”组的“开始”下拉列表框中选择“上一动画同时”选项，在“持续时间”数值框中输入“05.00”。

步骤 4：选择标题文本框，在“高级动画”组中单击“添加动画”下拉按钮，在弹出的下拉列表的“强调”栏中选择“加粗闪烁”选项；在“计时”组的“开始”下拉列表框中选择“上一动画之后”选项，在“持续时间”数值框中输入“03.00”，在“延迟”数值框中输入“04.00”。

步骤 5：选择副标题文本框，在“高级动画”组中单击“添加动画”下拉按钮，在弹出的下拉列表的“强调”栏中选择“加粗闪烁”选项；在“计时”组的“开始”下拉列表框中选择“与上一动画同时”选项，在“持续时间”数值框中输入“03.00”，在“延迟”数值框中输入“04.00”。

4.【解题步骤】

步骤 1：选择第 2 张幻灯片，选择文本框内的目录内容，在【开始】→【段落】组中单击“居中”按钮，再单击“对齐文本”下拉按钮，在弹出的下拉列表中选择“其他选项”选项，打开“设置文本效果格式”对话框。①在“文本框”列表框的“文字版式”栏的“垂直对齐方式”下拉列表框中选择“中部居中”选项；②单击“关闭”按钮，如图 4-12 所示。

图 4-12　设置文字版式

步骤 2：在文本框中选择目录文本“一、协会概况”并单击鼠标右键，在弹出的快捷菜单中选择“超链接”选项，打开“插入超链接”对话框，在“链接到”列表框中单击“本文档中的位置”按钮，在右侧“请选择文档中的位置”列表框中选择“3. 一、协会概况”选项，单击“确定”按钮。

步骤 3：使用同样的方法，选择目录文本“二、协会服务”，将其链接到“7. 二、协会服务”幻灯片；选择目录文本“三、教育培训”，将其链接到“8. 三、教育培训”幻灯片；选择目录文本“四、组织工作”，将其链接到“9. 四、组织工作”幻灯片；选择目录文本“五、联系我们”，将其链接到“10. 五、联系我们”幻灯片。

步骤 4：选择第 3 张幻灯片，在【开始】→【幻灯片】组中单击“版式”下拉按钮，在弹出的下拉列表的“五彩缤纷”栏中选择“节标题”选项。

5.【解题步骤】

步骤 1：选择第 6 张幻灯片，按【Enter】键，在第 6 张和第 7 张幻灯片之间插入一个新的空白幻灯片。

步骤 2：选择新建的幻灯片，在【开始】→【幻灯片】组中单击“版式”下拉按钮，在弹出的下拉列表的“五彩缤纷”栏中选择“空白”选项。

步骤 3：在【插入】→【文本】组中单击“对象”按钮，打开“插入对象”对话框。①单击选中“由文件创建”单选项；②单击下方的“浏览”按钮，打开“浏览”对话框；③选择考生文件夹中的“中国注册税务师协会章程 .docx”文档；④单击“确定”按钮，返回“插入对象”对话框；⑤单击选中“链接”复选框；⑥单击“确定”按钮，如图 4-13 所示。

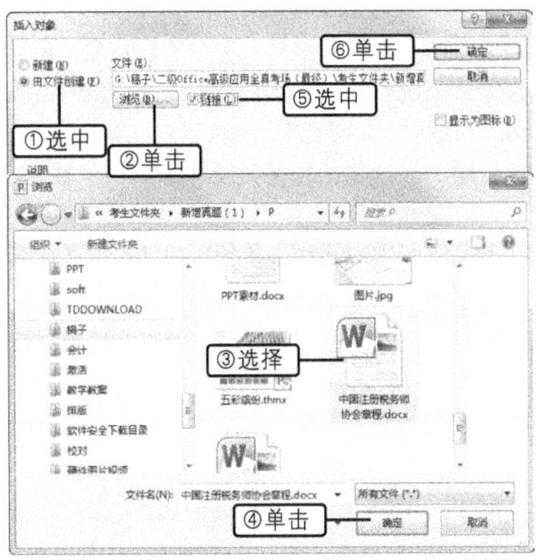

图 4-13　插入对象

步骤 4：在幻灯片中选择插入的对象文档并单击鼠标右键，在弹出的快捷菜单中选择“超链接”选项，打开“插入超链接”对话框，在“链接到”列表框中单击“现有文件或网页”按钮，在右侧列表框中选择考生文件夹中的“中国注册税务师协会章程 .docx”文档，单击“确定”按钮。

步骤 5：选择第 7 张幻灯片，按【Enter】键，在第 7 张和第 8 张幻灯片之间插入一个新的空白幻灯片。选择新插入的幻灯片，选择新建的幻灯片，在【开始】→【幻灯片】组中单击“版式”下拉按钮，在弹出的下拉列表的“五彩缤纷”栏中选择“标题和内容”选项，在标题文本框中输入“组织结构”，在内容占位符中单击“插入 SmartArt 图形”图标。

步骤 6：打开“选择 SmartArt 图形”对话框，在左侧的列表框中选择“层次结构”选项，在中间的列表框中选择“组织结构图”选项，单击“确定”按钮。

步骤 7：选择 SmartArt 图形最上面的一个形状，在【SmartArt 工具 设计】→【创建图形】组中单击“添加形状”按钮右侧的下拉按钮，在弹出的下拉列表中选择“添加助理”选项；然后选择图形最下面的两个形状，按【Delete】键删除。

步骤 8：选择最下面的一个形状，在“创建图形”组中单击“添加形状”按钮右侧的下拉按钮，在弹出的下拉列表中选择“在下方添加形状”选项；继续在“创建图形”组中单击“添加形状”按钮右侧的下拉按钮，在弹出的下拉列表中选择“在下方添加形状”选项；继续在“创建图形”组中单击“添加形状”按钮右侧的下拉按钮，在弹出的下拉列表中选择“在下方添加形状”选项；接着在“创建图形”组中单击“添加形状”按钮。

步骤 9：在当前形状上单击鼠标右键，在弹出的快捷菜单中执行“编辑文字”命令，输入“咨询机构”；选择“咨询机构”形状同级的形状并单击鼠标右键，在弹出的快捷菜单中选择“编辑文字”命令，输入“办事机构”。

步骤 10：选择“咨询机构”形状，在“创建图形”组中单击“添加形状”按钮右侧的下拉按钮，在弹出的下拉列表中选择“添加助理”选项；重复这个操作 5 次，再添加 5 个同样的形状（注意：要先选择“咨询机构”形状）。选择“办事机构”形状，在“创建图形”组中单击“添加形状”按钮右侧的下拉按钮，在弹出的下拉列表中选择“添加助理”选项；重复这个操作 6 次，再添加 6 个同样的形状。

步骤 11：打开“组织机构素材及参考效果.docx”文档，将文本输入到对应的 SmartArt 图形中。选择所有的形状，在【SmartArt 工具 格式】→【大小】组中单击对话框启动器按钮，打开“设置形状格式”对话框，在“大小”列表框的“尺寸和旋转”栏的“高度”数值框中输入“1.01 厘米”，在“宽度”数值框中输入“4 厘米”，单击“关闭”按钮。

步骤 12：选择 SmartArt 图形，在【SmartArt 工具 设计】→【SmartArt 样式】组的列表框中单击右下角的下拉按钮，在弹出的下拉列表的“三维”栏中选择“优雅”选项，单击“更改颜色”下拉按钮，在弹出的下拉列表的“彩色”栏中选择“彩色范围 - 强调文字颜色 4 至 5”选项。

步骤 13：在【动画】→【动画】组中单击列表框右下角的下拉按钮，在弹出的下拉列表框的“进入”栏中选择“飞入”选项，单击右侧的“效果选项”下拉按钮，在弹出的下拉列表的“方向”栏中选择“自底部”选项，再次单击右侧的“效果选项”下拉按钮，在弹出的下拉列表的“序列”栏中选择“一次级别”。

步骤 14：在“高级动画”组中单击“添加动画”下拉按钮，在弹出的下拉列表框的“退出”栏中选择“飞出”选项；再单击“动画”组中右下角的对话框启动器按钮，打开“飞出”对话框，单击“SmartArt 动画”选项卡，单击选中“倒序”复选框，单击“确定”按钮。

6.【解题步骤】

步骤 1：选择第 9 张幻灯片，在【开始】→【幻灯片】组中单击“版式”下拉按钮，在弹出的下拉列表的“五彩缤纷”栏中选择“仅标题”选项。选择第 11 张幻灯片，在“幻灯片”组中单击“版式”下拉按钮，在弹出的下拉列表的“五彩缤纷”栏中选择“仅标题”选项。

步骤 2：在【插入】→【图像】组中单击“相册”按钮，打开“相册”对话框。①在“相册内容”栏中单击“插入图片来自”下方的“文件 / 磁盘”按钮，打开“插入新图片”对话框，选择考生文件夹中的“1.png”～“12.png”这 12 张图片文件，单击“插入”按钮，返回“相册”对话框；②在“相册版式”栏的“图片版式”下拉列表框中选择“4 张图片”选项；③单击“创建”按钮，如图 4-14 所示。

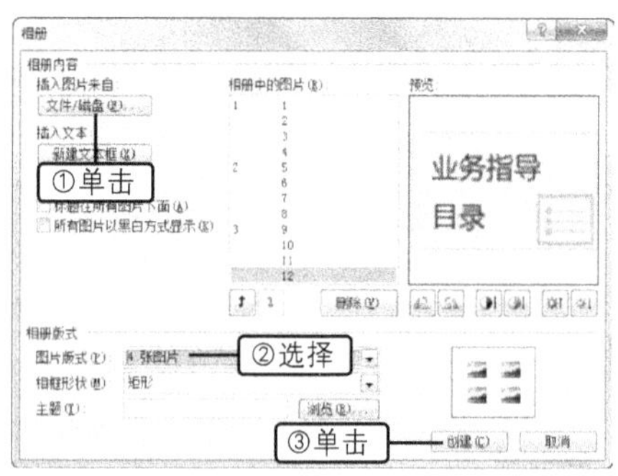

图 4-14　创建相册

步骤 3：新建一个相册演示文稿，选择第 2、3、4 这 3 张幻灯片，单击鼠标右键，在弹出的快捷菜单中选择“复制”命令，切换回“PPT.pptx”演示文稿中，选择第 9 张幻灯片并单击鼠标右键，在弹出的快捷菜单中的“粘贴选项”栏中选择“使用目标主题”选项，将 3 张幻灯片粘贴到第 9 张幻灯片之后。

步骤 4：关闭新建的相册演示文稿，在弹出的提示框中单击“不保存”按钮。

7.【解题步骤】

步骤 1：选择第 15 张幻灯片，在【开始】→【幻灯片】组中单击“版式”下拉按钮，在弹出的下拉列表的“五彩缤纷”栏中选择“图片与标题”选项。

步骤 2：单击文本占位符中的“插入来自文件的图片”图标，打开“插入图片”对话框，选择考生文件夹中的“图片.jpg”图片文件，单击“插入”按钮。

步骤 3：选择插入的图片文件，在【图片工具 格式】→【图片样式】组中单击列表框右下角的下拉按钮，在弹出的下拉列表框中选择“剪裁对角线，白色”选项。

8.【解题步骤】

步骤 1：将光标定位到第 2 张和第 3 张幻灯片之间的位置，单击鼠标右键，在弹出的快捷菜单中选择“新增节”命令，然后在“无标题节”栏中单击鼠标右键，在弹出的快捷菜单中选择“重命名节”选项，打开“重命名节”对话框，在“节名称”文本框中输入“概况”，单击“重命名”按钮。

步骤 2：用相同的方法，在第 8 张、第 9 张幻灯片之间的位置新增节，并命名为“服务”；然后在第 12 张、第 13 张幻灯片之间的位置新增节。整个演示文稿被分成 4 个节，单击节标题可以进行折叠。

步骤 3 选择“默认节”节，在【切换】→【切换到此幻灯片】组中单击列表框右下角的下拉按钮，在弹出的下拉列表框的“华丽型”栏中选择“溶解”选项；选择“概况”节，在“切换到此幻灯片”组中单击列表框右下角的下拉按钮，在弹出的下拉列表框的“华丽型”栏中选择“棋盘”选项；选择“服务”节，在“切换到此幻灯片”组中单击列表框右下角的下拉按钮，在弹出的下拉列表框的“华丽型”栏中选择“百叶窗”选项；选择“无标题节”节，在“切换到此幻灯片”组中，单击列表框右下角的下拉按钮，在弹出的下拉列表框的“华丽型”栏中选择“时钟”选项。

步骤 3：在快速访问工具栏中单击“保存”按钮，最后关闭“PPT.pptx”演示文稿文件。

无纸化新增真题套卷（2）参考答案及解析

一、选择题

1. C【解析】本题考查算法的复杂度。算法的时间复杂度与算法所处理数据的存储结构有直接关系，算法的时间复杂度是指执行算法所需要的计算工作量，数据的存储结构直接决定数据输入，而这会影响算法所执行的基本运算次数，A 选项叙述正确；算法的空间复杂度与算法所处理数据的存储结构有直接关系，算法的空间复杂度是指执行这个算法所需要的内存空间，其中包括输入数据所占的存储空间，B 选项叙述正确；算法的时间复杂度与空间复杂度没有直接关系，C 选项叙述错误；算法程序执行的具体时间受到所使用的计算机、程序设计语言及算法实现过程中的许多细节的影响，而算法的时间复杂度与这些因素无关，D 选项叙述正确。

2. A【解析】本题考查栈及其基本概念。带链的栈是具有栈属性的链表。线性链表的存储单元是不连续的，为把存储空间中一些离散的空闲存储结点利用起来，把所有空闲的结点组织成一个带链的栈，称为可利用栈。线性链表执行删除操作运算时，被删除的结点可以“回收”到可利用栈，对应于可利用栈的入栈运算，线性链表执行插入运算时，需要一个新的结点，可以在可利用栈中取栈顶结点，对应于可利用栈的退栈运算。可利用栈的入栈运算和退栈运算只需要改动 top 指针即可。当 top=bottom=NULL 时栈中的元素个数为 0，当 top=bottom 不为空时链栈中的元素个数为 1。A 选项正确。

3. C【解析】本题考查循环队列及其基本概念。循环队列就是将队列存储空间的最后一个位置绕到第一个位置，形成逻辑上的环状空间，它是队列的顺序存储结构形式，A 选项叙述错误；满二叉树与完全二叉树也可以按层次进行顺序存储，B 选项叙述错误；所有的线性结构都可以采用顺序存储结构，C 选项叙述正确；有两个以上指针的链表是线性还是非线性，取决于指针域的指向，D 选项叙述错误。

4. B【解析】本题考查带链队列、带链栈的基本概念。带链的队列就是用一个单链表来表示队列，队列中的每一个元素对应链表中的一个结点，在入队和退队过程中，队头指针和队尾指针都是在动态变化的，A 选项叙述正确；栈也可以采用链式存储结构表示，把栈组织成一个单链表，这种数据结构可称为带链的栈，入栈和退栈过程中栈底指针不变，栈顶指针随之变化，B 选项叙述错误，C 选项叙述正确；循环队列中当队列满或者空时，队头指针和队尾指针指向同一个位置，D 选项叙述正确。

5. D【解析】本题考查树与二叉树的结点数

运算。对于任何一个二叉树，度为0的结点总是比度为2的结点多一个；树中的结点数为树中所有结点的度数之和再加1。假设度为2的结点有n个，度为0的结点则为n+1个，则140=40+2×n+(n+1)+1，3n=98，那么无法得出整数，因此不可能存在这样的二叉树。D选项正确。

6. A【解析】本题考查软件设计基本概念。详细设计的任务是为软件结构图中而非总体结构图中的每一个模块确定实现算法和局部数据结构，用某种选定的表达工具表示算法和数据结构的细节，A选项叙述错误；软件设计是将软件需求转换为软件表示的过程，B选项叙述正确；数据结构与数据库设计是软件设计的任务之一，C选项叙述正确；PAD图是软件详细设计的表示工具，D选项叙述正确。

7. C【解析】本题考核数据库查询操作。数据定义语言负责数据的模式定义与数据的物理存取构建，A选项不符合题意；数据操纵语言负责数据的操纵，包括查询及增、删、改等操作，B选项不符合题意；数据操纵语言负责数据库中查询操作的数据库语言，C选项符合题意；数据控制语言负责数据完整性、安全性的定义与检查及并发控制、故障恢复等功能，D选项不符合题意。

8. B【解析】本题考查软件测试的基本概念。在测试之前制订测试计划，并严格执行，测试用例的选择不可随意，应选择有代表性的，尽可能发现迄今为止尚未发现的错误，A选项叙述正确，B选项叙述错误；测试的根本目的是尽可能多地发现并排除软件中隐藏的错误，C选项叙述正确；软件测试是保证软件质量、可靠性的关键步骤，D选项叙述正确。

9. A【解析】本题考查关系模型的基本概念。用于查询的3个操作无法用传统的集合运算表示，引入的运算为投影运算、选择运算、笛卡儿积。常用的扩充运算有交、除、连接及自然连接等。自然连接是指去掉重复属性的等值连接，A选项符合题意；R交S的结果是既属于R又属于S的记录组成的集合，B选项不符合题意；投影是指从关系模式中指定若干个属性组成新的关系，T相较于R没有缺少属性，C选项不符合题意；R并S是将S中的记录追加到R后面，D选项不符合题意。

10. C【解析】本题考查实体间的联系。实体集之间通过联系来建立联接关系，分为3类：一对一联系（1:1）、一对多联系（1:m）、多对多联系（m:n）。A、B选项只能表示一种联系类型，A、B选项错误；关系数据模型可以表示实体间m:n联系，C选项正确；关系模型能表示实体间n:1联系，D选项错误。

11. D【解析】1000111对应的十进制数是71，则“K”的码值是75，转换成二进制为1001011，故选D。

12. C【解析】根据换算公式1GB=1 000MB=1 000×1 000KB=1 000×1 000×1 000B，20GB=2×1 010B。硬盘厂商通常以1 000进位进行估算：1KB=1 000B、1MB=1 000KB、1GB=1 000MB、1TB=1 000GB。操作系统中：1KB=1 024B、1MB=1 024KB、1GB=1 024MB、1TB=1 024GB，故选C。

13. A【解析】数据总线用于传送数据信息。数据总线是双向三态形式的总线，它既可以把CPU的数据传送到存储器或输入/输出接口等其他部件，也可以将其他部件的数据传送到CPU。数据总线的位数是微型计算机的一个重要指标，通常与微处理的字长相一致。例如，Intel 8086微处理器字长是16位，其数据总线宽度也是16位，故选A。

14. C【解析】计算机病毒是指编制者在计算机程序中插入的破坏计算机功能或者破坏数据，影响计算机使用并且能够自我复制的一组计算机指令或者程序代码，故选C。

15. D【解析】行距决定了段落中各行文字之间的垂直距离。设置行距时，该设置只对光标所在的段落起作用，故选D。

16. C【解析】当打印机不支持双面打印时，需要设置手动双面打印。操作步骤如下：①打开需要打印的Word文档；②选择【文件】→【打印】选项，在中间窗格的“设置”栏中单击“单面打印”按钮；③在弹出的下拉列表中选择“手动双面打印”选项；④单击“打印”按钮开始打印第一面，当奇数页面打印完毕后，系统提示重新放纸；⑤此时，应将打印好的纸张翻面后重新放入打印机，然后在弹出的提示框中单击“确定”按钮。故选C。

17. A【解析】Excel的排序功能能根据很多依据进行排序，除了数字外，还有文本、数值、单元格颜色、图标等，A选项说法错误，A选项符合题意。

18. D【解析】选择【文件】→【选项】选项，在打开的“Excel选项”对话框的“常规”选项卡中，可设置在新建工作簿时默认的字体、字号。这样设置后，每次新建工作簿时，输入的数据都自动设置为默认的字体字号，简单方便，故选D。

19. C【解析】在PowerPoint演示文稿普通视图的幻灯片缩略图窗格中，用右键单击要复制的幻灯片，在弹出的快捷菜单中选择“复制幻灯片”命令，即可在该幻灯片之后增加一张复制的幻灯片，故选 C。

20. B【解析】幻灯片编号默认从 1 开始，若要更改起始页码，可以单击【设计】→【页面设置】组中的“页码设置”按钮，在打开的“页面设置”对话框中将幻灯片编号起始值修改为“101”，故选 B。

二、字处理题

素材：考生文件夹 \ 新增真题（2）\ Word 素材 .docx
效果：效果文件夹 \ 新增真题（2）\ Word.docx
视频演示

1.【解题步骤】

步骤 1：打开“Word 素材 .docx”文档，选择【文件】→【另存为】命令，打开“另存为”对话框，将保存位置设置为考生文件夹，在“文件名”文本框中输入“Word”，单击“保存”按钮。

步骤 2：在文档中选择第一列文档，按【Backspace】键，删除第一列表格，然后在剩余的表格中选择第 1 行，按【Backspace】键，删除第 1 行；在【表格工具 布局】→【数据】组中单击“转换为文本”按钮，打开“表格转换成文本”对话框，保持默认设置，单击“确定”按钮。

2.【解题步骤】

选择【文件】→【信息】选项，展开对应的窗格，在右侧的列表框的“标题”文本框中输入“语义网格的研究现状与展望”。

3.【解题步骤】

步骤 1：在【页面布局】→【页面设置】组中单击“纸张大小”按钮，在弹出的下拉列表框中选择“Letter”选项；单击“纸张方向”按钮，在弹出的下拉列表中选择“纵向”选项。

步骤 2：在“页面设置”组中单击对话框启动器按钮，打开“页面设置”对话框，单击“页边距”选项，在“页码范围”栏的“多页”下拉列表框中选择“对称页边距”选项，在“页边距”栏的“上”、“下”和“内侧”数值框中都输入“2 厘米”，在“外侧”数值框中输入“2.5 厘米”。

步骤 3：单击“版式”选项卡，在“页眉和页脚”栏的“页眉”和“页脚”数值框中都输入“1.2 厘米”。

步骤 4：①单击“文档网格”选项卡；②在“网络”栏中单击选中“只指定行网络”单选项；③在“行数”栏的“每页”数值框中输入“41”；④单击“确定”按钮，如图 4-15 所示。

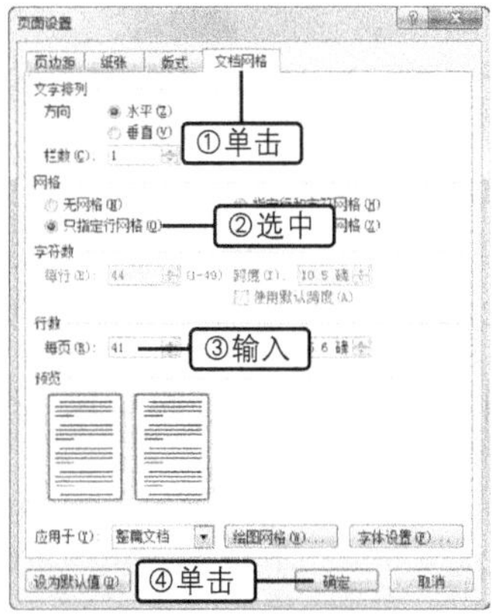

图 4-15　设置文档网格

4.【解题步骤】

步骤 1：在【开始】→【编辑】组中单击“替换”按钮，打开“查找和替换”对话框，单击“替换”选项卡，将光标定位到“查找内容”下拉列表框中，单击“更多”按钮，展开更多的选项，在“替换”栏中单击“格式”按钮，在弹出的下拉列表中选择“突出显示”选项，单击“全部替换”按钮，在弹出的提示框中单击“确定”按钮。

步骤 2：在“替换”栏中单击“不限定格式”按钮，清除前面设置的格式，在“替换”栏中单击“特殊格式”按钮，在弹出的下拉列表中选择“段落标记”选项，再单击“特殊格式”按钮，在弹出的下拉列表中选择“段落标记”选项，在“查找内容”下拉列表框中输入两个段落标记；将光标定位到“替换为”下拉列表框中，在“替换”栏中单击“特殊格式”按钮，在弹出的下拉列表中选择“段落标记”选项，在“替换为”下拉列表框中输入一个段落标记；单击“全部替换”按钮，在弹出的提示框中单击“确定”按钮；继续单击“全部替换”按钮，直到在弹出的提示框中提示 1 处替换为止，单击“关闭”按钮，关闭“查找和替换”对话框。将光标定位到文档的最后一段，按【Delete】键删除该段空行。

步骤 3：在文档中找到第 1 处红色的文本，选择该文本，在“编辑”组中单击“选择”下拉按钮，在弹出的下拉列表中选择“选择格式相似的文本”选项，选择文档中所有的红色文本，在“字体”组中单击“字体颜色”按钮右侧的下拉按钮，在弹出的下拉列表框中选择“自动”选项。

5.【解题步骤】

步骤 1：在【视图】→【显示】组中单击选中“导航窗格”复选框，展开文档的“导航”任务窗格，单击“搜索文档”文本框右侧的下拉按钮，在弹出的下拉列表框的“查找”栏中选择“批注”选项，在弹出的子列表中选择“所有审阅者”选项，在第1个批注中将“12”修改为“2”，移动到第2个批注处，将光标定位到批注文本右侧输入“[16]”，移动到第3个批注处，将光标定位到批注文本右侧输入“[25]”，移动到第4个批注处，将光标定位到批注文本右侧输入“[37]”。

步骤2：将光标定位到批注文本框中，在【审阅】→【批注】组中单击“删除”按钮右侧的下拉按钮，在弹出的下拉列表中选择“删除文档中所有批注”选项。

6.【解题步骤】

选择“关键词……”段后面的所有文本，在【页面布局】→【页面设置】组中单击“分栏”按钮，在弹出的下拉列表中选择“更多分栏”选项，打开“分栏”对话框。①在“预设”栏中选择“两栏”选项；②单击选中“分隔线”复选框；③在“宽度和间距”栏的“间距”数值框中输入“2字符”；④单击“确定”按钮，如图4-16所示。

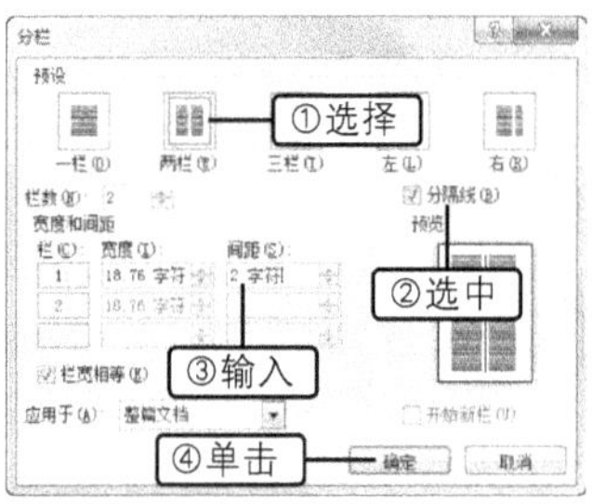

图4-16 设置分栏

7.【解题步骤】

步骤1：将光标定位到紫色文本的第1段文本中，在【开始】→【样式】组中，单击列表框右下角的下拉按钮，在弹出的下拉列表框中选择“标题”选项；将光标定位到紫色文本下面的第2段文本中，在“样式”组中单击列表框右下角的下拉按钮，在弹出的下拉列表框中选择“正文文本”选项；选择第1个黄色文本，在“编辑”组中单击“选择”下拉按钮，在弹出的下拉列表中选择“选择格式相似的文本”选项，选择所有的黄色文本，在“样式”组中单击列表框右下角的下拉按钮，在弹出的下拉列表框中选择“标题1”选项。

步骤2：选择第1个绿色文本，在“编辑”组中单击“选择”下拉按钮，在弹出的下拉列表中选择“选择格式相似的文本”选项，选择所有的绿色文本，在“样式”组中单击列表框右下角的下拉按钮，在弹出的下拉列表框中选择“应用样式”选项，打开“应用样式”对话框，在“样式名”文本框中输入“标题 2”（“标题”和“2”之间有空格），单击“应用”按钮，再将光标定位到“4.4 本体与推理”文本中，在“编辑”组中单击“选择”下拉按钮，在弹出的下拉列表中选择“选择格式相似的文本”选项，在“样式”组中单击列表框右下角的下拉按钮，在弹出的下拉列表框中选择“标题2”选项。

步骤3：在“样式”组中单击对话框启动器按钮，打开“样式”任务窗格，在下面的列表框中单击“标题”选项右侧的下拉按钮，在弹出的下拉列表中选择“修改”选项；打开“修改样式”对话框，单击“格式”下拉按钮，在弹出的下拉列表中选择“字体”选项，打开“字体”对话框，在“字体”选项卡的“中文字体”下拉列表框中选择“宋体”选项，在“西文字体”下拉列表框中选择“Cambria”选项，在“字形”列表框中选择“加粗”选项，在“字号”列表框中选择“四号”选项，在“所有文字”栏的“字体颜色”下拉列表框中选择“自动”选项，单击“确定”按钮，返回“修改样式”对话框。

步骤4：单击“格式”下拉按钮，在弹出的下拉列表中选择“段落”选项，打开“段落”对话框，在“缩进和间距”选项卡的“常规”栏的“对齐方式”下拉列表框中选择“居中”选项，在“缩进”栏的“特殊格式”下拉列表框中选择“无”选项，在“间距”栏的“段前”和“段后”数值框中都输入“0.5行”，单击“确定”按钮，返回“修改样式”对话框，单击“确定”按钮，完成标题样式的修改。

步骤5：选择文档的第2段文本，在“字体”组中单击对话框启动器按钮，单击“字体”对话框的“字体”选项卡，在“中文字体”下拉列表框中选择“微软雅黑”选项，在“西文字体”下拉列表框中选择“Cambria”选项，在“字形”列表框中选择“常规”选项，在“字号”列表框中选择“五号”选项，在“所有文字”栏的“字体颜色”下拉列表框中选择“自动”选项，单击“确定”按钮；在“段落”组中单击对话框启动器按钮，打开“段落”对话框，在“缩进和间距”选项卡的“常规”栏的“对齐方式”下拉列表框中选择“居中”选项，在“缩进”栏的“特殊格式”下拉列表框中选择“无”选项，单击“确定”按钮。

步骤6：在“样式”任务窗格的列表框中单击“标题1”选项右侧的下拉按钮，在弹出的下拉列表中选择“修改”选项，打开“修改样式”对话框，单击“格式”下拉按钮，在弹出的下拉列表中选择“字体”选项，打开“字体”对话框。①在“字体”选项卡的“中文字体”下拉列表框中选择“微软雅黑”选项；②在“西文字体”下拉列表框中选择“Cambria”选项；③在“字形”列表框中选择“加粗”选项；④在“字号”列表框中选择“小四”选项；⑤在“所有文字”栏的“字体颜色”下拉列表框中选择“自动”选项；⑥单击“确定”按钮，如图 4-17 所示，返回“修改样式”对话框。

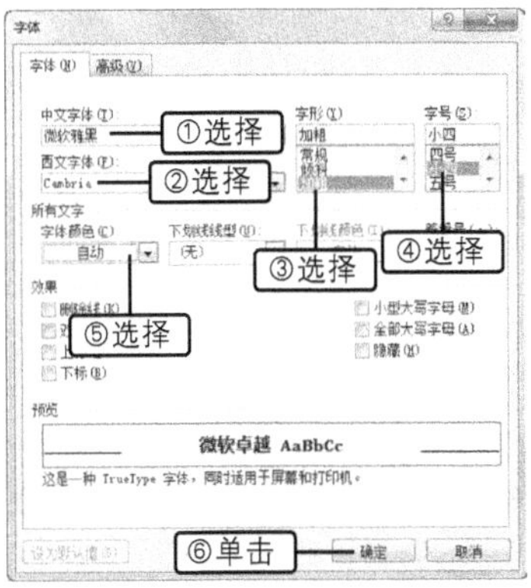

图 4-17　设置样式的字体

步骤 7：单击“格式”下拉按钮，在弹出的下拉列表中选择“段落”选项，打开“段落”对话框，在“缩进和间距”选项卡的“常规”栏的“对齐方式”下拉列表框中选择“左对齐”选项，在“缩进”栏的“特殊格式”下拉列表框中选择“无”选项，在“间距”栏的“段前”和“段后”数值框中都输入“0.5 行”，单击“确定”按钮，返回“修改样式”对话框，单击“确定”按钮，完成标题 1 样式的修改。

步骤 8：在“样式”任务窗格的列表框中单击“标题 2”选项右侧的下拉按钮，在弹出的下拉列表中选择“修改”选项，打开“修改样式”对话框，单击“格式”下拉按钮，在弹出的下拉列表中选择“字体”选项，打开“字体”对话框，在“字体”选项卡的“中文字体”下拉列表框中选择“楷体”选项，在“西文字体”下拉列表框中选择“Cambria”选项，在“字形”列表框中选择“加粗”选项，在“字号”列表框中选择“五号”选项，在“所有文字”栏的“字体颜色”下拉列表框中选择“自动”选项，单击“确定”按钮，返回“修改样式”对话框。

步骤 9：单击“格式”下拉按钮，在弹出的下拉列表中选择“段落”选项，打开“段落”对话框，在“缩进和间距”选项卡的“常规”栏的“对齐方式”下拉列表框中选择“左对齐”选项，在“缩进”栏的“特殊格式”下拉列表框中选择“无”选项，在“间距”栏的“段前”和“段后”数值框中都输入“0.2 行”，单击“确定”按钮，返回“修改样式”对话框，单击“确定”按钮，完成标题 2 样式的修改，单击“关闭”按钮，关闭“样式”窗格。

步骤 10：再将光标定位到蓝色文本中，在“编辑”组中单击“选择”下拉按钮，在弹出的下拉列表中选择“选择格式相似的文本”选项，然后按住【Ctrl】键选择没有选择的其他蓝色文本；在“字体”组中单击对话框启动器按钮，打开“字体”对话框，在“字体”选项卡的“中文字体”下拉列表框中选择“仿宋”选项，在“西文字体”下拉列表框中选择“Times New Roman”选项，在“字形”列表框中选择“常规”选项，在“字号”列表框中选择“小五”选项，在“所有文字”栏的“字体颜色”下拉列表框中选择“自动”选项，单击“确定”按钮。

步骤 11：在“段落”组中单击对话框启动器按钮，打开“段落”对话框。①单击“缩进和间距”选项卡，在“常规”栏的“对齐方式”下拉列表框中选择“两端对齐”选项；②在“缩进”栏的“左侧”和“右侧”数值框中都输入“0.2 厘米”；③在“间距”栏的“段前”和“段后”数值框中都输入“0.2 行”；④单击“确定”按钮，如图 4-18 所示。

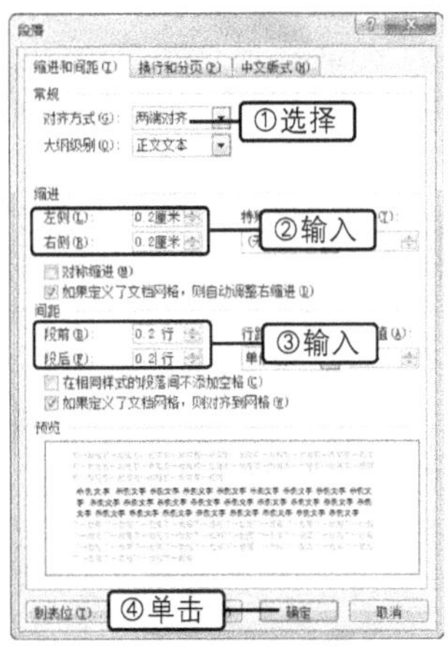

图 4-18　设置缩进和间距

步骤 12：将光标定位到“1 引言”文本处，在【开始】→【段落】组中单击“多级列表”下拉按钮，在弹出的下拉列表中选择“定义新的多级列表”选项，打开“定义新多级列表”对话框，单击左下角的“更多”按钮，展开更多的选项；在左侧的“单击要修改的级别”列表框中选择“1”选项，在右侧的“将级别链接到样式”下拉列表框中选择“标题 1”选项；在左侧的“单击要修改的级别”列表框中选择“2”选项，在右侧的“将级别链接到样式”下拉列表框中选择“标题 2”选项，单击“确定”按钮；最后手动删除标题中多余的序号。

步骤 13：在快速访问工具栏中单击“保存”按钮，保存文档。

三、电子表格题

视频演示

素材：考生文件夹\新增真题（2）\Excel_素材.xlsx、城市报告.png

效果：效果文件夹\新增真题（2）\Excel.xlsx

1.【解题步骤】

在考生文件夹中双击打开“Excel_素材.xlsx”工作簿，选择【文件】→【另存为】选项，打开“另存为”对话框，在“文件名”文本框中输入“Excel”，单击“保存”按钮。

2.【解题步骤】

步骤 1：在“主要城市降水量”工作表中，选择 A2:A32 单元格区域，按【Ctrl+C】组合键复制。然后打开 Word，在【开始】→【剪贴板】组中单击“粘贴”按钮下面的下拉按钮，在弹出的下拉列表的“粘贴选项”栏中选择“只保留文本”选项，即将这些单元格的文本粘贴到 Word。

步骤 2：在 Word 的“编辑”组中单击“替换”按钮，打开“查找和替换”对话框，单击“更多”按钮展开更多选项，然后将光标定位到“查找内容”下拉列表框中，单击“特殊格式”下拉按钮，在弹出的下拉列表中选择“任意字母”选项，则“^$”被输入到“查找内容”下拉列表框中。在“替换为”下拉列表框中不输入内容，保持空白，单击“全部替换”按钮，在弹出的提示框中单击“确定”按钮，即可删除了 = 所有的汉语拼音字母。

步骤 3：返回“查找和替换”对话框，在“查找内容”下拉列表框中删除“^$”，然后单击“特殊格式”下拉按钮，在弹出的下拉列表中选择“段落标记”选项，将在“查找内容”下拉列表框中输入“^p”。然后将光标定位到“替换为”下拉列表框中，先输入“市”，然后单击“特殊格式”下拉按钮，在弹出的下拉列表中选择“段落标记”选项，即可在“替换为”下拉列表框中输入“市 ^p”，单击“全部替换”按钮，在弹出的提示框中单击“确定”按钮，即可在每一行最后添加“市”。注意检查最后一行“乌鲁木齐市”，如文字不正确，做手工调整。

步骤 4：选择 Word 中这些加工好的各行文本，按【Ctrl+C】组合键复制，然后切换回 Excel，选择 A2 单元格，在【开始】→【剪贴板】组中单击“粘贴”按钮下面的下拉按钮，在弹出的下拉列表的“粘贴选项”栏中选择“匹配目标格式”选项，即依据 Excel 中当前单元格的格式粘贴这些文本。然后关闭 Word 窗口，不必保存 Word 文档。

3.【解题步骤】

步骤 1：选择 A1:P32 单元格区域，在【开始】→【样式】组中单击“套用表格格式”下拉按钮，在弹出的下拉列表框的“中等深浅”栏中选择“表样式中等深浅 2”选项，打开“套用表格式”对话框，保持默认设置，单击“确定”按钮。

步骤 2：在【表格工具 设计】→【属性】组的“表名称”文本框中输入“降水量统计”，在“表格样式选项”组中取消选中“镶边行”复选框。在【数据】→【排序和筛选】组中单击“筛选”按钮，取消该按钮的高亮状态。

4.【解题步骤】

步骤 1：选择 B2:M32 单元格区域，在【开始】→【编辑】组中单击“查找和选择”下拉按钮，在弹出的下拉列表中选择“定位条件”选项。打开“定位条件”对话框，在“选择”栏中单击选中“空值”单选项，单击“确定”按钮。

步骤 2：选择 B2:M32 单元格区域，在其中单击鼠标右键，在弹出的快捷菜单中选择“设置单元格格式”选项，打开“设置单元格格式”对话框。①在“数字”选项卡的“分类”列表框中选择“自定义”选项；②在“类型”文本框中输入“[<15]"干旱"”；③单击“确定”按钮，如图 4-19 所示。

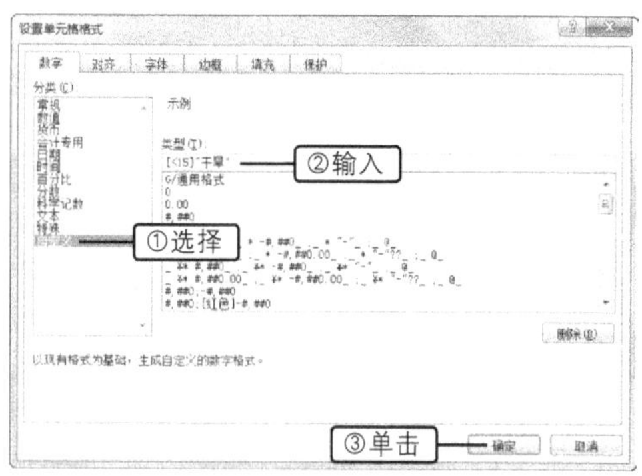

图 4-19　设置单元格格式

步骤 3：保持这一区域的选择状态，在【开始】→【样式】组中单击“条件格式”下拉按钮，在弹出的下拉列表中选择“突出显示单元格规则”选项，在弹出的子列表中选择“小于”选项，打开“小于”对话框，在“为小于以下值的单元格设置格式”文本框中输入“15”，在“设置为”下拉列表框中选择“黄填充色深黄色文本”选项，单击“确定”按钮。

5.【解题步骤】

步骤 1：选择 N2 单元格，输入公式“=SUM(降水量统计 [@[1 月]:[12 月]])”，按【Enter】键，然后在 N2 单元格中双击自动填充柄，为其他单元格自动填充公式并计算数据。

步骤 2：选择 N2:N32 单元格区域，在【开始】→【样式】组中单击“条件格式”下拉按钮，在弹出的下拉列表中选择“数据条”选项，在弹出的子列表中选择“其他规则”选项。

步骤 3：打开“新建格式规则”对话框。①在“编辑规则说明”列表框的“条形图外观”栏的“填充”下拉列表框中选择“实心填充”选项；②在“基于各自值设置所有单元格的格式”栏中单击选中“仅显示数据条”复选框；③单击“确定”按钮，如图 4-20 所示。

图 4-20　设置数据条规则

6.【解题步骤】

选择 O2 单元格，输入公式“=RANK([@ 合计降水量],[合计降水量],0)”，按【Enter】键，然后在 O2 单元格中双击自动填充柄，为其他单元格自动填充公式并计算数据。

7.【解题步骤】

步骤 1：选择 P2 单元格，在【插入】→【迷你图】组中单击“柱形图”按钮，打开“创建迷你图”对话框。①在“选择所需的数据”栏的“数据范围”文本框中输入“B2:M2”；②在“选择放置迷你图的位置”栏的“位置范围”文本框中输入“$P$2”；③单击“确定”按钮，如图 4-21 所示。

步骤 2：选择 P2 单元格，在【迷你图工具 设计】→【显示】组中单击选中“高点”复选框，在“样式”组中单击“标记颜色”下拉按钮，在弹出的下拉列表中选择“高点”选项，在弹出的子列表的“标准色”栏中选择“红色”选项。

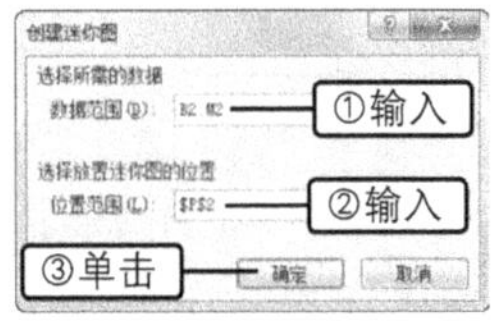

图 4-21　设置单元格格式

步骤 3：拖动 P2 单元格右下角的填充柄到 P32 单元格中。

8.【解题步骤】

步骤 1：选择 R3 单元格，在【数据】→【数据工具】组中单击“数据有效性”按钮，打开“数据有效性”对话框。①单击“设置”选项卡；②在“有效性条件”栏的“允许”下拉列表框中选择“序列”选项；③将光标定位到“来源”文本框中，然后在“主要城市降水量”工作表中选择 A2:A32 单元格区域，返回“数据有效性”对话框；④单击“确定”按钮，如图 4-22 所示。

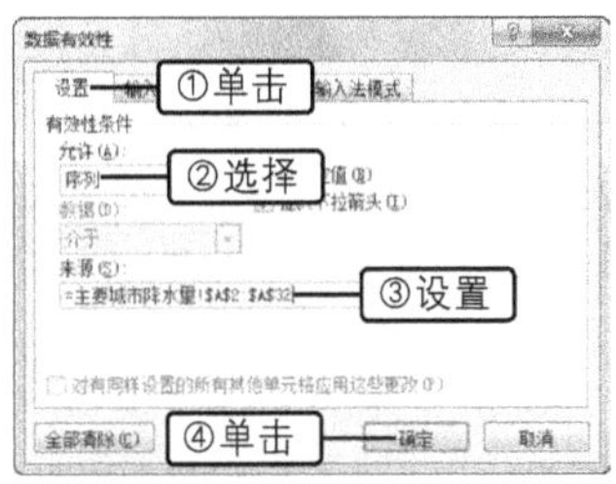

图 4-22　设置数据有效性

步骤 2：单击 R3 单元格右侧的下拉按钮，在弹出的下拉列表中选择“广州市”选项。

步骤 3：选择 S2 单元格，在【数据】→【数据工具】组中单击“数据有效性”按钮，打开“数据有效性”对话框，单击“设置”选项卡，在“有效性条件”栏的“允许”下拉列表框中选择“序列”选项；将光标定位到“来源”文本框中，然后在“主要城市降水量”工作表中选择 B1:M1 单元格区域，返回“数据有效性”对话框，单击“确定”按钮。单击 S2 单元格右侧的下拉按钮，在弹出的下拉列表中选择“7 月”选项。

步骤 4：选择 S3 单元格，输入公式“=INDEX(降水量统计 [[1 月]:[12 月]],MATCH(R3, 降水量统计 [城市（毫米）],0),MATCH(S2, 降水量统计 [[# 标题],[1 月]:[12 月]],0))”，按【Enter】键确认输入。

9.【解题步骤】

步骤 1：在工作表标签栏右侧单击“插入工作

表”按钮，新建一张工作表，双击该工作表标签，输入“数据辅助”，按【Enter】键。在“主要城市降水量”工作表中选择A1:M32单元格区域，按【Ctrl+C】组合键复制。

步骤2：切换到“数据辅助”工作表，选择A1单元格，在【开始】→【剪贴板】组中单击“粘贴”按钮下面的下拉按钮，在弹出的下拉列表中选择“选择性粘贴”选项，打开“选择性粘贴”对话框。①在“粘贴”栏中单击选中“数值”单选项；②再在对话框下面单击选中“转置”复选框；③单击“确定”按钮，如图4-23所示。

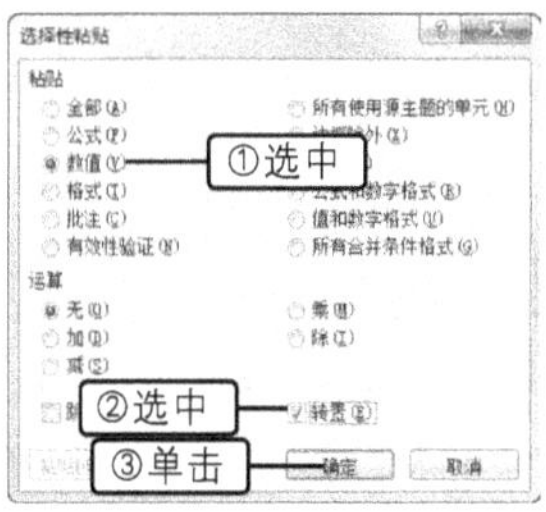

图4-23　选择性粘贴

步骤3：切换到“主要城市降水量”工作表，选择任意一个单元格，在【插入】→【表格】组中单击“数据透视表”按钮，打开“创建数据透视表”对话框，保持默认设置，直接单击“确定”按钮。Excel新建一张工作表，在这张工作表标签上双击，输入“透视表辅助”，按【Enter】键。

步骤4：打开“数据透视表字段列表”任务窗格，在“选择要添加到报表的字段”列表框中将“城市（毫米）”字段拖动到“报表筛选”字段框中（而不必拖动其他字段），然后单击“关闭”按钮，关闭“数据透视表字段列表”任务窗格。

步骤5：在【数据透视表工具 选项】→【数据透视表】组中单击“选项”按钮右侧的下拉按钮，在弹出的下拉列表中选择“显示报表筛选页”选项，打开“显示报表筛选页”对话框，直接单击“确定”按钮。这样Excel自动为每个城市分别创建了一张工作表，在每张工作表的第1行有筛选字段，且B1单元格恰好为对应的城市名称。

步骤6：选择“北京市”的工作表。在B3单元格中输入“各月降水量”，在C3单元格中输入“全年占比”。然后在A4单元格中输入“1月”，拖动A4单元格右下角的填充柄到A15单元格。在A16单元格中输入“总计”。

步骤7：选择B4单元格，输入公式“=VLOOKUP(A4,数据辅助!$A$2:$AF$13,MATCH($B$1,数据辅助!$A$1:$AF$1,0),0)”（公式的含义是到“数据辅助”表中查出对应的数值，VLOOKUP函数的第3个参数是通过MATCH函数，在“数据辅助”表的列标题中查找本城市名即B1单元格中的城市名，而求得的本城市在“数据辅助”表中的列号），按【Enter】键确认输入，然后拖动B4单元格右下角的填充柄到B15单元格。

步骤8：选择B16单元格，输入公式“=SUM(B4:B15)”，按【Enter】键确认输入。选择C4单元格，输入公式“=B4/$B$16”，按【Enter】键确认输入，然后拖动C4单元格的填充柄到C16单元格。

步骤9：选择B4:B16单元格区域，在【开始】→【数字】组中单击“减少小数位数”按钮，再单击“增加小数位数”按钮，使数据保留1位小数；选择C4:C16单元格区域，在“数字”组中单击“百分比样式”按钮，然后单击两次“增加小数位数”按钮，使数据保留2位小数。

步骤10：按住【Ctrl】键选择A3:C3和A16:C16单元格区域，在【开始】→【字体】组中单击“填充颜色”按钮右侧的下拉按钮，在弹出的下拉列表的“主题颜色”栏中选择“蓝色，强调文字颜色1，淡色80%”选项，单击“加粗”按钮。

步骤11：在“北京市”工作表中选择A3:C16单元格区域，按【Ctrl+C】组合键复制。然后在工作表标签栏中单击下一个城市的工作表标签，这里单击“成都市”工作表标签，按住【Shift】键的同时单击最后一个工作表标签“重庆市”，同时选择这些工作表组成“工作表组”。然后选择A3单元格，按【Ctrl+V】组合键粘贴，则所有工作表均被填充了对应的汇总数据。在选择的任意工作表标签上单击鼠标右键，在弹出的快捷菜单中选择“取消组合工作表”命令。

10.【解题步骤】

切换到“主要城市降水量”工作表，在【页面布局】→【页面设置】组中单击右下角的对话框启动器按钮，打开“页面设置”对话框，在“页面”选项卡的“方向”栏中单击选中“横向”单选项，在“缩放”栏中单击选中“调整为”单选项，在右侧的“页宽”数值框中输入“1”，在右侧的“页高”数值框中输入“1”，在“纸张大小”下拉列表框中选择“A4”选项，单击“确定”按钮。

11.【解题步骤】

步骤1：①选择【文件】→【信息】选项；②在右侧的列表中单击“属性”下拉按钮；③在弹出的下拉列表中选择“高级属性”选项，打开“Excel.

xlsx 属性”对话框；④单击“自定义”选项卡；⑤在“名称”文本框中输入“类别”；⑥在“类型”下拉列表框中选择“文本”选项；⑦在“取值”文本框中输入“水资源”；⑧单击“添加”按钮，将其添加到“属性”列表框中；⑨单击“确定”按钮，如图 4-24 所示。

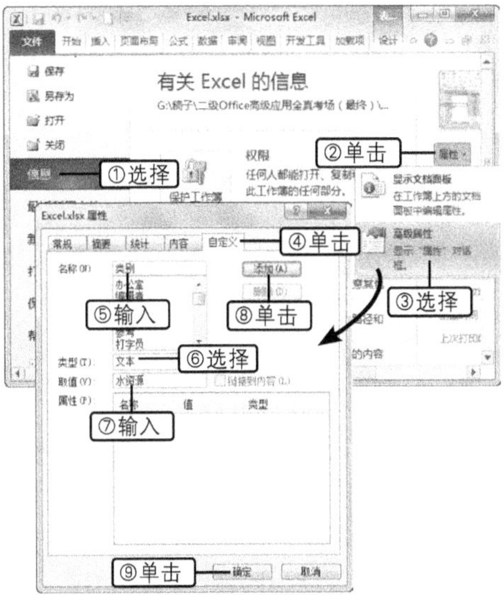

图 4-24　设置文档属性

步骤 2：返回文档编辑窗口，单击快速访问工具栏的“保存”按钮保存文档。

四、演示文稿题

视频演示

素材：考生文件夹\新增真题（2）\PPT_素材.pptx、完成效果.docx、员工培训主题.thmx、公司 Logo.jpg、员工照片.jpg、学习曲线.xlsx、欢迎图片.jpg

效果：效果文件夹\新增真题（2）\PPT.pptx

1.【解题步骤】

在考生文件夹中双击打开“PPT_素材.pptx”演示文稿，选择【文件】→【另存为】选项，打开“另存为”对话框，在“文件名”文本框中输入“PPT”，单击“保存”按钮。

2.【解题步骤】

在【设计】→【主题】组的列表框中单击右下角的下拉按钮，在弹出下拉列表中选择“浏览主题”选项。打开“选择主题或主题文档”对话框，选择考生文件夹中的主题“员工培训主题.thmx”，单击“应用”按钮。然后在“主题”组中单击“字体”下拉按钮，在弹出的下拉列表的“内置”栏中选择“暗香扑面”选项。

3.【解题步骤】

选择第 2 张幻灯片，在【插入】→【图像】组中单击“图片”按钮，打开“插入图片”对话框，选择考生文件夹中的图片“欢迎图片.jpg”，单击“插入”按钮。选择插入的图片，在【图片工具 格式】→【图片样式】组中单击列表框右下角的下拉按钮，在弹出的下拉列表框中选择“棱台形椭圆，黑色”选项。参考“完成效果.docx”文档中的样例，适当移动图片到文本的左侧。

4.【解题步骤】

步骤 1：选择第 3 张幻灯片，选择内容占位符中的文本，在【开始】→【段落】组中单击“转换为 SmartArt”下拉按钮，在弹出的下拉列表中选择“其他 SmartArt 图形”选项，打开“选择 SmartArt 图形”对话框。①在左侧的列表框中选择“列表”选项卡；②在中间的列表框中单击“降序基本块列表”选项；③单击“确定”按钮，如图 4-25 所示。

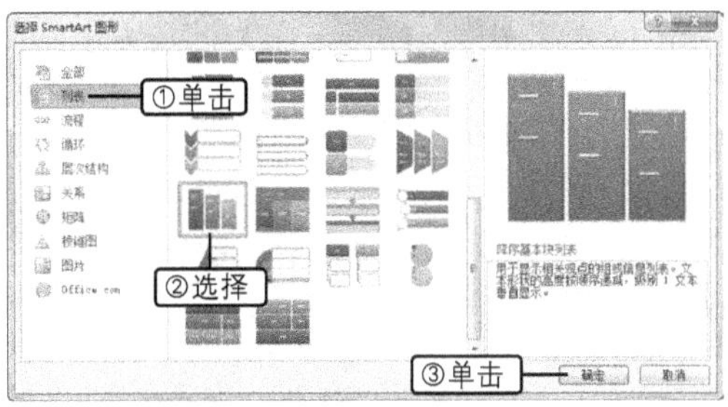

图 4-25　选择 SmartArt 图形样式

步骤 2：选择 SmartArt 图形左侧的第 1 个形状（注意不能选择形状中的文本），单击鼠标右键，在弹出的快捷菜单中选择“超链接”选项，打开“插入超链接”对话框，在“链接到”列表框中单击“本文档中的位置”按钮，在“请选择文档中的位置”列表框中选择“4. 公司历史 / 公司展望”选项，单击“确定”按钮。

步骤 3：按照同样的方法，选择 SmartArt 图形左侧的第 2 个形状，为其添加超链接，链接到“5. 公司组织结构介绍”幻灯片中；选择 SmartArt 图形左侧的第 3 个形状，为其添加超链接，链接到“6. 公司政策”幻灯片中；选择 SmartArt 图形左侧的第 4 个形状，为其添加超链接，链接到“7. 福利”幻灯片中；选择 SmartArt 图形左侧的第 5 个形状，为其添加超链接，链接到“8. 绩效考核”幻灯片中；选择 SmartArt 图形左侧的第 6 个形状，为其添加超链接，链接到“9. 新工作—学习曲线”幻灯片中；选择 SmartArt 图形左侧的第 7 个形状，为其添加超链接，链接到“11. 案例研究”幻灯片中。

5.【解题步骤】

步骤 1：选择第 5 张幻灯片，在内容占位符中删除“监事会”和“总经理”两段文本，然后选择内容占位符中的文本，在【开始】→【段落】组中单击“转换为 SmartArt”下拉按钮，在弹出的下拉列表框中选择“组织结构图”选项。

步骤 2：选择“董事会”形状，在【SmartArt 工具 设计】→【图形】组中单击“添加形状”按钮右侧的下拉按钮，在弹出的下拉列表中选择“添加助理”选项，添加一个形状，继续单击“添加形状”按钮，再添加一个形状。

步骤 3：选择“采购部”形状，单击 2 次“添加形状”按钮，在“采购部”形状下面添加两个形状；选择“采购部”形状，在“创建图形”组中单击“布局”下拉按钮，在弹出的下拉列表中选择“标准”选项。

步骤 4：选择“董事会”形状下面左侧的空白形状，在其中单击鼠标右键，在弹出的快捷菜单中选择“编辑文字”命令，输入“监事会”；选择“董事会”形状下面右侧的空白形状，在其中单击鼠标右键，在弹出的快捷菜单中选择“编辑文字”命令，输入“总经理”；选择“采购部”形状下面左侧的空白形状，在其中单击鼠标右键，在弹出的快捷菜单中选择“编辑文字”命令，输入“北区”；选择“采购部”形状下面左侧的空白形状，在其中单击鼠标右键，在弹出的快捷菜单中选择“编辑文字”命令，输入“南区”。

步骤 5：选择 SmartArt 图形，在【动画】→【动画】组的列表框中单击右下角的下拉按钮，在弹出的下拉列表框的“进入”栏中选择“淡出”选项，再单击“效果选项”按钮，在弹出的下拉列表的“序列”栏中选择“一次级别”选项。

6.【解题步骤】

步骤 1：打开考生文件夹中的“学习曲线 .xlsx”文件，选择 A1:B5 单元格区域，按【Ctrl+C】组合键复制。

步骤 2：切换至 PowerPoint 窗口，选择第 9 张幻灯片，单击内容占位符中的“插入图表”按钮，打开“插入图表”对话框。①在左侧的列表框中单击“折线图”选项卡；②在右侧的列表框的“折线图”栏中选择“折线图”选项；③单击“确定”按钮，如图 4-26 所示。

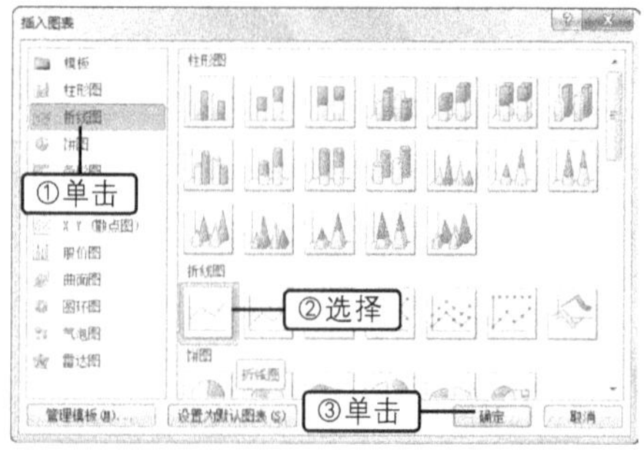

图 4-26 插入图表

步骤 3：打开“Microsoft PowerPoint 中的图表”Excel 窗口，拖动右下角的蓝色三角到 B5 单元格，选择 C1:D5 单元格区域，按【Delete】键删除。选择 A1 单元格，按【Ctrl+V】组合键粘贴，将“学习曲线 .xlsx”工作簿中的数据粘贴到绘制图表时打开的 Excel 窗口中，关闭打开的两个 Excel 窗口，返回 Powerpoint 窗口中继续编辑。

步骤 4：选择幻灯片中插入的图表，在【图表工具 布局】→【标签】组中单击“图表标题”下拉按钮，在弹出的下拉列表中选择“无”选项，再单击“图例”下拉按钮，在弹出的下拉列表中选择“无”选项。

步骤 5：在【图表工具 布局】→【当前所选内容】组的下拉列表框中选择“垂直（值）轴”选项，单击“设置所选内容格式”按钮，打开“设置坐标轴格式”对话框。①在右侧的“坐标轴选项”栏中单击选中“主要刻度单位”右侧的“固定”单选项；②在右侧的文本框中输入“1.0”；③在下面的“坐标轴标签”下拉列表框中选择“无”选项；④单击“关闭”按钮，如图 4-27 所示。

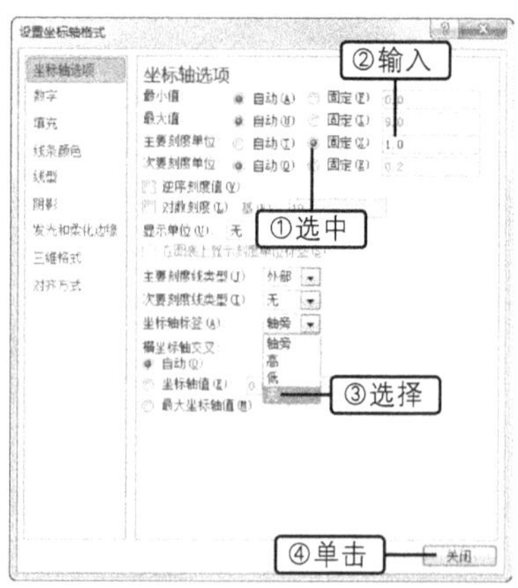

图 4-27 设置坐标轴格式

步骤 6：在【图表工具 布局】→【坐标轴】组

中单击“坐标轴”下拉按钮，在弹出的下拉列表中选择“主要纵坐标轴”选项，在弹出的子列表中选择“无”选项。

步骤 7：选择图表，在【图表工具 布局】→【插入】组中单击“形状”下拉按钮，在弹出的下拉列表框的“星与旗帜”栏中选择“五角星”选项，在图表折线的右上方按住【Shift】键的同时拖动鼠标绘制一个五角星（按住【Shift】键才能绘制“正”五角星）。

步骤 8：①选择五角星形状，在【绘图工具 格式】→【形状样式】组中单击列表框右下角的下拉按钮；②在弹出的下拉列表框中选择“强烈效果 - 橙色，强调颜色 3”选项，如图 4-28 所示。

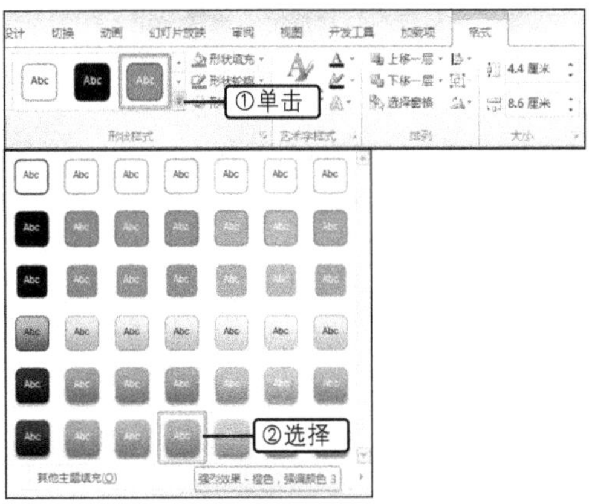

图 4-28　设置形状样式

7.【解题步骤】

步骤 1：选择图表，在【动画】→【动画】组的列表框中单击右下角的下拉按钮，在弹出的下拉列表框的“进入”栏中选择“擦除”选项；再单击“效果选项”下拉按钮，在弹出的下拉列表的“方向”栏中选择“自左侧”选项。

步骤 2：继续单击“效果选项”下拉按钮，在弹出的下拉列表的“序列”栏中选择“按系列”选项。在“高级动画”组中单击“动画窗格”按钮，打开“动画窗格”任务窗格，在下面的列表框中选择“内容占位符：背景”选项，按【Delete】键删除，单击“关闭”按钮，关闭“动画窗格”任务窗格。

8.【解题步骤】

步骤 1：选择第 10 张幻灯片，在幻灯片空白处单击鼠标，按【Ctrl+A】组合键选择所有形状，然后按住【Shift】键单击幻灯片标题占位符的边框，取消标题的选择状态。拖动任一形状的控点适当缩小各形状的大小，拖动任一形状适当调整这些形状的位置。

步骤 2：单击空白区域取消形状的选择状态。然后按住【Shift】键，依次单击“了解”、“开始熟悉”和“达到精通”3 个文本框，同时选择这 3 个文本框。在【绘图工具 格式】→【插入形状】组中单击“编辑形状”下拉按钮，在弹出的下拉列表中选择“更改形状”选项，在弹出的子列表的“矩形”栏中选择“对角圆角矩形”选项。

步骤 3：保持 3 个形状的选择状态，在【动画】→【动画】组的列表框中单击右下角的下拉按钮，在弹出的下拉列表框的“进入”栏中选择“淡出”选项。在“计时”组的“持续时间”数值框中输入“00.50”，在“开始”下拉列表框中选择“与上一动画同时”选项。选择“开始熟悉”文本框，在【动画】→【计时】组的“延迟”数值框中输入“00.50”；选择“达到精通”文本框，在【动画】→【计时】组的“延迟”数值框中输入“01.00”。

步骤 4：选择弧形箭头形状，在“动画”组的列表框中单击右下角的下拉按钮，在弹出的下拉列表框的“进入”栏中选择“擦除”选项；再单击“效果选项”下拉按钮，在弹出的下拉列表的“方向”栏中选择“自底部”选项；在“计时”组的“持续时间”数值框中输入“01.50”；在“开始”下拉列表框中选择“与上一动画同时”选项，在“延迟”数值框中输入“00.00”。

9.【解题步骤】

步骤 1：选择第 11 张幻灯片，在【开始】→【幻灯片】组中单击“版式”下拉按钮，在弹出的下拉列表框中选择“图片与标题”选项。

步骤 2：单击内容占位符中的“插入图片”按钮，打开“插入图片”对话框，选择考生文件夹中的“员工照片.jpg”图片，单击“插入”按钮。然后选择插入的图片，在【图片工具 格式】→【图片样式】组中单击列表框右下角的下拉按钮，在弹出的下拉列表框中选择“矩形投影”选项。

步骤 3：选择幻灯片左侧下方的内容占位符，在【动画】→【动画】组的列表框中单击右下角的下拉按钮，在弹出的下拉列表框的“进入”栏中选择“淡出”选项。再选择右侧的图片，在“动画”组的列表框中单击右下角的下拉按钮，在弹出的下拉列表框的“进入”栏中选择“淡出”选项。在“计时”组的“开始”下拉列表框中选择“与上一动画同时”选项，并确认“持续时间”与文本占位符的动画的持续时间相同。

10.【解题步骤】

步骤 1：选择第 13 张幻灯片，选择幻灯片中的文本框（文本框内文本字体颜色较浅，如不易看出文本框的位置，可按【Ctrl+A】组合键，即可看见选择的文本框的边框），在文本框边框上单击鼠标右键，在弹出的快捷菜单中选择“设置形状格式”选项。

步骤2：打开“设置形状格式”对话框，在左侧的列表框中单击“文本框”选项卡，在右侧的列表框的“文字版式”栏的“垂直对齐方式”下拉列表框中选择“中部居中”选项，单击“关闭”按钮。单击【绘图工具 格式】→【排列】组的“对齐”下拉按钮，在弹出的下拉列表中单击选中“对齐幻灯片”复选框；继续单击“对齐”下拉按钮，在弹出的下拉列表中选择“左右居中”选项；再次单击“对齐”下拉按钮，在弹出的下拉列表中选择“上下居中”选项。

步骤3：①选择文本框内的文本，在【绘图工具 格式】→【艺术字样式】组中单击列表框右下角的下拉按钮；②在弹出的下拉列表框的“应用于所选文字”栏中选择“填充－橙色，强调文字颜色3，轮廓－文本2”选项，如图4-29所示。

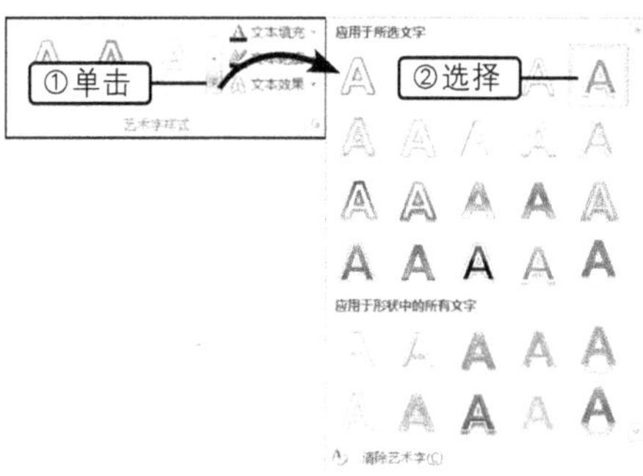

图4-29 设置艺术字样式

步骤4：在【动画】→【动画】组的列表框中单击右下角的下拉按钮，在弹出的下拉列表框的“强调”栏中选择“陀螺旋”选项。在“高级动画”组中单击“动画窗格”按钮，打开“动画窗格”任务窗格，在下面的列表框中单击该动画选项右侧的下拉按钮，在弹出的下拉列表中选择“计时”选项。打开“陀螺旋”对话框，在“计时”选项卡的“重复”下拉列表框中选择“直到下一次单击”选项，单击“确定”按钮，单击“关闭”按钮，关闭“动画窗格”任务窗格。

11.【解题步骤】

步骤1：在【插入】→【文本】组中单击“页眉和页脚”按钮，打开“页眉和页脚”对话框，在“幻灯片”选项卡的“幻灯片包含内容”栏中单击选中“幻灯片编号”复选框，在最下面单击选中“标题幻灯片中不显示”复选框，单击“全部应用”按钮。

步骤2：在幻灯片窗格中选择除第1张幻灯片外的其他全部幻灯片，在【切换】→【切换到此幻灯片】组中单击列表框右下角的下拉按钮，在弹出的下拉列表框的“华丽型”栏中选择“棋盘”选项。

12.【解题步骤】

步骤1：在【视图】→【母版视图】组中单击“幻灯片母版”按钮，进入幻灯片母版视图。选择第1张幻灯片，在【插入】→【图像】组中单击“图片”按钮，打开“插入图片”对话框，选择考生文件夹中的“公司Logo.jpg”图片，单击“插入”按钮。

步骤2：参考“完成效果.docx”文档拖动所插入的图片到幻灯片的右下角，并缩小图片大小。选择图片，按【Ctrl+C】组合键复制，然后在幻灯片窗格中依次选择其他的幻灯片版式，检查每一张版式右下角是否已被插入图片。如果没有插入，按【Ctrl+V】组合键粘贴，使每一张幻灯片版式（较小幻灯片）右下角均有公司徽标图片。在【图片工具 格式】→【关闭】组中单击“关闭母版视图”按钮，退回到“普通视图”。

步骤3：在快速访问工具栏中单击“保存”按钮保存文档。